Global
Innovation
Creation
and
Business
Ecosystem

グローバルイノベーション創出とビジネスエコシステム

吉田健太郎
谷村　真　[編著]

トランスナショナル企業家の
行動特性と経験から導く成功要因

同友館

目　次

序　章

1．はじめに　1
2．日本経済・企業の競争力とイノベーション　2
3．日本でイノベーションが不十分な要因　6
4．本書の狙い、リサーチクエスチョン　19
5．本書の構成　22

第1章
米国におけるビジネスエコシステムの本質
－カリフォルニア州ベイエリアにおける日本人企業家の事例－

1．はじめに　25
2．事例選定理由　26
3．先行研究　27
4．リサーチクエスチョンと方法論、分析視角　32
5．ケーススタディ1：米国 Glasp 社の事例　32
6．ケーススタディ2：米国 Final Aim, Inc. の事例　39
7．ケーススタディ3：米国 SUN METALON Inc. の事例　45
8．分析　49

第2章
ドイツにおける地域を挙げた事業創出への支援
－中小企業をはじめとする異分野間連携の促進を通して－

1．イントロダクション：研究の背景および問題意識　57

2．地域新産業の振興に向けた事業創造を促進するための地域システム構築・運用　58
3．クラスター組織による異分野間連携による事業創造に向けた支援　65
4．結論：本章の要約および日本への示唆　74

第3章
トランスナショナル企業家のグローバルイノベーションのプロセスと要因
－米国ハワイ Kodama Koi Farm の事例－

1．はじめに　83
2．問題意識と事例選定理由　85
3．先行研究とリサーチクエスチョン、方法論、研究目的　87
4．ケーススタディ　ハワイ Kodama Koi Farm の事例　91
5．トランスナショナル企業家のグローバルイノベーション創出要因の分析　101
6．むすびにかえて　106

第4章
移民企業家のグローバル・イノベーション創出と長期経営に関する一考察
－英国 Japan Centre Group Ltd. の事例－

1．はじめに　117
2．事例選定理由、リサーチのクエスチョン、分析視角　118
3．ケーススタディ　英国 Japan Centre Group の事例　121
4．分析　132
5．むすびにかえて　「勇気、決断、行動、天運」　137

第5章
日系移民企業家のイノベーション創出とアントレプレナーシップ
－英国 Jem Group 創業者と Pointblank 創業者の事例－

1．はじめに　143
2．事例選定理由　144

- 3．ケーススタディ　146
- 4．分析　168
- 5．むすびにかえて　177

第6章
ベトナムのアグリビジネスにおける日本人トランスナショナル企業家のグローバルイノベーション
－NICO NICO YASAI 社の事例－

- 1．はじめに　181
- 2．ベトナムの経済と消費市場動向　183
- 3．ベトナムにおけるスタートアップビジネスの勃興　185
- 4．無農薬アグリビジネスに取り組む日本人企業家　186
- 5．まとめ　197

第7章
日印協力によるイノベーション創出と現実的な協力関係に関する一考察

- 1．はじめに　201
- 2．リサーチクエスチョンと方法論　202
- 3．インドで進むイノベーション技術の活用とそれを担う人材の育成、活用　203
- 4．インドで求められるものづくり技術　212
- 5．日印間協力によるイノベーション創出の事例分析　220
- 6．日印協力における課題とソリューション　223
- 7．むすびにかえて　227

第8章
日本におけるアントレプレナーシップの発揮とその成果の考察
－新商品開発5つの事例－

- 1．はじめに　233

2．事例選定理由　235
3．ケーススタディ　有限会社エニシングの事例　237
4．ケーススタディ　浅野撚糸株式会社の事例　240
5．ケーススタディ　カモ井加工紙株式会社の事例　243
6．ケーススタディ　ハワイアン焼酎カンパニーの事例　247
7．ケーススタディ　有田焼創業400年事業の事例　250
8．考察とまとめ　253

第9章
日本発スモールビジネスのグローバルイノベーション
－レグナテック株式会社の事例－

1．はじめに　259
2．事例選定理由　260
3．ケーススタディ　レグナテック株式会社の事例　261
4．イノベーションの創出要因（行動特性）　268
5．リサーチクエスチョンへのアンサー　271
6．おわりに　275

終章
むすびにかえて

1．日本の起業環境が抱える課題の本質　279
2．グローバルイノベーション創出における「意欲」の重要性　284
3．日本のグローバルイノベーション人材の流出と活躍　288
4．グローバルイノベーションの醸成にむけて　291

序　章

谷村真　吉田健太郎

1. はじめに[1]

　日本はイノベーション創出の面で、他の先進国や一部の新興国に遅れをとっている。日本は引き続き科学技術の面で先進的な地位を維持しているが、イノベーションを商業化し、新たなビジネス機会を実現するという点で、スタートアップ（起業）が十分行われていないことが主な要因だが、その背景には、規制・金融慣行など制度的特殊性に加え、日本の社会的要因やメンタリティの独自性など固有のものも多く存在し、短期的に在り方を根本から大きく変えることが難しいものが多い。

　こうした中、海外に進出し、現地でイノベーションを起こすことで日本固有の制約要因を突破する事例もある。また、海外とのビジネス機会の拡大を通じて、日本にいながらも、イノベーションのフロンティアを拡大する企業もある。これら日本の企業家によるグローバルイノベーションの成功事例は、日本国内の企業や企業家を志す者にどのような示唆をもたらすのだろうか。

　本書では、まず、日本の企業家がどのようにグローバルに通用するイノベーションを生み出しているのかの個別事例を詳細に分析し、これらの企業家がどのような経験や学習によってグローバルイノベーションを実現できたのかに焦点を当てる。続いて、個別分析から浮かび上がるグローバルイノベーション創

---

[1] 本章は拙稿 Tanimura, S and Yoshida, K (2024), "Global Innovation Driven by Japanese Entrepreneurs: Lessons from The U.S. and U.K", SOAS Japan Research Centre Discussion Paper Series No.4, SOAS JRC, University of London, 1-11を基に本書掲載のために大幅に加筆修正を行ったものである。

出の構成要素を一般化し、これを日本の現状と対比することで、日本の企業家がグローバルイノベーションを創出するためにどんな課題があるのかを明らかにし、企業経営や政策対応上のインプリケーションを考察する。

2．日本経済・企業の競争力とイノベーション

（1）日本経済・企業の地盤沈下

日本経済の地盤沈下が指摘され始めてから久しい。日本の経済規模が世界全体に占める割合は、2005年の10％から2022年は4％と半減し、2023年には経済規模でドイツに抜かれ世界第3位に転落した。また、一人当たり所得（GDP）でも凋落傾向にあり、2022年には円安の影響もありイタリアに抜かれ主要先進7カ国（G7）で最下位となった。日本は、経済規模（GDP）と豊かさ（一人当たりGDP）の両面で国力が低下していることになる。

企業の動向でも同様のトレンドが確認される。1989年の世界時価総額ランキングをみると、トップ50社のうち32社を日本企業が占めていたが、2023年時点では、日本企業の名前は見当たらない。最も順位が高かったのはトヨタ自動車の52位である[2]。

1989年当時の日本は製造業が経済の中心で、トヨタ自動車（11位）や日産自動車（26位）といった自動車メーカーが名を連ねていた。また、大きな付加価値を生み出していたのがエアコン・テレビなどの家電や半導体で、「メイド・イン・ジャパン」がグローバル市場での繁栄を謳歌し、半導体シェアも50.3％で世界トップ（1988年時点、経済産業省）だった。その好調ぶりを示すかのように、日立製作所（17位）や松下電器（18位）、それに東芝（20位）や日本電気（48位）といった企業がランクインしていた。

さて、現在において、ランキング内の企業の国籍では、米国企業が32社と最も多く、グーグルなど「GAFAM」に代表されるITプラットフォーマーが上

---
[2] STARTUPS JOURNAL（https://journal.startup-db.com）参照。情報閲覧日2024年2月3日

位に位置する。中国（5社）が米国に続くが、テンセントやアリババグループなどこちらもITプラットフォーマーが目立つ。現在では、米中が経済規模で拮抗しつつあり、覇権争いを繰り広げる中で、両国の貿易摩擦やハイテク規制などが顕在化している。翻って、1989年当時は、日米貿易摩擦が加熱していたことと対照的である。

（2）経済発展とイノベーション

　長期的視野からマクロ経済や企業業績の面で、日本経済の停滞は明らかであるが、構造的には人口減によって労働投入量が趨勢的に減少していることが低成長の主な要因である。他方、人口減少トレンドを所与とすると、労働者一人当たりの付加価値を高めることが、経済規模を維持・成長させる上で重要である。企業経営の視点では、時代のニーズに合った新たな製品サービスを開発すること、生産性を高め利益率を高めること、市場のフロンティアを海外に拡大することなど、付加価値を高めるためのイノベーションが必要となる。

　しかし、日本は他の先進国や一部の新興国に比べ、イノベーションを継続的に創出するという点で劣後しており、人口減による成長押し下げ圧力に抗うことが出来なかった。一般的に、イノベーションは企業家がもたらすものだとされる。企業家（アントレプレナー）とは、創業する人のことを指すが、広義の意味では、既存の企業内で革新的な事業創造を行う人もアントレプレナーと捉えられる。したがって、本書では「企業家」という用語を用いるが、「起業家」とほぼ同義である。

　日本ではミクロレベルでは企業家が十分に輩出されておらず、新興企業も大企業も期待通りの持続的な成長が実現できずにおり、その結果、経済全体としてはGDP規模や豊かさの面で他の先進国に遅れを取っている。

（3）グローバルイノベーションとは

　さて、まずは本書での「イノベーション」の定義について明確化しておく。基本的にはヨーゼフ・シュンペーターの定義に従い、イノベーションとは、社

会にとって新たな価値を生み出す要素で、結果的に経済発展や社会に、「非連続的変化」をもたらすものである[3]。他方、シュンペーターがイノベーションという概念を提唱していから約1世紀経過した現代では、情報技術の進展に伴い個人が容易に製品サービスにアクセスできるようになったため、個人間で直接的に商売を行うことが可能になった。その結果、技術の開発や製品そのものの開発よりも製品サービスを生み出すための、より効率的でより社会にメリットを与える新たな仕組みである「ビジネスモデル」を創り出すこと自体もイノベーションをもたらす要素の一つと見做されるようになった。したがって、本書では吉田（2020）などを参考に、6番目のビジネスモデルについてもイノベーションを創出する要素の一つとして定義する（吉田（2020）、p.8）。

① 新製品：アイデアを新製品・サービスに変えること
② 新市場：新たな市場を開拓すること
③ 新製法：新たな製法を生み出すこと
④ 新素材：新たな原料の供給源を獲得すること
⑤ 新組織：抜本的な組織変革を実現すること
⑥ ビジネスモデル：新テクノロジーや新ビジネスモデルを導入すること

続いて、「グローバルイノベーション」とは、その名が示す通り、イノベーション活動をグローバルに展開することである。旧来は、先進国の本社で技術革新を起こし、それを先進国内で普及させた後に、新興国などの海外市場に展開していくというプロダクトサイクル説が一般的だった（Vernon（1966））。しかし、現代では、新興国特有の課題を乗り越えたるために必要となる「現地発」のイノベーションを、新興国だけではなく母国の先進国を含めたグローバル市場で展開する「リバース・イノベーション」の事例も多くみられる（榊原

---

[3] Schumpeter（1926）は、創造的破壊をもたらす要素として本文で述べた五つの要素を提示し、これらの要素が「非連続的な変化」をもたらす点を強調した。

(2012)、p.19)。これらを踏まえ、本書では、現地発のイノベーションを、日本を含むグローバル市場で発展させることを主な関心としつつ、日本に居ながらも「現地発」の視点を意識した日本発のグローバルイノベーションも視野に入れて研究を進めることとする。また、地方経済の活性化の観点から、中小企業の海外事業展開を念頭に入れ、グローバルに通用するものの、できるだけ「身近なイノベーション」や「小さな起業」も取り上げる。

（４）企業家精神、企業家とは

　本書では、「アントレプレナーシップ（企業家精神）」と「アントレプレナー（企業家）」も重要なキーワードとなる。アントレプレナーシップとは、自ら価値を創り出す行動特性や、そのような創造的な行動ができる企業家のような精神や能力のことをいう。つまり、アントレプレナーシップは、企業家の「精神」のみならず、企業家の「事業創造活動」それ自体を意味するものである。このため、アントレプレナーシップとは新しいビジネス機会の追求とそのための資源の獲得のための行動特性と企業家精神ならびに事業創造活動と定義する。また、シュンペーター（1998）は、経済発展（創造的破壊）の起爆剤となる経済主体をアントレプレナー（企業家）と捉える。同様にカズーナー（2001）やドラッカー（2009）も新しい価値を生み出すための創造的破壊を企業家の機能として捉えている。以上を踏まえ、本書ではアントレプレナーとは、イノベーションを企図し、実行していく人物と定義する。

　誤解されやすいのは、アントレプレナーがいればイノベーションが生み出される訳ではなく、ビジネス機会を追求したからといって、そのすべてがイノベーションにつながる訳でもない点である。事実、失敗も多いが、失敗を含めてアントレプレナーシップと捉えることが大切である。なぜならば、そもそもチャレンジしなければイノベーションは起こるはずもなければ、その中からごくごく一部の成功した「新結合」が非連続な経済発展をもたらすからである。

3．日本でイノベーションが不十分な要因

(1) HRV モデルの分析枠組み

　経済発展及び企業経営の視点で考えてみると、企業レベルで、イノベーションが不十分なことやアントレナーシップが低いことは、その結果として、国や地域レベルでの経済発展の阻害要因となる。そこで、日本でイノベーションや起業が活発ではない要因はどこにあるのか考えてみたい。

　民間部門の投資率[4]を日米で比較すると、1980年代以降、日本の投資率が常に米国を上回っており、経済全体でみると、日本の民間投資額が必ずしも低水準という訳ではないことが分かる（図表序－1）。しかし、実質経済成長率でみると、バブル崩壊を経て、日本の成長率が下方屈折しているため、トレンド的に成長率が鈍化しており、また米国との成長格差が拡大している。日本の投資率は1980年以降、ほぼ20％近傍で推移している一方、成長率は顕著に鈍化し

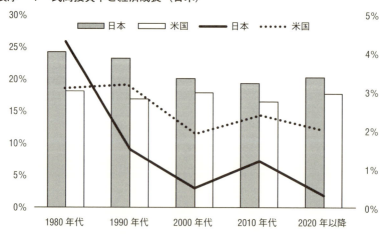

図表序－1　民間投資率と経済成長（日米）

注：棒グラフは民間投資率、折れ線グラフは実質 GDP 成長率（右軸）

（出典）Haver より作成

---

[4] 民間部門の総固定資本額を国内総生産額で除したもの（名目）。

ている。これが意味するところは、投資効率が悪化しているということであり、限界資本係数（ICOR）[5]でみると、1980年代は日本が米国を下回っていた（日本：5.6、米国：5.8）が、それ以降は日本の係数が米国を大きく上回っている（日本：15～65、米国：5～9）。以上の通り、日本の民間投資は水準として不足しているとは限らないが、成長への寄与という観点では、その内容や質に問題を抱えている可能性が示唆される。

昨今、成長戦略のあり方を検討する観点から成長分析ツールの研究が活発になっており、特に大きな影響を与えているのがハーバード大学の Hausmann などが体系化した成長診断モデルである（Hausmann et al. (2005)）。成長診断は、成長に最も根本的な制約要因を特定する分析手法で、HRV モデルと呼ばれるツリー形式の分析枠組を示し、民間投資と企業家精神が低い背景として、経済活動に対する低い収益性と高い資金調達コストを挙げ、それらを国別に掘り下げていくことで、最大の制約要因を特定する手法である（大野(2019)、p.130）。これは、主に開発援助において、成長を妨げる根本的な問題を特定し、それに特化して改革を行うことを提唱するものであるが、分析枠組みの大枠は、一般的な成長モデルに依拠しているため、先進国にいても一定程度の示唆を与えるものと考えられる。

HRV モデルを分析枠組みとしてみると、まず、企業家精神については、開業廃業比率（両者の平均）で代替可能であり、日本は4.3％（2010～2019年平均）と米国の9.3％と比べて低い。同期間の日米の一人当たり経済成長率を比べると、米国は1.0％と日本の倍近くの水準であり、企業家精神の違いが成長格差に寄与している可能性がある。日本、米国、ドイツを対象に両者の関係を見ると、緩やかな相関関係が確認された（図表序－3）。

---

[5] 1単位の成長に何単位の投資が必要か示すもので、ここでは民間投資比率を実質 GDP 成長率で除した。係数が小さいと投資効率が高い。

図表序-2　HRVモデルのツリー構造

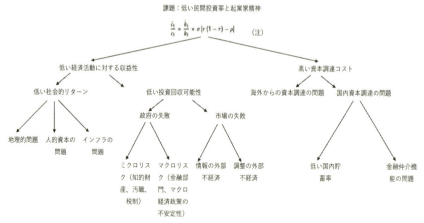

（注）
c＝消費
k＝資本
r＝資本収益率
τ＝資本に対する税率（インフォーマルなものなどを含む）
ρ＝世界利子率
σ＝消費の異時点間代替弾力性

（出典）Hausmann et al.（2005）を参考に筆者作成

図表序-3　開業廃業比率と経済成長率

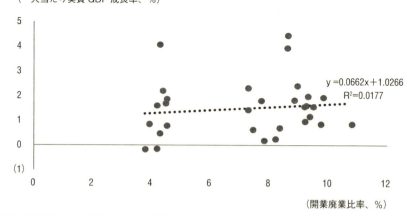

（注）対象国は日本、米国、ドイツを期間は2010年～2019年

（出典）IMF、中小企業庁より作成

(2）資金調達の課題

　ツリーを下に降りて、まずは右側の資本調達コストであるが、日本は構造的に経常収支黒字国、すなわち貯蓄超過の状態にあり、また近年は、歴史的な低金利を経験している。このため、経済全体で見ると、資金調達のコストが高いとか、資金供給が十分ではないという訳ではない。

　しかしながら、こと起業にかかる資金調達に限定すると様相が異なる。OECDの国際比較によると、日本のベンチャーキャピタル（VC）投資額のGDP比はG7諸国の中ではイタリアに次いで低い。2022年における米国との比較では、VC投資額は、米国の1％（GDP比）に対し、日本は0.04％と極めて小さい。日本のスタートアップへの資金供給は、VC以外の事業法人や金融機関からの割合が約3分の1と高く、VCと同程度であることも特徴の一つであるが、VC以外の資金供給主体を含めたスタートアップへの資金供給額で見ても、GDP比0.2％未満と小さい（図表序－4）。

図表序－4　日本と米国のVC投資額

（注）日本のVC投資額は年度、その他は暦年
（出典）ベンチャーエンタープライズセンター「2022年度ベンチャーキャピタル等投資動向（速報）」、INITIAL「2023年上半期 Japan Startup Finance」、NVCA「2023 Yearbook」、内閣府、商務省経済分析局より作成

米国では、長期運用の財団、年金基金、大学基金等の機関投資家が、VC投資の約65%を占めており、規模の拡大に貢献している。他方、日本では機関投資家からの資金供給が限定されており、ファンドサイズが小さい。また、米国では、非上場株式を売買するセカンダリーマーケットが発展しており、スタートアップの企業家やVCが、同市場で株式を売却するなど、IPO以外でのエグジットの手段が充実しており、流動性が高い。しかし、日本では非上場株式取引量が少なく、エグジットはIPOに偏重している（河野・大村（2023））。

　また、個人レベルでの金融包摂の観点では、借入経験があると答えた比率（対人口比）は、米国が76％、日本が64％と米国の方が若干高いが、日本の場合は、借入経験があると答えた人のうち、95％が銀行など金融機関からの借入で、家族・友人からの借入比率は1割程度である。他方、米国の場合は、家族・友人からの借入比率は24％と日本と比べて顕著に高い一方、金融機関からの借入は84％と日本より多少低い。また、事業目的での借入の経験のある割合（対人口比）は、米国の4％に対して、日本は2％と低い（図表序－5、世界銀行調べ[6]）。

　これは、日米の金融仲介機能の構造的な違いが主な要因と考えられる。金融機関の金融資産のうち、銀行の占める割合は日本が約半分であるが、米国は4分の1である。また、家計の金融資産のうち、日本では現預金が過半を占めるが米国では1割強、他方、米国では株式及び投資信託が過半を占めるが日本は15％である。企業の負債では、日本は直接金融（株式及び債券）が6割程度であるのに対し、間接金融（借入）が4分の1、米国は直接金融が8割で間接金融が6％である。以上から、日本は銀行預金・融資を通じた金融仲介の規模が大きい一方、米国では株式を中心とした資本市場を活用した金融仲介の役割が大きいことが確認された（図表序－6）。

　マクロレベルでみると、日本の対内直接投資残高はGDP比5％程度に留まり、G7諸国と比較し、極めて低水準である（2022年）。他方、米国はGDP比

---

[6] The World Bank, The Global Findex Database

図表序－5　借入経験のある人口比率

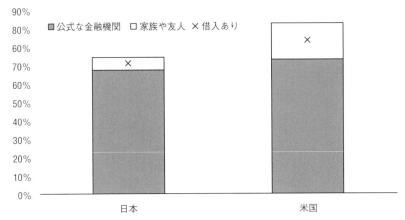

（出典）世界銀行（脚注5参照）

図表序－6　金融資産・家計の金融資産構成と民間非金融法人企業の金融負債構成

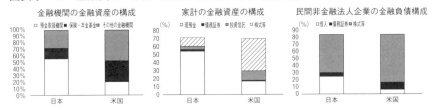

（注）2023年3月時点

（出典）日本銀行（2023）

2割程度と高いが、米国の場合、対内投資残高の4分の3は他の先進国[7]からであり、国際経済学の金利裁定やマクドゥガルモデルで説明される典型的な先進国から途上国への直接投資が、むしろ先進国間を中心に行われている。他方、日本の場合、他の先進国からの投資比率は半分強である（図表序－7）。

---

[7] G7諸国に、ベルギー、オランダ、ルクセンブルグ、スペイン、豪州を加えたものを便宜的に先進国とする。

図表序－7　G7諸国の対内直接投資残高（2022年）

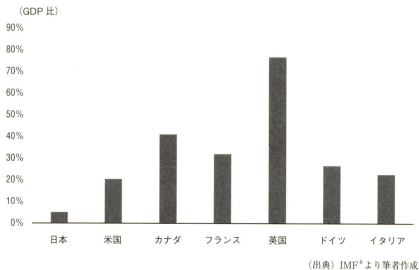

（出典）IMF[8]より筆者作成

　マクロ的な観点で明らかになったのは、米国の直接投資受け入れの規模が日本に比べて顕著に高く、また、先進国からの投資の割合も大きいという点である。これは、米国経済の規模や期待成長率だけではなく、特定の領域、例えば、スタートアップに関する資金調達の面で米国が優位にあることも一因と考えられる。オランダの調査会社ディールルームによると、2022年のスタートアップに対する投資総額のうち、米国は世界全体の半数弱を占める（日本貿易振興機構（2023））。

（3）収益性の課題

　続いて、ツリーの左側、収益性の項目を見ると、日米は先進国同士の比較と

---

[8] The International Monetary Fund, The Coordinated Direct Investment Survey 及び World Economic Outlook Database（https://data.imf.org/?sk=40313609-f037-48c1-84b1-e1f1ce54d6d5、https://www.imf.org/en/Publications/WEO/weo-database/2023/October）参照。情報閲覧日2024年3月8日

なるため、一般的な経済活動を行う上で、制度的な制約や、基本的な経済インフラの充実度合いでは、違いは比較的少ないと考えられる。

投資回収可能性に関連する制度面での主たる違いについては、世界銀行の調査[9]によると、起業にかかる手続きのコストは一人当たりGNI比で米国の1％に対し日本が8％、起業手続きにかかる日数は米国の4日に対し日本は11日となっており、起業にかかる諸手続きを円滑にするミクロ政策の違いも一定程度収益性に影響を及ぼしていると推測される。

また、起業にかかる税制の面でも、近年まで日本は米国に劣後していた。米国では、企業家が自社株式を売却する際、年間10百万ドルまでのキャピタルゲインについては非課税である。英国やシンガポールでも同様に制度があるが、課税対象となる。また、米国ではエンジェル投資家においても、一定の条件を満たせば非課税となる。米国の制度を参考に、日本は2023年度よりエンジェル税制を見直し、新たな制度では個人投資家が上場株などを売却しスタートアップに再投資する場合に、売却益を20億円まで非課税とする。また、企業家が保有株式の譲渡益を元手に起業した場合や、自己資金による起業も税制の対象となる。

次に社会的リターンで見ると、企業家精神を促進する上で、人的資本や社会関係資本の蓄積やソフト・インフラの面では、日米は大きく乖離していると考えられる。

（4）ビジネスエコシステム

先に、起業にかかる資金調達や制度面の課題を指摘したが、それ以外の起業を支援する人的資本や周辺産業集積、大学・研究機関など様々な要素を包摂する概念が「ビジネスエコシステム」である（図表序－7）。

また、世界銀行の分析では、ビジネスエコシステムを、エコシステムの全て

---

[9] The World Bank, Doing Business Archive
（https://archive.doingbusiness.org/en/doingbusiness）参照。情報閲覧日2024年3月6日

図表序−8　ビジネスエコシステム概念図

（出典）日本貿易振興機構（2019）より抜粋

の要素をつなぎあわせるソーシャルネットワーク、スタートアップを支援するインフラ、企業家に関連スキルを提供するスキルインフラ、及び資金調達と定義する（世界銀行（2021）、p.8）。

　イノベーションを生み出す環境という観点からは、「産業集積論」の視点が欠かせない。それは、過去も現在も経済的にインパクトの大きなイノベーションが創出されているのは、産業集積内だからであり、その関連性は多くの学説で支持されている。まず現代的産業集積の機能（役割）について、学説からポイントを整理すると、古典派経済学派であるアルフレッド・マーシャルやアルフレッド・ウェーバーによれば、グローバル化以前の産業集積の機能として「輸送費の削減」「収穫逓増」などの「外部経済効果」を主として提唱していた。これに対して、グローバル化以降の現代の産業集積の意義について、経済地理学者のアナリー・サクセニアン（現代の2都物語）や経営コンサルタントのエティエイヌ・ウェンガー（実践コミュニティ）が、組織間の相互学習効果を主張している。また、経営学者のマイケル・ポーターやディビット・キース、ヘンリー・チェスブロウ、そして経営コンサルタントのジェームス・ムーアは、「競争と協調」がもたらす企業の「イノベーション活動」の場として、エコシステム（＝集積＝起業家ネットワーク）の意義を強調している。

　やがて、この競争と協調を核としたビジネスエコシステムは、さらに進化し

プラットフォームネットワーク論・プラットフォーム戦略論」へと発展していく。このきっかけとなったのが、ノーベル経済学者のジャン・ティロールが論じたマルチサイド市場論であり、産業集積の最も大きな変化としては、企業が産業集積のメリットを「外部経済」をもたらす単なるインフラとして機能するのではなく、組織・地域がネットワーク内の競争と協調を通じて学習し、新たな価値を創造していく「知識創造の場」になっていることである。すなわち、イノベーション創出の装置としてビジネスエコシステムが機能するようになっているということが学説では論じられてきた。

産業クラスターやビジネスエコシステムの重要性が謳われるもう一つの理由に、これまでの産業構造そのものの変化の必要性があることが挙げられる。企業には絶えずイノベーションを起こす必要があるがそれは容易ではない。それゆえ、外の資源と新結合することでそれを実現することが有効になっており、これまでの生産活動の一般的な産業構造の特徴である縦との繋がり（垂直的統合）から、横との連携（水平的統合）の繋がりへと転換していくことが求められている。このネットワーク構造の変化（とりわけ人と人との関係性としての「人的ネットワーク」）が、現代におけるイノベーション創出の基本構造となりつつ、まさにビジネスエコシステムの関係性に符合する。

従来の産業集積と現代のビジネスエコシステムには、どのような共通点と相違点があるのだろうか。

共通点は、「結び付き」であり、とりわけ、それも競争と協調によるネットワークを作るという点である。このネットワークに参加することで、単独では実現できない価値を創出することができ、そこに参加する個々の企業家や企業は、顧客のニーズへの対応力が高まるだけではなく、機動力を向上させ、イノベーション創出による成長の促進にもつながっていく効果が発揮される。こうしたネットワーク効果は、グローバル経済以降の産業集積とプラットフォームに共通する仕組みといえよう。

他方、異なる点としては、一般ユーザーがこのエコシステムの構成員として参加するようになったことである。レイヤー構造は、消費者側から部品を選択

し最終製品を組み立てていくため、消費者の選択によってプラットフォームの価値は高まる。つまり、イノベーターとしての消費者の役割を明確にした点が、相違点である。従来は、最終製品を提供する企業側がイノベーターだったのが、真逆のベクトルとなった点が特徴的である。

現代のビジネスエコシステムは、インターネット上のネットワークに大きく依存する点が、従来の産業集積との大きな違いとの指摘もあろう。確かに、GAFAMのビジネスモデルは、インターネット上に置かれたプラットフォームである。しかし、このプラットフォームの事業機会の発見はどこでなされ、この事業コンセプトはどこでどのように構築され、このプラットフォームの試作品やビジネスモデルのプロトタイプはどこでどのように検証され、また、この事業計画は、どこでどのように資金調達して、創業できたのかと考えていくと、その答えは、物理的に実在するビジネスエコシステムということになる。GAFAMのうち、3社がシリコンバレーで誕生し成長してきたことは偶然ではなく、アマゾンのみがシアトルだが、シアトルにも立派なビジネスエコシステムが存在する。

イノベーションのコアとなる部分は「Face to Face」の関係性から創出される。それゆえ、如何にグローバル化が進展してもシリコンバレーの重要性は変化していないばかりか、より一層その重要性は増していると言われている。こうした点から、現代の産業集積の意義は、従来指摘されてきた外部経済だけでは説明ができなくなってきていおり、その真骨頂は、すなわち、人的能力開発（起業学習）にあるということが窺える。

（5）世界銀行によるビジネスエコシステムの先行研究事例

世界銀行は東京のビジネスエコシステムにつき、他国の事例を踏まえつつ、関係者へのインタビューを含む包括的な調査を実施した（世界銀行（2021））。以下の内容は、かかる調査結果を踏まえたものである。

日本、とりわけ東京は世界有数の科学技術クラスターでありながら、ビジネスエコシステムは、日本の経済規模・水準に見合っていない。「第二次世界大

戦から復興して以来、日本はテクノロジーとイノベーションのリーダーであった」と評するように、日本は、とりわけ大学や企業を中心としたテクノロジー分野でのイノベーションで優位性を有する（世界銀行（2021）、p.5）。日本の研究開発集約度（GDPあたりの研究開発件数）は世界最高水準であり、科学技術文献の引用や特許件数で見た世界のクラスタートップ100位のうち5つの分野が日本にある。また、日本企業の研究・開発投資額は世界第3位である（世界銀行（2021）、p.5）。

最近の潮流としては、新技術のイノベーションのために、スタートアップに依存するケースが増えており、イノベーションとスタートアップのエコシステムの融合が拡大している。このため、スタートアップは、イノベーションを素早く商業化するための不可欠な資産との位置付けである（世界銀行（2021）、p.5）。

すでに日本のビジネスエコシステムは、資金調達の面で、米国やその他の先進国に劣後していることを明らかにした。世界銀行の調査では、東京のエコシステムは、専門的アクターが育っておらず、国内の大手金融機関などの非専門機関に大きく依存しているため、国内志向の考え方が強いことが明らかになった。東京では、エコシステムの7割が非専門アクターに依存しているのに対し、例えばニューヨークでは25％に留まり、エコシステムの大宗が成長志向の専門的アクターによって形成・支援されている（世界銀行（2021）、p.9）。専門アクターは、専門知識、情報、資金をスタートアップに提供する他、スタートアップが成長する過程で必要になる追加的な人材、知識、メンター及び資金にアクセスするための接続ハブの機能も果たしており、こうした専門アクターの大規模コミュニティの存在が、競争力の高いエコシステムの源泉である。

起業後、アーリーステージから成長するためには、起業経験を持つメンターと専門的なアクセラレーターの存在が重要である（世界銀行（2021）、p.16）。しかし、東京の場合、メンターやエンジェル投資家は数が少なく、また、国内志向で、エコシステムへの影響力が小さいとされる。米国では、スタートアップの資金調達総額のうち、18％がエンジェル投資家からであるが、日本の場

合、これは 2 ％に過ぎない（世界銀行（2021）、p.16）。

　アクセラレーターは、主に起業後、間もないスタートアップを対象に、短期間でビジネスを急成長させ、収益性を高める支援プログラムで、知識や資金などを提供する。

　東京のアクセラレーターの75％は企業や公的機関と提携しており、残り25％の専門アクセラレーターの大半は小規模で相互のつながりは希薄である。これに対し、ニューヨークのエコシステムでは、アクセラレーターは大半が企業や公的機関から独立しており、エコシステム内で中心的な位置を占める（世界銀行（2021）、p.14）。2019年のCrunchbaseによるアクセラレータートップ100位では、サンフランシスコやロンドンなど、世界の主なエコシステムには多数のアクセラレーターが存在するのに対し、東京は皆無である（世界銀行（2021）、p.14）。

　世界50ヶ国・地域の個人に対するアンケート調査によると、「自分は起業に必要なスキル・知識を有している」と回答した割合は、日本は14％と最下位であり、米国（6割強）、英国（5割強）などと比べて格段に低い（内閣官房（2021）、p.9）。起業学習の機会について、世界銀行の調査では、東京ではスキルインフラは、大学に集中しているが、制度的な教育システム外で企業家が、ビジネス、技術、企業家精神などのスキルを学習する機会に乏しいことも指摘されている（世界銀行（2021）、p.16）。また、大学での一般的プログラムは、学生に実践的なスキルを提供するというよりも、スタートアップの基礎となる理論を教えるアカデミックな内容が多い。

　また、国際的な多様性の観点でも、日本の状況は他国と大きく異なる。東京に常設するグローバル・アクセラレーターは1社のみで、そのプログラムは、主に非専門的アクターと連携している（世界銀行（2021）、p.10）。また、ディープテックのスタートアップでは、東京のエコシステムの国際的つながりはサンフランシスコエリアのみに大きく依存しており、他の強力な地域ハブに属していない（世界銀行（2021）、p.10）。これは、根本的には、保守的な移民政策の中、海外人材の流入は限定的であり、日本国内での人材のグローバル化

が進んでいないことが背景にある。

　歴史・文化的経緯もあり、日本国内で多様性が急速に進むことは考えにくい。そうであれば、海外に進出して多様性を取り入れることが効果的である。ここで注目したいのは、トランスナショナル企業家の存在である。トランスナショナル企業家とは、出身国の外（居住国）でビジネスを行いながら、同時に2ヵ国以上の社会構造に組み込まれている国際起業のことをいう。その二重性が利用可能にする複数の国々の資源・市場・制度を組み合わせることにより、特有の起業価値を生み出すことが特徴である。すなわち、母国と進出国の両国の資源を動員・融合することで、進出国でイノベーションを創出する起業のことと解釈できる。ここでいう資源とは、自然資源（物質資源）、人的資源（人脈やネットワーク）、技術資源（技能・技術力）、歴史的知見（文化・風習に対する理解）などの有形無形の地域から獲得できる地域資源を指し、一定期間、その地域に滞在し根を下ろすことで得られる資源のことである。

4．本書の狙い、リサーチクエスチョン

　HRVモデルを通じた分析で明らかになったことは、日本は伝統的に間接金融中心の金融仲介システムを有することもあり、起業に関する資金調達の面では、米国に比べて劣後している。また、米国ではイノベーションや起業にかかるビジネスエコシステムは、資金調達に際しては、人的つながりを前提としており、またアクセラレーターや連続企業家が投資を行いつつ、メンターとして、スタートアップ企業を支援する事例が多い。また、資金調達だけではなく、エコシステム内で、その他の学習機会を通じて社会関係資本へアクセスし、スキルやナレッジを得られることは、収益性や中長期的な企業の成長にとって重要である。

　米国の実証研究では、幼少期を企業家の多い地域で過ごした場合、将来、企業家になる割合が高いことが明らかになった（図表序-9）。実際、日本の企業家に対するアンケート結果によると、日本で起業が少ないと考える原因とし

図表序－9　幼少期に過ごした地域と将来の起業割合

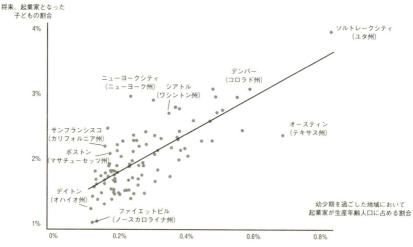

（注）2000－2017年における米国の企業の税務情報と起業家の個人情報を紐付けたデータを用いた分析、数値は研究途上の暫定値であり、今後変更があり得ることに留意。
（出所）Raj Chetty, John Van Reenen, Owen Zidar, Eric Zwick "America's Missing Entrepreneurs"（暫定版）を基に作成.

（出典）内閣官房（2021）、p.5より抜粋

ては、「失敗に対する危惧」（38％）に次いで、「身近に起業家がいない」（20％）の回答が多かった（一般財団法人ベンチャーエンタープライズセンター「ベンチャー白書2020」）。これは、いわゆる環境効果が企業家精神に大きな影響を与えることを示唆している。また、企業家を生み出すその他の条件として、慣行を含む参入障壁やリスク選好度の違いも指摘されている（内閣官房（2021）、p.4）が、これらの要因は短期的には変えることが容易ではない。こうした中、先述のトランスナショナルな企業家や、海外でイノベーションを起こした企業家、また、日本国内に留まりながらも海外とのビジネス機会の拡大を通じてイノベーションを実現した企業家など、グローバルイノベーションの事例を通して、日本のコンテクスト中だけでは浮かび上がらない、イノベーションを起こす上での構成要素、そして日本の課題を掘り起こすことが本書の狙いである。

以上を踏まえ、本書におけるリサーチクエンチョンは次の3点に集約される。本書では、国内外において活躍する日本人企業家が生み出す「グローバルイノベーション」およびその背景にある「アントレプレナーシップ」と「ビジネスエコシステム」の実態を調査し、リサーチクエスチョンに対する解を探ることによって、アントレプレナーがどのような経験や学習によってグローバルイノベーションを実現してきたのかを明らかにする。その上で、本書で扱ってきた事例の共通点から浮かび上がるグローバルイノベーション創出の構成要素を提示し、これが持続発展的に機能するための動態的なメカニズムの解説を試みる。そして、これらの構成要素とメカニズムを日本の現状と対比することで、どのような対策や準備が必要となるのか、そこにどのような能力が必要となるのかを明らかにする。

① 日本の企業家がどのようにグローバルに通用するイノベーションを生み出しているのか。
② ①の事例を踏まえ、グローバルイノベーションを起こすことに成功した企業家はどのような経験や学習によってイノベーションを実現できたのか。
③ 日本で日本人アントレプレナーがグローバルイノベーションを創出するためにどのような課題があり、課題解決のための企業経営や政策対応上のインプリケーションは何か。

　分析視角としては、ケーススタディにおいて、アントレナーシップの観点からどのようなイノベーションをどのような要因で創出したのかの分析に加えて、事例の背景にある起業学習の影響・効果を分析する。また、ビジネスエコシステムや政策の実態そのものをサーベイし、日本のスモールビジネスのグローバルイノベーション創出と日本適用への提言を行う。主な比較対象国は、イノベーション先進国の米国、ドイツ、英国、インドとする。そして、近年成長著しい新興国のイノベーション事例として、ベトナムを取り上げる。

5．本書の構成

　本書では、第1章で米国ベイエリアにおける日本人企業家の事例を取り上げる。3社の事例では、現地の投資家から起業資金を調達するために、日本から米国に経営資源を移動させた。3社は、現地でアクセラレーターや創業者から構成される質の高い企業家プログラムなどの支援を受けているが、これらを含むビジネスエコシステムの恩恵を享受することがスタートアップ企業の経営、とりわけ起業学習の観点でどのような影響を及ぼすのかを考察する。
　第2章では、ドイツのバイエルン州における中小企業をはじめとする異分野間連携の促進による事業創出の取組みについて、クラスター組織の支援サービスを受け推進されている事例を取り上げる。シリコンバレーの先例を参考にしながらも、長期的に試行錯誤を重ねながら「独自の解決策」を求め、地域システムのもとで一貫した活動を展開し、進化をとげている点に注目する。
　第3章では、海外に移り住んだ者が事業を起こす、いわゆる移民起業家が現地で起こすイノベーションの創出の要因を米国ハワイのケーススタディで明らかにする。日本人企業家による現地での錦鯉ビジネスにおいて、両国から動員した資源・優位性は何か、またそれらをどのように組み合わせ、融合させることによってグローバルイノベーションを実現させたのかを考察する。
　第4章では、英国の事例に基づき、同胞市場をターゲットとするエスニックビジネスからローカルを含む広い市場（local for global innovation market）をターゲットとするトランスナショナル経営へ移行し発展を遂げていく実態ならびに移行段階の成長期に起こるグローバルイノベーション創出と長期存続との関係性について明らかにする。
　第5章では、前章の事例と同様にグローバルイノベーションの創出によって異国で成長してきた英国事例2社を取り上げ、移民起業家のアントレプレナーシップとイノベーションとの関係性を明らかにすべく議論の拡張可能性を考察する。この考察を踏まえて、イノベーション創出に関わるアントレプレナーシップ（行動特性）と、過去/現在の経験や起業学習との関係性について考察

する。

　第6章では日本人企業家によるベトナムでのアグリビジネスの事例を取り上げる。海外で起業を行い、どのようにベトナムと日本両国の経営資源を融合させたのか、また、トランスナショナルな起業の経験が、日本におけるビジネスにどのように還元させたのかを分析する。

　第7章ではインドを題材に、グローバルイノベーション創出のために日印間でどのような関係を構築すべきかについて考察する。日本企業が、アクセラレータープログラムを通じて現地のスタートアップ企業と連携し、オープンイノベーションを行う事例を検討する。

　第8章では、日本の企業家による新商品開発における5つの事例から、企業家精神、マーケティング、海外の市場・風土との融合の観点でどのようにグローバルイノベーションがなされたのかを分析する。

　第9章は、佐賀県の地域企業の企業家によるグローバルイノベーションの事例を紹介し、どのような資源を動員してグローバルイノベーションをもたらすことができたのか、またその際、どのような起業学習が行われたのかを考察する。

　終章では、日本を取り巻く起業環境の課題の本質を指摘し、日本人企業家発のグローバルイノベーションを起こしていくための課題を深堀する。その上で、序章で論じた問題意識のもとで掲げたリサーチクエスチョンに対して、各章のケーススタディが主張する論点を総括する形で応え、結論づける。

【参考文献】

[日本語文献]

一般財団法人ベンチャーエンタープライズセンター『ベンチャー白書2020』。

大野泉（2009）「東アジア的発想によるアフリカ成長戦略への貢献」『国際開発研究』18巻（2009）2号、国際開発学会。

河野愛・大村直人（2023）「我が国スタートアップ企業の資金調達動向について」『ファイナンス』2023 Dec.、財務省。

榊原清則（2012）「リバース（反転）イノベーションというイノベーション」『国際ビジネス研究』4巻（2012）2号、国際ビジネス研究学会。

世界銀行（2021）『東京のスタートアップエコシステム』。

内閣官房（2021）「基礎資料」『成長戦略会議（第8回）配付資料』。

日本銀行（2023）『資金循環の日米欧比較』。

日本貿易振興機構（2019）「日本のスタートアップ・エコシステムは形成されたのか 主要国と比較した日本の強みと弱み」『地域・分析レポート』。

──────（2023）「資金調達額減少も、新興エコシステムに注目（米国）米国スタートアップ動向」『地域・分析レポート』。

吉田健太郎（2020）『中小企業の国際化と現地発イノベーション』同友館。

I.M. カズナー著，西岡幹雄・谷村智輝訳（2001）『企業家と市場とはなにか』日本経済評論社。

J.A. シュンペーター著、清成忠男訳（1998）『企業家とは何か』東洋経済新報社。

P.F. ドラッカー著、上田惇生訳（2007）『イノベーションと企業家精神』ダイヤモンド社。

［英語文献］

Hausmann, R., Rodrik, D. & Velasco, A.(2005), *Growth Diagnostics*, John F. Kennedy School of Government, Harvard University.

Tanimura, S and Yoshida, K(2024), "Global Innovation Driven by Japanese Entrepreneurs：Lessons from he U.S. and U.K", SOAS Japan Research Centre Discussion Paper Series No.4, SOAS JRC, University of London, pp.1-11.

Vernon, Raymond(1966), "International Investment and International trade in the Product Life Cycle", Quarterly Journal of Economics, 80(2), pp.190-207.

第 1 章
米国におけるビジネスエコシステムの本質
－カリフォルニア州ベイエリアにおける日本人企業家の事例－

谷村真　吉田健

1．はじめに

　本章は、世界経済を牽引する先進国であり、イノベーションやスタートアップを促進する環境が最も整備されている米国に焦点を当て、グローバルイノベーションを連続的に創出する仕組みを、日本出身の企業家へのインタビューを通じ、考察するものである。

　米国は長期に亘り世界最大の経済大国である一方、先進国ながらも比較的高い生産性を維持してきた国である。経済成長の源泉は、時代に応じてイノベーションを絶え間なく創出する企業群にあり、現代ではGAFAM（Google、Apple、Facebook、Amaznon、Microsoft）に代表される、プラットフォーム型のスタートアップ企業が世界最大規模の企業に大きく成長したことは注目を集めている。

　米国カルフォルニア州北部のベイエリア（サンフランシスコとシリコンバレー周辺地域）は、近年では、配車サービスのUberやビデオ会議システムのZoomなどユニコーン企業[1]を輩出し、イノベーション・スタートアップの先進地域であることは広く知られている。ベイエリアは各種調査でビジネスエコ

---

[1] ユニコーン企業とは、「評価額が10億ドルを超える、設立10年以内の未上場のベンチャー企業」のことである。設立から間もないながらも企業価値の高い企業として、幻の動物「ユニコーン」に例えている。ユニコーン企業という言葉自体は、2013年に「カウボーイ・ベンチャーズ」のリー氏が作った用語といわれている。2013年当初、評価額が10億ドル超えかつ創設10年以下の企業は非常に珍しかったため、ユニコーン企業と名付けられた。

システムが最も充実した地域として認識されており、エコシステムの存在がイノベーションやスタートアップにおける同地域の優位性の源泉であると考えられている。

こうした中、日本人企業家の中には、ベイエリアに経営資源を移し、同地域における先進的なビジネスエコシステムの恩恵を享受しようとする動きもみられる。序章で触れた通り、日本におけるイノベーション実現の課題としては、スタートアップにかかる資金調達が容易ではないこと、また、「起業学習」の機会が乏しいことが指摘されている。かかる課題に対し、ベイエリアに進出した日本人企業家が、どのように同地域でのエコシステムの資源を活用して、日本では実現が難しかったイノベーションやスタートアップを興す取組みを行っているのかを紹介する。その上で、ベイエリアのエコシステムの特徴を分析し、それが如何に日本人企業家のグローバルイノベーション実現に寄与したのかを検証する。

岸田政権は、2022年に「スタートアップ育成5か年計画」を策定し、その中で、「日本にスタートアップを生み育てるエコシステムを創出する」[2]と定めたように、ビジネスエコシステムに関する関心が高まっている。かかる経緯から、金間（2022）が指摘する通り、世界中の教材となっているベイエリアにおけるエコシステムを分析対象とすることは妥当であるが、その一方で、成功したエコシステムの特徴を安易に模倣することで、政策の同質化を避ける必要がある点にも留意が必要である。

2．事例選定理由

本書のリサーチクエスチョンに鑑み、今回事例として取り上げるのは、日本人が米国でスタートアップ企業を創業し、現地の投資家を含む資金調達を実現した企業3社である。これらの企業は、当面の目標として最低限ユニコー

---

[2] https://www.cas.go.jp/jp/seisaku/atarashii_sihonsyugi/pdf/sdfyplan2022.pdf 参照。情報閲覧日 2024年5月29日

（企業価値10億ドル）企業になることを念頭に置いている。スタートアップ企業がユニコーン企業に成長するためには、資金調達が重要であり、とりわけユニコーン企業の多くは米国などのベンチャーキャピタル（VC）からの投資を受けている。VC投資は、後述するように、スタートアップ企業が急成長を遂げるために必要不可欠な要素である。実際、米国の著名VC5社が投資した延べ200社がユニコーンに成長している[3]。しかし、ベイエリアの情報が集約されているジェトロ・サンフランシスコ事務所によると、現在のところ日本のスタートアップでVCなど現地の投資家から資金調達した事例は依然として数が少ない。したがって、本章では、現地で資金調達を実現することを中間目標に設定し、これを実現した企業3社を事例として採用することとした。

3．先行研究

（1）ビジネスエコシステム

ビジネスエコシステムの先行研究レビューとしては、芦澤・渡邉（2019）や金間（2022）が詳しい。日本で「スタートアップ・エコシステム」という用語が政策的な文脈で使われることが多い一方、学術的には、「entrepreneurial ecosystem」という理論的概念が一般的である（金間（2022）、p.2）。entrepreneurial ecosystemとは、Spigel（2017）による「高成長スタートアップを支援する地理的に限定された構成要素の集合体、およびその相互作用関係を意味する概念である。ここでの構成要素は、社会-文化資本、投資資本、人的ネットワーク、大学、経済政策など」という定義が最も包括的である（芦澤・渡邉（2019）、p.88）。

歴史的には、entrepreneurial ecosystemの概念は、1980年代から1990年代にかけて、アントレプレナーシップの研究が企業家個人の性格など個人的属性への関心から、アントレプレナーシップを醸成する際の社会文化的な要因を考

---

[3] KPMG https://kpmg.com/jp/ja/home/insights/2023/03/mmd-inc-202303.html

慮した、より広範なコミュニティの領域へと拡大する中で発展していった（金間（2022）、p.4））。これは、イノベーション創出にあたり、創業者の役割は大きいものの、当然ながら個人してできることには限りがあるため、創業者のイノベーションを支援、促進するインフラを整備するために多様なアクターが、集合体・コミュニティとして果たす役割が大きいという実態に注目したためである。なお、本章では、序章での整理に従い、包括的な概念である「ビジネスエコシステム」と表記するが、先述の通り、スタートアップ・エコシステムやentrepreneurial ecosystem と概ね同義である。

　ビジネスエコシステムを構成する要素として、金間（2022）は、Spigel（2017）による文化的（cultural）、社会的（social）、物理的（material）の3

図表1－1　Spigel（2017）による entrepreneurial ecosystem の3要素と階層構造

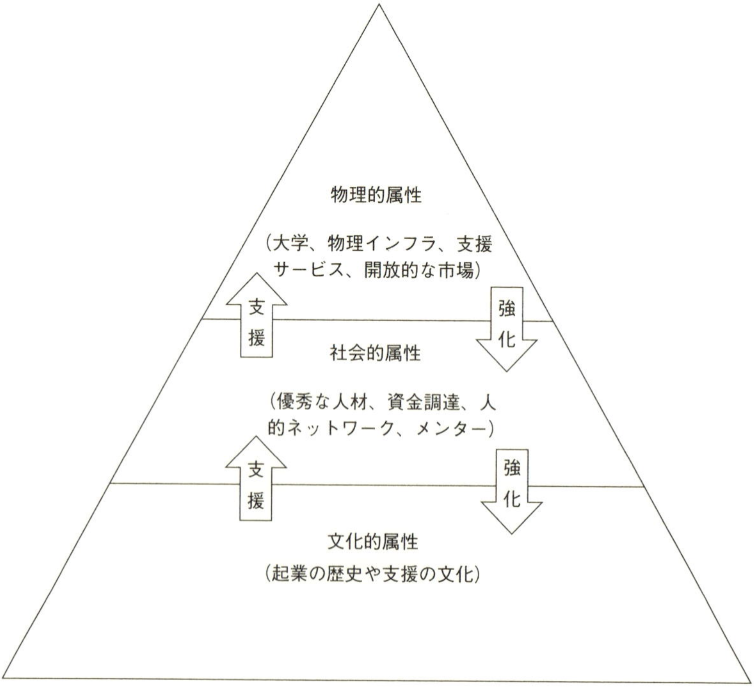

```
                    物理的属性
                （大学、物理インフラ、支援
                 サービス、開放的な市場）
          支援 ↑                  ↓ 強化
                    社会的属性
                （優秀な人材、資金調達、人
                 的ネットワーク、メンター）
          支援 ↑                  ↓ 強化
                    文化的属性
                （起業の歴史や支援の文化）
```

（出典）芦澤・渡邉（2019）、p.98を参考に筆者作成

属性を、「最も大局的に整理」した事例として提示した（金間（2022）、p.5）。文化的属性が、社会的・物理的属性の基盤となる階層となっており、下位の階層が上位の階層を支援し、上位が下位を強化する相互関係を有している。

　文化的属性は、地域における起業に対する態度を示すもので、当該地域に存在する成功した企業家による成功体験がロールモデルとして認知されている場合、起業にかかるリスク許容度が高まることを示唆している。

　社会的属性は、起業にかかる各種の資源が社会的ネットワークを通じて提供される状況を表している。優秀な人的ストックやステークホルダーを結びつけるネットワークの存在などが含まれる。とりわけ、リスクマネーへのアクセスはボトルネックとなることが多いが、金間（2022）は、起業にかかる資金調達の大宗は投資家の人的ネットワークに依存していることを指摘する。また、メンターなどによる支援もこれに該当する。

　物理的特性は、政府、大学、支援サービスなどのインフラに加え、新製品やサービスを検証可能な開かれた市場を指す。

　3要素の相互関係を例示すると、長期に亘る起業文化を有し、起業を支援する文化が根付いた地域で、成功体験者がメンター・ロールモデルとして新規企業家にアドバイスを行い、またメンターは、アクセラレーターとして支援サービスを提供するという構図である。また、アクセラレーターやメンターが新たな起業を後押しし、スタートアップが連続的に行われることで、起業の歴史や支援する文化がさらに強化されるという、上位から下位の階層へ向けた相互作用もあり、これらがビジネスエコシステム全体を活性化させるのである。

（2）ベイエリアのビジネスエコシステム

　米国調査会社のスタートアップ・ゲノムと、スタートアップを支援するグローバル・アントレプレナーシップ・ネットワーク（GEN）による世界の都市別にみたスタートアップ・エコシステムのランキングにおいて、シリコンバレーは調査が開始された2012年以降、首位を維持している（日本貿易振興機構（2023））。ランキングは、「業績」、「資金調達」、「連結性」（エコシステム内の

関係者同士のつながり）、「市場リーチ」（成長性やグローバル展開）、「知識」（研究・特許活動）、「人材・経験」の6項目で評価されるが、2023年調査では、シリコンバレーの評点は、知識を除く項目で最高評価を得ている[4]。

　日本貿易振興機構（2019a）は、ビジネスエコシステムの起源はベイエリアであるとし、同地域に、「スタンフォード大学やカリフォルニア州立大学などが輩出する技術や人材、ベンチャーキャピタル（VC）などの投資家、起業を支援するアクセラレーターやインキュベーター、ビジネスを支援する弁護士やコンサルタント、起業経験者、スタートアップとの協業を狙う大企業などが集まり、相互に作用して、起業からエグジットまでスタートアップを支援するエコシステムが構築された」と総括する。

　最新の研究では、村山（2023）は、ベイエリアとニューヨークを分析対象として、ビジネスエコシステム成立の要件や主要アクターの相互関係を考察している。ベイエリアにおいては、スタンフォード大学を中心として大企業や企業家が産学連携する中で、リスクキャピタルを呼び込み、エコシステムが形成されていった。当地では、政府が計画的にエコシステム形成を主導したというよりは、最先端技術への産学への資金援助などを通じた間接的な支援が特徴的である。また、GAFAMに代表される企業が、API（アプリケーションプログラミングインターフェイス）を活用して、オープンイノベーションを進める中で、パートナー企業や顧客を含むエコシステムの形成に寄与した点も特筆に値する。

　リスクキャピタルの面では、機関投資家が高い投資リターンを求めるベイエリアのVCは、「業界構造を劇的に変化させる破壊的イノベーション」により、「スケーラビリティー（拡張性）が高く、急成長する」ビジネスモデルを選好するため、これがスタートアップの急成長を可能にする要因とされる（日本貿易振興機構（2019b））。また、著名なVCからの投資対象となることは、VCの人脈の活用やサポートを受けることによりレピュテーションが高まるた

---

[4] https://startupgenome.com/report/gser2023参照。　情報閲覧日2024年5月29日

め、スタートアップ企業の成功において、極めて重要な役割を果たす。

　スタートアップ企業が、起業直後にVCなどからの投資を受けるまでの橋渡しを行うのがアクセラレーターである。アクセラレーターとは、「スタートアップ立ち上げを志向しているチームの事業計画を、事業化に必要なあらゆる側面で強化・支援する」プログラムとされる（村山（2023）、p.49）。なお、インキュベーターとの違いについては、インキュベーターは事業のアイディアはあるが起業前のシード期に支援を行うものであるが、アクセラレーターは、起業後、事業を立ち上げたが、まだ赤字の段階（アーリー期）を主な対象とし、出資を伴うプログラムを実施することが一般的である（出資を伴わないプログラムも存在する）。ベイエリアでは、Yコンビネーターやバークレー・スカイデック、アルケミスト、プラグアンドプレイなどの世界的に有名なアクセラレーターが多く存在する点が、同地域のエコシステムの卓越性の一つと認識されている。Yコンビネーターのプログラムを典型的な例として見ると、同社は年2回、合格率1.5％とされる審査で応募企業を厳選し、合格企業の7％の株式を取得、起業資金（約15万ドル）を提供する。合格企業に対しては、3カ月間のメンターシップなどを通じて企業のビジネスモデル構築とそのプレゼン能力を向上させ、プログラム最終日に、「Demo Day」と呼ばれる投資家向けにビジネスモデルを披露する機会を提供する。プログラムを卒業した後も、Yコンビネーターの企業家のネットワークにアクセスでき、また、著名VCへのアクセスや技術者採用の面での恩恵が継続する（日本貿易振興機構（2019c））。その他、創業者から構成される質の高い企業家プログラムを通じた資金調達も行われている。

　ベイエリアはメンター（指導者、助言者）の数と質の面でも他を抜きん出ている。職業としてのメンターに加え、エンジェル投資家、シリアルアントレプレナー（連続企業家）など、多様な人材がメンターとして、新規参入するアントレプレナーに助言を与える。また、創業者や起業経験者が多くベイエリアに留まり、新製品・サービスに関して企業家同士でディスカッションし、フィードバックを伝え合うことができる点も同地域の魅力の1つとされる（日本貿易

振興機構（2019c））。

4．リサーチクエスチョンと方法論、分析視角

　前項の先行研究レビューでは、ベイエリアでのイノベーションを巡る環境は、確立された強固なビジネスエコシステムに大きく依存していることが明らかになった。ベイエリアのエコシステムは文化的属性を基礎とする階層構造を有しており、起業に対する肯定的な文化・歴史を背景に集積された同地域のメンターやアクセラレーターの存在により、VC などからの資金調達の蓋然性を高め、新商品やサービスを市場で実装できることが、優位性の一例である。

　これらを踏まえ、本章のリサーチクエスチョンは次の通りとする。それは、イノベーションをもたらす起業学習においてベイエリアが突出している点は何であるのかという点であり、仮説としては先述の通りアクセラレーターなどを通じたネットワーク内での関係性構築など社会的属性がキーファクターとなることを想定している。

　方法論は、他の章と同様に半構造化インタビュー方法を用い、以下の分析視角のもと聞き取り調査を実施する。なぜ米国市場に拠点を移したのか、今までの実績（資金調達など）、アクセラレーターや創業者から構成される企業家プログラム等との関係やそれらを利用するメリット・デメリット、日本とベイエリアのエコシステムの一番の違い、今後の事業目標（日本でビジネスを展開する予定の有無を含む）、アクセラレーター以外のステークホルダーとはどのような関係があるか、などである。

5．ケーススタディ1：米国 Glasp 社の事例[5]

（1）G 社の概要

　Glasp 社（G 社）は、Web サイトで関心のある箇所を容易にメモとして記録できる知識共有プラットフォームを提供する日本人企業家による米国生まれの

スタートアップ企業である。今までは、Webサイトで見つけた情報を、紙に書いたり、別のメモアプリにコピー&ペーストしていたものを、同サービスを使うとGoogle Chromeなどのブラウザ上の拡張機能を使い、一瞬でメモを取れたり、ハイライトできることが利点である。また、Webサイトを読みながらハイライト・メモした内容を他のユーザーと共有することも可能である。現在、ユーザーは約250万人である。

中屋敷量貴氏（N氏）は共同創業者の渡辺圭祐氏（W氏）と一緒に2021年6月にGLASPを共同創業。N氏がプロダクト開発、W氏がそれ以外を担当している。

G社のプロダクトは、世界中のユーザーが、インターネット上の知識を体系的に整理し、誰もが容易にアクセスできる「デジタルレガシー」を構築することを企図している点で画期的である。また、同社は3大SNSの一角となることや、ユニコーン企業への成長を目標としている。G社は、VCを含む現地投資家からの資金調達を実施済みである。

図表1－2　中屋敷 量貴氏、ニューヨークのタイムズスクエアの電光掲示板におけるG社の表示（On Deckからのつながりで実現）

（出典）N氏提供

[5] 本内容は、N氏本人へのインタビューの他、N氏の以下のブログを参照した。情報閲覧日2024年5月29日
https://note.com/kazuki_sf_/n/n22a1521f1e3a
https://note.com/kazuki_sf_/n/nf4edb3514cb3

（2）創業の背景

　N氏は1991年に愛媛県松山市で生まれた（図表1－2）。祖父が建設業、父がエレクトロニクス系事業の創業者だったこともあり、「幼少期から何かが作られ、世に出ていくという過程に興味を持って」いた（中屋敷（2021））。とりわけ、N氏の企業家精神に多大な影響を及びしたのは祖父である。祖父は終戦後に満州から戻り、一人で建設会社を創業。堅実な仕事が認められ、県庁や市役所にも多く表彰されていたため、「その背中を見て育った自分は、幼いながら祖父のように堅実な生き様を通して世の中の役に立っていきたいと思ったことを記憶」している（中屋敷（2021））。

　20歳の時、硬膜下血腫に見舞われ、なんとか緊急手術で一命を取り留めた。その際、「自分がこの世に存在したこと、その生に意味があったことを証明したい」という欲求と「生きている間に何か世の中に役立つものを残さなければならない」という衝動に襲われた（中屋敷（2021））。当時は、世の中に大きく役立つ可能性があると信じて化学の研究に勤しんでいたが、周囲に一流雑誌に論文を掲載する学生もおり、「一層理想と現実のギャップに葛藤」する中、本来博士課程に進むべきところを急遽進路変更し、渡米することになった（中屋敷（2021））。

　N氏は、2014年に東京理科大学で化学工学の学士号を取得、2016年に東京大学大学院で化学生命工学の修士号を取得後、カリフォルニア州立大学バークレー校（UC Berkeley）のExtension Programでビジネスを学ぶ。学生として1年勉強し、Googleの仕事を受けている会社で1年勤務した実績がある。「来た当初は英語もできなければ、人脈もなく、文化も分からなかったため早くこの土地に溶け込んでいかなければという焦燥感」があったこともあり、同じビジネスプログラムに参加していた日本人学生と共同で、現地にいる日本人を取材し、そこから文化、商習慣の理解、人脈を広げていく目的で「Silicon Valley Workers」というメディアを立ち上げた（中屋敷（2021））。同メディアでは、総勢30～40名にインタビューし、米国で働くロールモデルの参考になるよう「一つ一つの記事作成・動画編集などを丁寧に行うことで、取材した

方々からの信頼を得て」いった（中屋敷（2021））。その結果、現地のビジネス経験豊富な方を紹介されたり、クローズドなイベントに招待されるようになった。また、このメディアを通して尊敬する当地在住の日本人の連続企業家に出会うことが出来、同氏の紹介により、一社目の米国人共同創業者に出会うことになった。

（3） 1度目の創業と挫折

N氏は先述の米国人共同創業者と2018年～19年にソフトウェア（デザインツール）のスタートアップを共同創業した。同社は UC Berkeley が主催するバークレー・スカイデックのアクセラレータープログラム（投資を伴うプログラムではなく、インキュベーションプログラム）にも採択され、日本のVCとエンジェル投資家から50万ドルを調達。

事業は順調に滑り出したように見えたが、プロダクト開発において、2度のピボット（変更）を経験。共同創業者より3度目のピボットの提案を受け、議論の末、共同創業者がプロジェクトを辞めると決断するに至った。

1度目の事業から得られた経験について、プロダクトの面では、「創業者自身が問題の当事者であり、強く共感できる問題であることが望ましい、トレンドに乗るだけではいけない、何がお世辞で何が本物のニーズかを見極める必要がある、コードは書かなくても価値検証できる」という点である（中屋敷（2021））。また、問題の多くは信頼関係に由来するものでもあった。困難に直面した時に「一番に相談する相手、支え合える存在になれていなかったことは純粋にそれまでの信頼関係の構築ができていなかったことが原因なので、自分の落ち度として悔しさが残る」とN氏は振り返る（中屋敷（2021））。また、何よりも強く痛感したこととして、「企業はCEOや共同創業者らの性格以上には育たない、大きくならない」ということや、「なぜ起業なのかという理由が一致しているか、信念、ミッション、ビジョン、そして過去の言動はそれらと結びついているのかなどをしっかり見極めること」、「初期に感じた違和感などは間違いなく困難な状況で改めて表層化してくる。人に関してはこの直感は

すごく大事」などである（中屋敷（2021））。

（4）2度目の挑戦
　さて、最初の事業が失敗に終わった直後は、当面の間、次に何をすればいいのか全く分からず、絶望感を経験する。それは、「何よりも自分を信じて投資してくれた投資家の方々に顔見せできる終わり方ではなかった」からである（中屋敷（2021））。落ち着いたタイミングで、過去の偉人が残した書物を3ヶ月で100冊以上読み漁り、「なぜ人は他者の経験から効率的に学べないのか？」という社会的課題から、「誰もが遺物を自然に共有・発展できる仕組みを作る」というミッションに到達する（中屋敷（2021））。
　このミッションを実現するためにベイエリアで2度目の挑戦を開始し、Googleの発注先で同じチームになったW氏とG社を立ち上げた。W氏とは輪読会を4年〜5年実施し、双方素性が分かっている中で、もともと両者はビジネス・経営が得意だったが、コーディングも勉強することになった。
　具体的には、「ウェブ上でテキスト、動画、音声など個人が共鳴・共感したもの、大事だと思ったものをハイライトでき、その人のためだけではなく、他の人にもアクセスできるように保存・共有できるプロダクト」の開発に着手する（中屋敷（2021））。実際にコードを書く前に、ユーザーが「どのように情報収集・保存・共有しているかの聞き込みを行い、また、過去に似た領域でプロダクトを開発・売却したことがある人への聞き込み」も実施（中屋敷（2021））。プログラミング経験がなく、コーディングも出来なかったので、知り合いのエンジニアの方にアドバイスを受けたり、Web上でプログラミングのサイトを手当たり次第に調べ、あとは「人類にとって必要だ」との信念の下、「ほぼトライ＆エラーでとにかく試して作り込むという原始的なやり方」で徹夜を繰り返しながらプロダクトを開発した（中屋敷（2021））。こうした経験から、プロダクトを開発していく過程について、N氏は「（1）自分が信じられるもの、欲しいもの、まだ世の中にないものの洗い出し、（2）他人も欲しがるものかどうかの価値検証、（3）熱狂するユーザー1000人の獲得」、という流れを

推奨する（中屋敷（2021））。

（5）資金調達実現

これまで、G社は2度の資金調達を行っているが、1回目は日本の投資家、2回目は主に米国のVCやエンジェル投資家からの投資である。2回目の投資については、G社はOn Deckという知名度の高い企業家プログラムに入ることができた影響が大きい。On Deckは、創業者のコミュニティーで2,000〜3,000人の創業者から構成されるネットワークである。ベイエリア中心だが、インドや日本など、世界中から参加。メンバーになるための採択率は5％で、数か月の研修があり、投資を受けられるのはさらにそのうちの5％と狭き門である。G社はOn Deckからの投資を受けることに成功し、また同プログラムはVCの中での認知度が高いため、他のVCからの投資を受けることにつながった。

（6）ベイエリアの優位性

N氏は、「米国は移民の国で、多様性があり、平等であり、誰でもチャンスがあり、大きなことができる。成功できる確率と成功した時の大きさが魅力的である。中国のように自国民中心ではない。米国でうまくいけば日本でも可能性があると感じたし、外国でチャレンジしてみたい想いや楽しみがあった。そして、米国の中でもサンフランシスコが最も自分が求めている場所で夢を体現できる場所だと感じた。そして、来てみたら実際にそうであり、差別的な発言も今までほとんどされたことはない。また、周りに成功事例が多く、人材、資金、経験、ノウハウが集積している点も大きな魅力である」と語る。N氏は「「次のUberやAirbnbの作り方」という問いに対する知識やそれに答えられる人材がより多く集まる場所はいまだにシリコンバレー」のみだと思うと述べる（中屋敷（2021））。また、メディアが依然としてシリコンバレーに注目していること、そして新商品やサービスなどを早期に受け入れ、他の人々に評価を広めるため消費者に大きな影響を与えるアーリーアダプターが世界中のどこよ

りも多いという観点から、より高い確率で多くの人に価値を届けられる場所でもあることも魅力の一つである。

　米国の魅力は市場規模が大きいことでもある。西海岸だけでなく、東海岸、中西部、マイアミやオースティンなど、どこにも大きな市場がある。また、先行事例の幅と深さが日本とは比較できない。多くの成功事例と失敗事例があり、資金も豊富にある。日本は東京にほぼ全て集中しており、まだまだ狭く、小さいと感じるとN氏は考える。

（7）アクセラレーターについてのメリット・デメリット
　アクセラレーターについてのメリットは、「ネットワークが現地でなければアクセラレーターに入ると「ハク」が付くし、信頼され、投資家にもつないでもらえる。この「ハク」がつくことが重要で、米国での実績にもなる。他方、デメリットとしては、エクイティーが取られ、エクイティーをあきらめる必要があるので、ビジネスのフェーズが進み、バリュエーションが高くなっていると、特に既存の投資家から承認を受けるのが厳しい。バリュエーションが高くなればなるほどその傾向がある。G社の場合はすでにOn Deckを通じてネットワークがあり、既存投資家もいたので、アクセラレーターは必要なかった」、とN氏は述べる。

（8）今後の目標、アドバイス
　今後の目標としては、「デジタルレガシーを残せるようになりたいということで、X（旧Twitter）、Linkedin、Facebookの3大SNSに割り込む、ユニコーン企業に成長するなどである。3大SNSに食い込み、ユーザーが10億人に到達した段階で一つの成功と呼べるのではないかと考えている。
　日本に拠点を移すことについては、G社のサービスは消費者向けであり日本からも顧客はサービスを利用できることもあり、必要性がないと考えている。したがって、今のところ、ベイエリアに居続ける予定である。
　日本で起業・海外進出を考えている人へのアドバイスとしては、ユーザーを

理解する、課題を見つけてそのソリューションを作る、カスタマーを見つけることが重要で、これらはどこの市場でも同じである。その解像度をあげていき、ビジネスシーンを学んでいくことも重要である。日本で準備できることは、Linkedinやインターネットなどを使って日本でネットワークを広げることができる。また、色々なプラットフォームを学習していくと良く、アクセラレーターなどのビジネスエコシステムについての現地感覚を身に着けておけるかが重要だと思う」、とN氏は述懐する。

6．ケーススタディ2：米国 Final Aim, Inc. の事例[6]

（1）F社の概要

Final Aim, Inc. 社（F社）は、スマートコントラクトに代表されるブロックチェーン技術を活用し、デザインや製造業における生成AI活用の際の知的財産権管理により、安心・安全な生成AIの活用を実現するスタートアップ企業である。同社は、当初、2019年に日本で設立されたが、2022年に米国デラウェア州に米国法人を設立の上、本社を米国に移転させた。創業者は、朝倉雅文氏（CEO、A氏）及び Chief Design Officer の横井康秀氏（A氏の前職同僚）である。

同社は、スマートコントラクトを用いたソリューションを米国・日本を中心にグローバル展開することを計画しており、また、デカコーン企業への成長や、米国でのIPO及びM&Aを実現することを目標している。F社は、米国現地の投資家からの資金調達を実施済みである。

---

[6] 本内容は、A氏本人へのインタビューの他、A氏の以下のブログを参照した。 情報閲覧日2024年5月29日
https://note.com/masakura54/n/na487476d5ab1
https://note.com/masakura54/n/nfaf06b588585
https://note.com/masakura54/n/n5e2ef4837948
https://note.com/masakura54/n/nea802a1a75e6
https://note.com/masakura54/n/na487476d5ab1#2914279f-e9b4-49ba-b67d-73822d5a82b0
https://note.com/masakura54/n/nf226db179618

（2）米国での創業の背景

　A氏は学生時代からプログラミングに触れ、みずほ銀行入行後、リクルート（旧リクルートキャリア）社で情報システム部門、経営企画部を経て、グローバル企画部でシンガポール、中国、インド、ベトナム等を担当。その後、シンガポールで人材紹介会社の代表取締役社長を務めた（図表1－3）。帰国後、3Dプリンターと機械学習のスタートアップ企業に参画し、COO、プロダクト統括責任者、経営企画部執行役員等を歴任した。なお、同社では、2017年に東証一部上場大手メーカーからのM&Aによる連結子会社化からPMI（ポスト・マージャー・インテグレーション）まで経験した。同氏は、UTEC（東京大学エッジキャピタルパートナーズ）のベンチャーパートナーでもある。

　A氏は、日本本社・米国支社の体制だった前職の時からからグローバル展開を考えており、シンガポール、日本でM&Aの経験があり、スタートアップでの経験を段階的に積み重ね、次は「もっと市場の大きい米国でフルスイングで勝負したい」という想いでチャレンジを開始した。ベイエリアで勝負する場合、米国のソフトウェアエンジニアに技術だけで勝つのは難しいため、スタートアップにとってデザインが重要となると考え、デザインとテクノロジーを主軸にした戦略を展開している。F社は、破壊的イノベーションの創出を目指す「ムーンショット」型研究開発を狙っている。

　A氏は、グローバル市場で成功するためには、「米国で勝負し、勝つ必要がある」と考える。そのため、本社を米国に移し米国本社が100％日本子会社の株式を持つ形としている。F社は、グローバル展開、資金調達環境、スマートコントラクトやブロックチェーン技術の強化や活用に加えて、法律や会計、税務など総合的な観点を踏まえた上で米国に進出した。

　米国での創業以前のF社は、シンガポールのロボットスタートアップのOTSAW社、インドネシア最大級の樹脂製品メーカー、日本のソニーデザインコンサルティング社、ティアフォー社など、大手企業やスタートアップ、大学の研究室などとデザインを中心とした協業や開発支援を展開し、複数ヵ国を通じた顧客の課題を慎重に確認。2021年11月には、同社が実践してきたナレッジ

図表1-3　朝倉 雅文氏

（出典）A氏提供

やノウハウを盛り込んだ、デザインとデジタル製造業のプラットフォームを発表し、プロダクトを磨きこみながら進化させ続け、国内外への普及を進めてきた。F社が開発したのは、スマートコントラクトなどのブロックチェーン技術を活かし、デザインやデジタルファブリケーションにおける真正性やオーナーシップなどの課題を解決するプラットフォームである。3Dデザインや設計ソフトウェアの世界的なリーダーである米国のAutodesk社、ヤマハ発動機社、パナソニック社をはじめとした大手企業を中心に実証実験や実務での導入を進めてきた。Autodesk社とは2024年11月の米国サンディエゴにおけるAutodesk Universityに招待され、同社とのシステム連携、生成AI活用時における知的財産権の課題解決を実現したヤマハ発動機社との事例の発表をしている。また、プラットフォームの鍵となる、デザインの企画・設計における知的財産権の管理やデジタル製造業におけるデータやサプライチェーンマネジメントの分野で、ブロックチェーン技術を応用した国際特許出願も複数件実施した。

　A氏は、起業して新しい産業・文化を創り出すことなどが楽しく、挑戦する事そのもの自体がシンプルに好きである。また、個人事業主ではなく組織を作ってエクイティファイナンスのスキームで株主・顧客、従業員・社会へ貢献

する経営そのもの自体が大好きであり、それが起業につながったと振り返る。

（3）アクセラレーションプログラムへの採択

　「米国のアクセラレーターに採択される事が、グローバルで勝負するスタートアップには重要」と、創業以来、ベイエリアの企業家や投資家からアドバイスを受けていた中、2022年9月にUC Berkleyのアクセラレーターであるバークレー・スカイデック（Batch15、IPP（イノベーション・パートナー・プログラム））に採択された。本プログラムは、日本貿易振興機構が内閣府や経済産業省とともに展開する「スタートアップシティ・アクセラレーションプログラム」のDeep Tech（IoT/Robotics/Mobility/Cleantech and others）コースの一環となる。2023年10月には他のベイエリアの著名アクセラレーターであるAlchemist Xプログラムにも採択された。

　A氏は、アクセラレーターの活用について、出資可否に伴うCap Table（資本政策）への影響を踏まえてもメリットは非常に大きく、重要なのは「アクセラのネットワーク」であると述べる。米国の企業家やエンジェル投資家、VC経験者がおり、世界中から百戦錬磨の企業家が集まっているベイエリアにおいて、バークレー・スカイデックに採択された、という事実が「通行手形」として機能し、日本発の日本人の企業家が「現地のインナーコミュニティに参加しやすくなった」とする。スカイデックという裏付けは、「ある種の信用」に繋がっていると感じ、実際、同アクセラに採択されてから世界中の様々な投資家・企業家からのアプローチが採択前に比べて格段に増えたとのことだ。

　また、スカイデックに参加したスタートアップに対してはスカイデックの卒業生を含め、関係者から好意的なサポートが受けられるのも魅力の一つである。スカイデックのアドバイザーだけでも400名以上のサポート（2022年当時）があり、関係者がみなスカイデックに愛着を持っていると感じた。A氏は、「コミュニティに対する愛着があり、そこに人が集まってくるという構造で、しかも歴史があるという点では極めて強固なベイエリアのエコシステム」であると振り返る。

Alchemist X のプログラムではアルケミストの卒業生で、米国を代表するトップクラスの VC であるアンドリーセン・ホロウィッツ（略称 a16z）やセコイアキャピタルの関係者を始め、シリコンバレーの投資家へのリーチが出来たりする仕組みがあった。

A 氏によると、アクセラレータープログラムは単に受けるだけでなく主体的に関わっていき、積極的に成果を出していくのも大事であるとする。F 社はバークレー・スカイデックにおいて 2023 年 2 月に「The Most Likely to Become the Next Unicorn」に選ばれ、この結果、様々な人との繋がりが一気に増えたと感じたとする。

A 氏は、実績とネットワークのある連続企業家の場合、相対的にバリュエーションが高いケースが多く、資本参画が発生する場合、アクセラレーターの活用は Pros Cons があるが、初めての創業であれば基本的にメリットの方が大きいとする。また、資本参画の観点においては、アクセラレーターから資本を入れてもらわないと本気の支援は行ってもらう事は一部の観点からは難しいと考えている。

（4）資金調達実現

F 社は、既に著名な米国のエンジェル投資家から投資を受けている。2023 年には、a16z から資金調達した Google 出身で複数のエグジット経験のある連続企業家の Tom Moss 氏やベイエリアの弁護士 James Prenton 氏よりエンジェル出資を受けることに成功。また Adobe 社の日本・APAC・北ヨーロッパで代表取締役社長を歴任したエンジェル投資家の Craig Tegel 氏や米国 Intel 社の上級役員や世界銀行のエコノミストを歴任し、カリフォルニア大学バークレー校（UC Berkeley）で教鞭をとる Jeep Kline 氏、同じく UC Berkeley の教員であり Oracle 社へエグジット経験のある連続起業家の Naeem Zafar 氏が F 社のアドバイザーに就任した。なお、Klien 氏は米国 VC の Raisewell Ventures の Managing Partner and Founder でもある（2024 年 9 月より）。アクセラレーター以外のネットワークでは、前職やエンジェル投資家のネット

ワークを使ってアプローチ。A氏自身が、連続企業家且つエンジェル投資家であり、ベンチャーパートナーの経験もある上で、米国のエンジェルネットワークを含めて様々な信頼関係のある繋がりがあったのは強みと認識している。

(5) ベイエリアの優位性
　「ベイエリアでは、エグジットした連続企業家が多いので、彼らが次にエンジェル投資家になって新しい企業に出資する。日本には連続企業家が米国と比べてほとんどいないのでベイエリアのようなビジネスエコシステムを作る事が難しい。また、日本はスタートアップの規模が大きくなく、コミュニティが限られており、極端に狭いという特徴がある。他方、ベイエリアの場合はコミュニティが複数あり、一つのコミュニティでうまくいかなかったとしても、別のコミュニティで再挑戦する、といった事が構造的に可能」、とA氏は考える。

(6) 今後の目標、アドバイス
　「5年を目途にエグジット（IPOまたはM&A）し、機関投資家に評価頂けるようなムーンショットを考えている。日本初のグローバルのスタートアップとして、企業価値で100億ドルを超えていきたい。ここにたどり着き、まずはリクルート社を超えたいと考えているとA氏は語る。シンガポールや日本ではなく、米国でエグジットすることはあくまでもプロセスであり、そこではじめてスタートラインに立てると考えている。日本において、IPOでエグジットするのは一つの選択肢ではあるが、米国のスキームを使って米国市場でIPO/M&Aまで持って行くことが重要だとする。もちろん、前提条件や市場環境によってエグジット戦略は異なるのであくまでも一つの考え方としてではあるが」、とA氏は述べる。
　「将来的には、ベイエリアでの経験を日本に還元しスタートアップのエコシステムに連続企業家やエンジェル投資家として企業家や大学、社会にさらに貢献したいと考えている。「デザインとテクノロジーで新しい産業・文化を創り出していきたい」、とのことだ。

7．ケーススタディ3：米国 SUN METALON Inc. の事例

（1）S社の概要

　SUN METALON Inc.（S社）は、西岡和彦氏（CEO、NK氏）を含4名の日本人共同創業者による、金属業界の脱炭素化ソリューションを開発・提供するスタートアップ企業である。同社は、2021年に米国デラウェア州に法人を設立の上、登記上の本社を米国としている。S社の独自加熱技術は、地球全体の二酸化炭素排出量の10%以上を占める金属製造業界に革命をもたらし、金属製造における二酸化炭素排出量と製造コストの双方に削減し、クリーンで持続可能な生産を目指すものである。NK氏は、同社の製造技術をグローバル展開することで、地球規模での二酸化炭素排出量削減という社会的課題に取り組みつつ、デカコーン企業への成長を目標としている。S社は、現地投資家からの資金調達を実施済みである。

（2）創業の背景

　NK氏は東京大学大学院機械工学科を修了後、日本の大手鉄鋼メーカーにて、エンジニアとして11年間勤務し生産技術や加熱炉開発に従事する（図表1－4）。

図表1－4　西岡　和彦氏

（出典）NK氏提供

SUN METALONの独自の低コスト・脱炭素・Local Circularity（地産地消）を実現する金属加熱技術は、西岡が偶然読んだ金属製法の歴史に関する本からアイディアを得た後に、共同創業者と休日にキャンプ場などでの実験を繰り返し、現在の技術に到達したとする。前職の社内で新規事業化する可能性もあったが、「もともと金属業界で大きな変革を実現したいという意識を強く持っていて、巨大な設備で大量生産・CO2排出をする業界構造からの脱却を実現するためには、全く新しい発想でスタートアップとしてグローバルにクイックに動いていきたいと考え」[7]、スタートアップの道を選ぶ。NK氏は、自分たちの技術で世界を変え、装置の適用範囲や業界構造の変革などの観点でソーシャルインパクトを与えたいという意識で創業を決意したと語る。

　会社設立にあたり米国を選んだ理由については、当初からグローバル展開を考えており、デカコーンが何社も生まれている世界、世界を変えるというパッションを持っている世界に自分も身を置いておきたかったと振り返る。また、電炉を用いた金属製造については、米国がメインの市場だったので、必然的にマーケットのある米国になった。加えて、ディープティック企業の成長に必要なリスクマネーが米国に最も潤沢にあることも理由である。

（3）アクセラレーションプログラムへの採択
　S社は、2021年9月にバークレー・スカイデック（Batch12、【出資付き】）に採択された。
　NK氏は、アクセラレーターの活用について、ベイエリアの投資家から投資を受けたかったので、現地のインベスターネットワークに入ることが重要と考え、約100人の投資家にピッチできるDemo Dayに集中したとする。また、アルムナイの経営者にヒアリングしたところ、スカイデック・ファンドの代表と親密になり、長期的な関係性を築くことが重要とのアドバイスを受けた。創業当初は、スカイデックのコネクションを中心に、VCを含む色々な人に会った

---

[7] https://forbesjapan.com/articles/detail/51060/page2 参照。　情報閲覧日2024年5月29日

が、信用できる責任者やライトパーソンとコネクションができることが重要である。

なお、資金調達面ではバークレー・スカイデックのネットワークを活用しつつも、それ以外でのプログラムについては、創業者との交流や講義には出席せず、S社の事業を進めることに集中した。

（4）資金調達実現

日本発のスタートアップ企業ながらも、ベイエリアからの投資を受けることをターゲットにして、1回目のシード期の資金調達は、バークレー・スカイデックのアクセラプログラムやUTEC（東京大学エッジキャピタルパートナーズ）を含む合計約200万ドルを調達。プレシリーズA（事業の検証段階）期では、まず、2022年10月に既往の投資家などから合計560万ドルの調達を完了。2023年4月には、追加のプレシリーズAラウンドとして、新規投資家の米Impact Science Venturesを含む投資家から合計200万ドルを調達した。更に、2024年9月には再び日米の投資家から2,100万ドルのシリーズA（資産調達）を実現した。

事業の立ち上げに向けては、2024年1月にNK氏が就労ビザを取得、米国本社オフィス兼パイロットプラントがシカゴに立ち上がったのは2024年11月である。2024年12月時点で米国では13人のフルタイム従業員を雇用し、早くも米国顧客への販売を実現している。2025年にはより大きな案件の成約に向けて、活発な実証実験を複数実施中である。

（5）日米の資金調達の違い

「日本だと資金調達については、企業家有利（資金調達しやすい）だが、米国だと投資家有利（資金調達が日本より難しい）で、難易度は米国の方が高い。文化的な部分もあるかもしれないが、著名なVCになればなるほど難易度が高い。S社については、日米から調達できたことは、通常の米国のスタートアップ企業との差別化にもつながり、強みにもなる。このコンビネーションが

重要だと考えている。また、米国には意思決定が速い投資家がいるのが特徴的であり、2週間で意思決定するVCもいる」、とN氏は語る。

(6) ジェトロの支援

　ジェトロ・サンフランシスコ事務所は、S社に対して、本社を米国に設立すべきかどうかのコンサルティングに始まり、コワーキングスペースの紹介、アクセラレーターの説明と紹介（バークレー・スカイデックやアルケミストなど）、ピッチトレーニングとメンタリング、VCの紹介など、包括的な支援を実施。NK氏は、こうした支援も米国での起業やアクセラレータープログラムへの採択、現地投資家からの資金調達実現に寄与したと述べている。

(7) 今後の目標、アドバイス

　「デカコーン（100億ドルの企業評価額）を目指すし、それはS社が目指す業界変革の入り口に過ぎず、当然できると思っている。金属の製造業の市場は無限にあり、マーケット規模は非常に大きい。また、脱炭素の実現、低コスト、地球の二酸化炭素排出量を大幅に削減するという社会的課題を解決することが企業価値につながると考えている。地球を救うところまで今やっていることを続けていく必要があるので、まずは金属の製造業から二酸化炭素を排出しない社会を実現したいと思っており、それができるようになってようやく一つの成功と言える」、とN氏は述べる。

　NK氏は2024年8月より米国に完全移住した。米国企業のCEOが米国に居住していないと話にならないからである。日本と米国の棲み分けについては、日本は技術開発、R&D中心であり、最重要拠点である。しかし、過去の事例を踏まえると、アイデアベースからデカコーンまで持って行くためには米国等のグローバルマーケットで事業展開をして成功する必要があるが、デカコーンの数が世界中で圧倒的に米国が多いため、米国が本社機能を果たすべきと考える。

　日本人企業家へのメッセージとしては、創業者の挑戦しようという意志やコ

ミットメントが重要である。会社は創業者・経営者のビジョンより大きくはならないため、グローバルに大きなインパクトを残すためには、それを目指すマインドセットがまず入口として必須になる。また、創業者・経営者リソースをグローバルの最重要拠点に投入するというコミットメントも重要であり、兎に角、現地に来て実際に事業を始めるという勇気も必要である、とNK氏は語る。

8．分析

　以上、米国で日本人企業家が創業し、現地投資家から資金調達を実施した事例を取り上げた。3社の事例からは、母国から持ち込んだ資源と現地資源、とりわけアクセラレーターや質の高い企業家プログラムなどの現地エコシステム資源を融合することで、現地投資家から認知され、次のステージ向け事業を継続していることが浮き彫りになった。以下では、序章で示した本書におけるリサーチクエスチョンを念頭に置きつつ、社会的属性の観点からビジネスエコシステムの構成員との関係性構築を主な分析視角として考察を行う。

　3社の事例で共通しているのは、グローバル市場をターゲットにしたプロダクトを開発していること、また、企業価値を高めるために米国の投資家からの資金調達を企図していることである。また、ベイエリアではユニコーン・デカコーン企業を輩出した実績を持つ確立されたビジネスエコシステムが存在するというのが、ユニコーン・デカコーン企業への成長を目標としている3社が現地に進出する誘因となっている。

　先述のビジネスエコシステムの構成要素に沿って考察すると、物理的特性の点では、ベイエリアのエコシステムは、グローバル市場への展開を見据えて新商品を検証するのに適した開かれた市場である点は3社に共通するところである。また、とりわけ、G社やF社のソフトウェア関連ビジネスにおいては、ベイエリアでは最先端の技術にアクセス可能という技術的優位性がある。

　他方、3社がアクセラレーターや創業者から構成される質の高い企業家プロ

グラムを活用し、現地の投資家からの資金調達を実現したことは注目に値する。また、3社ともに、現地での資金調達において、とりわけ現地でのネットワークがない企業においては、アクセラレータープログラムの活用が最も効果的と指摘する。

　アクセラレーターの活用は、エコシステムの三層構造の相互関係を理解する上で、重要な示唆を与える。アクセラレーター自身は、エコシステム内で、VCなどからの資金調達を実現するために支援を行うサービスであり、物理的なインフラである。しかし、アクセラレーターは、エコシステム内での社会的属性を基盤にしており、対象スタートアップ企業が、社会的属性の階層で他のステークホルダーとの関係性を構築することを支援する。また、アクセラレーターは、スタートアップ企業が開発を加速し、成長する過程で、VCなどからの資金調達を含む事業計画を具現化する「起業学習」の機会をプログラムとして提供している。

　金間（2022）は、スタートアップに投資されるリスクキャピタルの大宗は、投資家の人的ネットワークを介して提供されており、エンジェル投資家やVCは、自らのネットワークを利用して、投資先を評価すると指摘する（金間（2022）、p.6）。したがって、ビジネスエコシステムにおいて、メンバーとして認知され、VCなどのステークホルダーと信頼関係を構築することが重要となる。これは、エコシステムの社会的属性の階層で構成メンバーとして認知されているのかということだが、この点は、現地に移住して間もないトランスナショナルな企業家においては、不利な点である。これに対し、3社の事例からは、アクセラレーターに採択されたという事実及びプログラムを通じて現地投資家へのアクセスが容易になることは、エコシステムへの新規参入者にとって大きな扶助となったことが確認された。

　アントレプレナーの特性については、理論的に伝達可能な形式知であり、経営や技術的な専門知識など「起業教育」によって育成されるものと、人的ネットワーク形成力、課題発見力、リーダーシップなど、環境や経験で獲得され、「起業学習」によって育成されるものに大別される（川名（2014）、p.61）。学

習については、その性質上、制度化された教育プログラムでは身につけることが難しい特性につき、学習主体が外部との関係性を学習しながら、知識獲得ではなく、実際の環境下でどのように行動し、どういう相互作用を営むかという点に焦点を当てる（「状況学習論」、川名（2014）、p.76）。S 社の事例は、資金調達に特化していたものの、G 社と F 社は、アクセラレーターのプログラム関係者などを通じ、エコシステム内のステークホルダーとの関係性を構築し、信頼感を醸成していくプロセスの重要性を指摘していた。これは、まさに、状況学習による起業学習と解釈される。

また、N 氏が指摘するように、ベイエリアでは、スタートアップの成功事例と失敗事例の蓄積があり、また、移民が多いなど多様性に富んでいる。こうした、文化的特性もイノベーションを醸成しやすいエコシステムの環境に貢献している。また、A 氏はベイエリアではコミュニティに対する愛着が強く、人が集まってくる環境であり、また連続企業家がエンジェル投資家となって新しい企業に投資するという循環性を指摘した。こうしたペイ・イット・フォワード、つまり「恩送り」の文化的・社会的属性もベイエリアのエコシステムの卓越性の基盤にあると考えられる。

トランスナショナルな企業家として、3 社が日本から持ち込んだ資源という観点では、日本ですでに起業や資金調達の経験がある点は、ベイエリアにおけるネットワークへの参加においても有用だった。また、3 社とも、事業のオリジナル・アイディアは米国進出前からある程度存在しており、それをグローバル市場向けに開発、販売するために、ベイエリアのエコシステムを活用している点も特徴的である。これは、新しいアイディアを商業化し、社会に実装する過程で、エコシステムが重要な枠割を果たすことを示唆している。

N 氏と A 氏は、スタートアップ企業の資金調達の面で、日本は米国に大きく劣後していると指摘する。これは、序章の定量分析で確認した通りである。また、文化的・社会的属性を基盤にしたアクセラレーターなどのプロの支援サービスや、連続企業家などがエンジェル投資家となって新規スタートアップ企業を支援するなど強固なビジネスエコシステムが形成されている点はベイエ

リアの優位性である。

　かかる状況下では、N氏、A氏、NK氏のように、日本人アントレプレナーがベイエリアに移住し、当地のビジネスエコシステムを活用するというのは、一つの解決策である。こうしたトランスナショナルな企業家に対して、すでにジェトロ・サンフランシスコ事務所が提供しているメンターなどによる支援は有用であり、実際に、3社は様々な形でジェトロの支援を受けた。

　3社の事例から鮮明となった通り、ビジネスエコシステムの資源のうち、アクセラレーターや質の高い企業家プログラムを活用することは、企業の成長に欠かせない著名なVCからの資金調達などの面で極めて効果的である。日本に拠点がありつつ、グローバルイノベーションを志向する企業に対し、日本でベイエリアの著名アクセラレーターがプログラムを実施することが出来れば、日本に居ながらもトランスナショナルな経営資源の融合となる。

　こうした中、ジェトロは、内閣府・経済産業省及び東京都の協力のもと、アクセラレーションプログラムを実施するグローバルなアクセラレーター誘致に向けた取組みを推進。2023年11月にバークレー・スカイデックの日本進出を支援するため、覚書を締結。両者は、日本でのスタートアップエコシステム形成に資するプログラムを賛同大学と連携しながら双方で実施することやジェトロが日本におけるスタートアップ支援プログラムの立ち上げをサポートすることに合意した。

　2023年12月には、世界最大級のプレシードインベスターの一つで、世界各地でアクセラレーションプログラムを運営する米国のTechstarsをジェトロなどが日本に誘致し、出資付きのスタートアップ・アクセラレーションプログラム「Techstars Tokyo」を開催すると発表。日本発で世界を目指す日系スタートアップなどを対象として、12社の企業を選抜し、Techstarsの組成するファンドから1社あたり12万ドルを出資した上で約3か月間のアクセラレーションプログラムを実施する。同様に、2024年5月に、ベイエリアの著名アクセラレーターであるアルケミストが実施する「Alchemist Japan」プログラムの誘致に成功し、日系スタートアップなどを対象として、9〜12社のシード期

図表1−5　ジェトロとバークレー・スカイデック覚書締結式

(出典) ジェトロ

スタートアップを選抜、Alchemist Accelerator Fundから1社あたり10万ドルを出資した上で約3か月間のアクセラレーションプログラムを実施。

　ビジネスエコシステムが確立していない日本においては、ベイエリアのアクセラレーターという資源を「輸入」し、在日本企業がグローバルなイノベーションを実現することが出来ると、まさに理想的である。他方、エコシステムは、文化的、社会的、物理的属性の階層構造を有しており、とりわけ、文化的・社会的属性の面でベイエリアと違いの多い日本の環境下で、「地域ごとの文化的属性や文脈の丁寧な分析は不可欠」という視点には留意が必要である (金間 (2022)、p.14)。この点は、今後、政策イニシアティブのレビューにおいて、ビジネスエコシステムの経路依存性や地域特性を踏まえた分析が必要となることを示唆している。また、A氏のように、ベイエリアでの経験を日本に還元したいと考える連続企業家を政策的にどのように日本に誘致するのかも、課題の一つと考えられる。

〔謝辞〕

　中屋敷氏、朝倉氏、西岡氏には長時間にわたるインタビュー調査へご協力頂いた他、インタビュー記録をもとに書き下ろした本章の内容の確認にもご協力頂いた。ここに記して感謝申し上げます。

【参考文献】

〔日本語文献〕

芦澤美智子・渡邉万里子（2019）「Entrepreneurial Ecosystem（EE）研究の潮流と今後の方向性─東京 EE を対象とした事例研究の可能性─」『横浜市立大学論叢社会科学系列』Vol.71 No.3、pp.87-108。

金間大介（2022）「スタートアップ・エコシステム研究の潮流と今後のリサーチ・アジェンダ：地域の特徴に基づいたエコシステムの構築に向けて」『IFI Working Paper No.12』東京大学未来ビジョン研究センター。

川名和美（2014）「我が国の起業家教育の意義と課題─「起業教育」と「起業家学習」のための「地域つながりづくり」─」『日本政策金融公庫論集』日本政策金融公庫総合研究所 編（25）、pp.59-80。

中屋敷量貴（2021）「シリコンバレーでアメリカ人と創業した会社を離れ再挑戦する話」https://note.com/kazuki_sf_/n/nf4edb3514cb3　参照。情報閲覧日2024年5月29日。

日本貿易振興機構（2019a）「特集：北米イノベーション・エコシステム 注目の8エリア 総論：北米全域に広がるエコシステム」『地域・分析レポート』。

─────────（2019b）「特集：北米イノベーション・エコシステム 注目の8エリアスタートアップの急成長を可能にするリスクマネー サンフランシスコ・シリコンバレーのエコシステム（2）」『地域・分析レポート』。

─────────（2019c）「特集：北米イノベーション・エコシステム 注目の8エリアアクセラレーターと上質なメンターが支える起業環境 サンフランシスコ・シリコンバレーのエコシステム（3）」『地域・分析レポート』。

─────────（2023）「米民間調査、2023年世界の都市別スタートアップ・エコシステムのランキングを発表」『ビジネス短信』。

村山京子（2023）「シリコンバレーとニューヨークから学ぶ、スタートアップエコシ

ステム」『知的資産創造』2023年11月号、野村総合研究所。

［英語文献］

Spigel, B.(2017), "The relational organization of entrepreneurial ecosystems" *Entrepreneurship Theory and Practice*, 41(1), pp.49-72.

第2章
ドイツにおける地域を挙げた事業創出への支援
－中小企業をはじめとする異分野間連携の促進を通して－

川端勇樹

1．イントロダクション：研究の背景および問題意識

　少子高齢化や激しい国際競争と新興国の追い上げに直面し、わが国の産業競争力における厳しさが増している。これまでに経済活動の拠点として活発な展開をしてきた国内の各地域では、従来産業の衰退と経済成長の鈍化によりその地位が弱体化し人口の流出が続いている。このような状況の克服に向けて、新たな地域新産業とイノベーションの創出による競争力強化の必要性とともに、それにつながる創業・第二創業・新規事業開拓の推進とそれを担うアントレプレナーの活動を促進することは不可欠である。

　日本が現在直面している状況は他の先進諸国でも経験しており、例えばドイツにおいても人口の高齢化や東欧をはじめとする新興国の競争圧力にさらされてきた。同国は1990年代の不況により欧州の病人とまでいわれたが、その克服策の一環として各地域における産業のイノベーションを促進させ、コストの高い同国でも企業活動により十分な収益と雇用を生み出し地域を潤すことをねらいとした産業クラスター政策が各州政府の主導により進められてきた（岩本(2015)）。この実現に向け、域内外の様々な業種の企業、大学・研究機関等による異分野間連携を促進し、イノベーションと競争力強化により付加価値の高い事業が次々と生まれるための仕組みづくりと施策が推進された。

　そこで本章では、日本にも有益な示唆を提供する海外事例としてドイツにおける取組みをとりあげ、地域新産業の振興とイノベーション創出による競争力

の強化という地域全体の目標を実現するための取組みとして地域システムの構築と運営について解説したうえで、同システムのもとで展開される中小企業をはじめとする異分野間連携の促進による新規事業の創造に向けた支援について紹介したい。なお、本章でとりあげる事例は個人（あるいはチーム）がゼロベースで起業するものではなく、既存の中小をはじめとする企業が異分野間連携を通して、革新性の高い新規事業の創造に取り組む事例を主な対象とする。具体的には、現在までに一定の経験を持ちパフォーマンスを出しているドイツ・バイエルン州の医療機器関連分野の取組みを対象に検討したうえで、日本への示唆について考察していきたい。

本章では以下、上述の地域システム構築と運用について述べたうえで、その地域システムのもとで展開される新規事業創出への取組みと支援についてアントレプレナーシップのプロセスに関する先行研究の視点を踏まえながら検討する。最後にドイツの経験から、日本の各地域が競争力のある産業を振興させるための新規事業創造への示唆について考えることとする。なお、事例の出所は公開されている二次資料と筆者が2018年および2022年に実施したインタビューによる現地調査（2022年はWeb会議システムで実施）で収集したデータである。

２．地域新産業の振興に向けた事業創造を促進するための地域システム構築・運用

（１）ドイツの概要

EU加盟国の中でも最大の人口および経済規模を誇るドイツは、多くの有名企業の本拠地でもある。国内は伝統的に分権しており、16のそれぞれの州は独自の憲法、議会、政府、および裁判所が存在し、各州政府は経済開発を含めた様々な施策を実施するための相当な権限を有する。経済面では、輸出志向であり、EU諸国内でも比較的低い失業率であることが特徴である。また、他の多くの先進諸国と同様に少子高齢化の波に直面している。

図表2-1　ドイツの概要

- 首都：ベルリン
- 16州より構成
- 面積：349,390 km²
- 人口（2021）83.1百万人（ヨーロッパ最大）
- GDP（2021）U.S. $4兆2,260億。（ヨーロッパ最大，2,000年より25%増）
- GDP per capita：：U.S. $5万795（2021）
- 失業率（15歳以上）（2021）：3.5%
- 対外貿易収支（2021）：U.S. $+2,080億。（輸出：U.S. $1兆6,31億，輸入：U.S. $1兆4,230億）
- R&D総支出（2018）：GDPの3.1%（OECD平均：2.4% in 2018）
- 高齢化率（2021）：22.09%（OECD平均：17.65%）
- 人間開発指数（HDI）（2019）：6位（188か国中）

（出典）European Union, Federal Statistical Office of Germany（Destatis）（2022）, and OECD Data.

（2）地域システム構築の背景、施策

　筆者が本章を執筆している2023年後半期から2024年にかけては、ドイツの2023年の名目GDPが日本を上回る一方で、エネルギー価格の高騰等が要因で国内経済が不振であることが各種報道でなされており、今後の展開が注視されている。しかしながら、次に述べるように経済面では1990年代から続いた深刻な不況を克服して世界的にも注目されるパフォーマンスを示し、そのための政策の一環としてイノベーションを伴う事業創造への取組みが連邦政府および州政府の支援のもとに産学官の多様な主体の連携を通して推進されてきたことも事実である。

　ドイツでは2000年代中頃から着実な経済成長を示し、2019年の世界競争力報告においてはイノベーション力で1位にランクするなど経済・産業面で高いパフォーマンスを挙げた。しかしながら、それ以前には1990年代の不況により欧州の病人とまでいわれた時期もあり、さらに人口の高齢化や東欧をはじめとする新興国の競争圧力に直面してきた。この克服に向け、ドイツの各地においてイノベーションの促進による産業競争力の強化に向けた付加価値の高い事業創造が次々となされるための仕組みづくりと施策を推進してきた。これにあたり、シリコンバレーの成功やPorter（1990, 1998）の産業クラスター論等の影響も受け、ドイツにおいても各地域に異分野間のネットワークを構築し、産業

クラスターの振興に向けて域内外の様々な業種の企業、大学・研究機関等による異分野間連携を通した事業創造の促進に取り組んだ。

　これらの取組みは、前述のように経済開発にも大きな権限を有する各州政府によるリーダーシップのもとで展開され、クラスター活動を推進していくための各州域内における関係者間の目標指向的な（つまり、産業クラスターを発展させるための）相互作用に対して支援を実施し、地域におけるイノベーションプロセスを促進させるための役割を担った（Buhl et al. (2019)）。これらは、高コスト構造のドイツの各地域から新興国への企業活動や雇用の流出というような産業空洞化と雇用の喪失を防ぎ、地域の競争力を維持し（Kiese (2019), p.1705）、収益をあげるためのビジネス環境を創出することをねらいとしたものであった。さらに同施策は、全企業に対して事業数では99.3%、売上高は33%、雇用が54%（Institut für Mittelstandsforschung (IfM) Bonn (2022)）を占め地域における社会経済的なインパクトが大きい一方で、革新的な事業を展開していくための経営資源の制約がある中小企業を優先的に支援するものであった。これら中小企業の参画とバリューチェーンに沿った地域におけるパートナー間の協業を促し（Hantsch et al. (2013)）、異分野間連携による事業創造を推進して産業クラスターを振興させるというアプローチを採用した。以上のような各州の取組みに対して、連邦政府は州政府と協議しながら政策の一貫性を保ちつつ産業クラスターの振興に向けた活動を促進するための資金援助等の施策を実施した。

　これらのように、ドイツ各地域の産業クラスター振興への施策は多くの事例において州政府が主体となり進めてきた。以下、バイエルン州を対象に具体的な取組みについて紹介する。

（3）バイエルン州の地域システム：州の概要、地域システムの構築および運用

バイエルン州の概要：経済および産業

　バイエルン州は、特に機械・電子機器・自動車・医療機器等の製造業の分野

が強く、大企業とともに hidden champions と呼ばれる優良な中小企業を有している。また、大学やフラウンホーファー研究所等の多数の研究機関も存在し、イノベーションの推進に大きな役割を果たしている。しかしながら、ドイツの他地域と同じく高コスト体質の克服に向けて新たな競争力のある産業振興および事業創造が一層強く求められている。ビジネス機会としては、約1,300万人の人口を有する州に加え、EU の統合市場、グローバル化の進展という好条件に恵まれている一方で、他の先進諸国との競争や価格競争力とともに品質も向上してきた新興国との競争の激化という脅威にもさらされている（Data Commons; Kawabata（2019）; Plesnila-Frank and Vogler-Ludwig（2003））。

バイエルン州における新産業振興に向けた地域システムの構築までの取組み

前節で紹介したようなドイツ各地域における産業クラスター振興への取組みが進められる中で、競争力のある新産業振興の必要性を認識していたバイエルン州政府は、1990年代より産業構造の高度化とともに、域内における企業活動の誘因を高め雇用を創出するための施策を推進してきた。

まず、州政府は1994年に「バイエルンの将来に向けたイニシアティブ（Offensive Zukunft Bayern）」を開始し、翌年には産学関係者の参画のもとで産業振興を担う州の経済省の外郭団体であるバイエルンイノバティブを設立した。施策推進におけるキーコンセプトとして、地域の強みと自発的な取組みの一層の強化、および異分野間のネットワーキングを挙げ、資金援助も含めた支援を開始した。これにあたり、本格的な支援活動に至るまでに先例となるシリコンバレーの研究、域内の経済および産業とその分布や支援対象となる産業ネットワークの活動状況を把握するための調査を実施した。これらの調査研究を基に、州政府は独自のモデルの必要性を認識し、バイエルン州における産業クラスターを「クラスター組織（異分野間連携の促進による産業クラスターの振興を支援する組織）により運営される特定の産業分野における産学によるネットワーク」と定義した（Kawabata（2019））。

構築された地域システム

　技術や分野を超えた異分野間連携の促進によりイノベーション能力を高めることで、競争力のある地域新産業を振興するためのエコシステムを構築することを目的として、バイエルン州において現在も存続する地域システムが「バイエルン・クラスターイニシアティブ（Cluster Offensive Bayern）」のもとで2006年に設立された。支援にあたっては、各クラスターの活動には干渉せず、地域の強みを活かし、ネットワークの形成促進と中小企業の研究開発を促進することをモットーとしている。

　本地域システムの体制は、州政府（経済省）がクラスタープログラムを管轄し、バイエルンイノバティブが支援活動を展開している。支援対象となるクラスターは支援プログラムの各ステージ（約4年）の終わりに州政府による評価を実施しており、2024年には第5ステージが開始されている。

　体制については、産業の将来性、地域の強みを踏まえて5つの将来市場（健康、エネルギー、材料、モビリティ、デジタル化）から17の産業分野のクラスターが指定されており、本章で取り上げる医療機器関連産業はその一つの分野である。各産業のクラスター組織には名誉会長としてクラスタースポークスマンを州政府が任命した。クラスター組織の運営は、戦略、事業スコープ、進捗を定期的にレビューするボードメンバーが地域を代表する産学官の関係者から選出され、実行部隊のトップとしてのマネジングディレクターがクラスタースポークスマンにより指名され、その他スタッフはマネジングディレクターにより採用された。この体制のもとで、クラスター組織は産学官からメンバーを招集し、異分野間連携を通した事業創出の促進に向けて支援を展開した。また、運営費は州政府より支援され、研究開発・事業化プロジェクトに関しては州政府・連邦政府・EUの競争的資金に応募することができた。その他、メンバー料、開催するイベント料も収入源となっている。

図表2−2　バイエルン州の地域システム
（5つの将来市場）（17のクラスター組織）

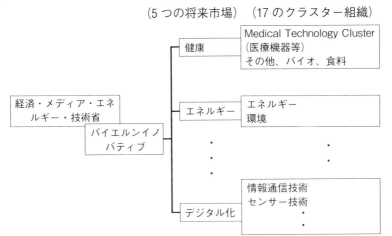

（出典）Bavarian Ministry of Economic Affairs, Regional Development and Energy（2019），Kawabata（2019），田山（2016）より筆者作成。
＊省の名称は2023年5月時点を掲載。

（4）医療機器関連分野における取組み：産業の背景、クラスター組織の構築・運営[1]

　ドイツは医療機器においてはアメリカ、日本に次ぐ第3位の市場規模を有し、輸出率も65％を超え高い競争力を有している（International Trade Administration; SPECTARIS（2022））。バイエルン州も同分野で先端を行く地域であり、前述の地域システムのもとでクラスター活動も盛んに展開している。以下、前述に説明した産業振興に向けた地域システムが構築されようとしていた時期におけるバイエルン州の医療機器関連産業の状況、地域システムのもとにおけるクラスター組織の構築と運営について述べることとする。
　従来、バイエルン州の医療機器関連産業は国内においても核の一つを担っており、シーメンスやGEなどの大手企業、多くの中小企業、医療関連の大学が

---

[1] 以下紹介するクラスター組織（Forum MedTech Pharma e. V.）は2024年にバイエルンイノバティブにより統合されることが紹介されている（Bayern Innovativ）。本章で述べる以下の内容は、筆者が調査研究を実施した統合前までの動向および取組みである。

存在していた。また、同州においても医療機器の輸出率はドイツ全体と同様に高い水準を維持していた。さらに、域内外の多くの医療機関の存在と市場の拡大傾向とともに、供給面においても中小企業をはじめとする潜在的な参入者も多く存在し、大きな成長機会を見込むことができた。

　一方で他産業と同じく、他の先進諸国のみではなく新興国の追い上げにも直面し、激しい競争環境を乗り越えるためにイノベーションを促進する必要性に迫られていた。さらに、医療機器における認証基準の厳格化による対応が求められていた。これらの状況に対し、研究機関、産業界（コンサルティングや法律専門家も含む）、医療機関等の異分野間の連携の必要性がますます高まっていたが、それに向けたコーディネーションは進んでいなかった（Invest in Bavaria & Bavarian Ministry of Economic Affairs and Media, Energy, and Technology (2020), Kawabata (2019), and Plesnila-Frank and Vogler-Ludwig (2003))。

　このような状況の中で、1990年代後半には州政府とバイエルンイノバティブは産学（および市等の自治体）による産業ネットワークの構築に向けたボトムアップの取組みへの支援を資金援助とともに実施していた。当時より、医療機器関連分野は州にとって潜在的な成長機会がある重点分野であるとの認識があり、州政府とバイエルンイノバティブはまず同産業の州内における実態把握のための調査を実施したうえで支援対象とすることを決定し、クラスター組織の設立を後押した。その結果、1998年に企業（健康保険会社等も含む）、大学等研究機関、医療機関等の55のメンバーで構成される Forum MedTech Pharma e. V.（e.V. は社団法人に相当）が設立された。また、州内都市のエアランゲンにおいてシーメンスの事業縮小が実施されたことを機に、2003年にはスタートアップ等を促進させるためのセンターが設立され、さらに2007年に同センターは The Medical Valley EMN e.V. という名のクラスター組織として発展した。

　このように、医療機器関連分野においても上述の地域システムが2006年に確立される以前より、バイエルンイノバティブの支援のもとで産業ネットワークが活動を展開し、Forum MedTech Pharma e. V.、および The Medical Valley

EMN e.V. がそれぞれ同州のニュルンベルクとエアランゲンを拠点に、クラスター組織として異分野間連携を通した事業創造による産業クラスターの振興に向け、メンバーへの支援サービスを提供していた。2006年の地域システムの構築後は、両者が共同で Cluster Medizintechnik というプロジェクト組織を立ち上げ、それぞれが独立性を保ちながら Forum MedTech Pharma e. V. が州・国・国際レベル、The Medical Valley EMN e.V. がエアランゲンを中心としたローカルレベルの事業創造を対象とした活動にすみ分けて、カンファレンスや展示会の開催等では協力し、バイエルンイノバティブの経営上の支援と州政府の資金援助を受けバイエルン州の医療機器関連産業の振興を推進した。主な活動は、異分野間のネットワーキングと連携プロジェクトの促進、スタートアップ、競争的支援獲得について支援サービスを提供することである（Cluster Medizintechnik, Forum MedTech Pharma e.V., Kawabata (2019), and The Medical Valley EMN e.V.）。

Cluster Medizintechnik を構成するこれら2つのクラスター組織の活動は、マネジングディレクターとスタッフから成る専門家に任せ、前述のように州政府による干渉は受けないが、両者およびバイエルンイノバティブも含めた密なコミュニケーションを日々とって事業の進展等について情報シェアや調整をし、年毎にモニタリングを実施してネットワーキング、サービス、資金獲得、研究開発プロジェクト等についての方向性を協議している。また、各ステージ（約4年）の終わりに州政府による評価については第三者の専門家により審議され、次のステージへの支援の継続性の判断を州議会に報告し承認を得ている。

3．クラスター組織による異分野間連携による事業創造に向けた支援

本節では、地域システムのもとで実施されているクラスター組織による事業創造への支援について紹介する。まず、本章で対象とする支援組織（クラスター組織）の概要を紹介する。次に、クラスター組織による支援サービスを体

系的にとらえるためにアントレプレナーシップのプロセスに関する先行研究を整理し、最後にクラスター組織による事業創造支援を先行研究による視点に基づき述べることとする。

（１）クラスター組織の成立、体制、および活動

　以下の事例では、前述の Cluster Medizintechnik を構成するクラスター組織のうちの１つである Forum MedTech Pharma について検討する。前節で紹介したように、1990年代半ばのバイエルンイノバティブの設立後、同機関は産業ネットワークの構築を支援し、医療機器関連分野においても州政府との共同で実施した調査を経て同産業の振興への支援とクラスター組織の設立を決定した。この決定後、バイエルンイノバティブはたびたび産学関係者を招集しイベントやミーティング等におけるやりとりを通して、異分野間連携による同産業の振興について関係者が議論する場を設けた。この活動を通して分野を超えた関係者のネットワークが構築され、バイエルンイノバティブの支援のもとで1998年にネットワークの関係者を中心として健康保険会社等も含む企業、大学等研究機関、医療機関等が参画し、ボードメンバー、スタッフ、および55のメンバー（会員）で構成される Forum MedTech Pharma が設立された。

　Forum MedTech Pharma はニュルンベルクを拠点としており、2023年３月時点では492のメンバーが属している。メンバー構成は企業が313（中小企業が多くを占める）、大学および研究機関が54、病院および健康保険会社が43、スタートアップ企業が65、その他（法律事務所等）が15である（Forum MedTech Pharma e.V.）。同クラスター組織はバイエルンイノバティブより経営的な支援および施設等の提供を受け、医療関連企業・病院・その他産学で構成されるボードメンバーは戦略計画を担当し、実働部隊のトップで戦略計画と実行・人材マネジメント・経営管理を担当するマネジングディレクターとプロジェクトマネジャーおよびマーケティングやイベント開催の専門業務を担当するスタッフ部門の８名でメンバーへのサービスを提供している（2022年時点）。資金源は、州政府の支援に加え、メンバー料、各種コンサルティング・イベン

ト・プロジェクトマネジメント等のサービス料、連携プロジェクト実施のために E.U. や連邦政府より獲得した競争的資金、ベンチャーキャピタル等が挙げられる。

　以上の内部の体制に加え Forum MedTech Pharma は、他のクラスター組織、研究機関（フラウンフォーファー研究所等）、大学のスタートアップセンター、患者団体、医療業界等の業界団体、州政府との継続的なコミュニケーションを通した外部組織とのパートナーシップにより支援サービスを拡大・強化している。また、メンバーの要望や定期的な調査に基づく活動範囲の変化に応じて新たなパートナーにアプローチしている。さらに、他分野のクラスター組織（センサー技術等）も支援しているバイエルンイノバティブの仲介も得て、それらのクラスターとのパートナーシップも構築している。

　支援サービスに関しては、まず主要テーマとして、①デジタル化・AI、②ケア技術・補助、③低侵襲治療・ロボット工学、④ものづくり・価値創造、⑤革新的開発・メカトロニクス、⑥持続可能性、⑦規制と承認、⑧市場、償還・資金調達等に焦点を当てている。また活動においては、異分野間連携によるイノベーションを通した事業創造を支援するために、（1）コンサルティングとサポート（資金調達情報とアドバイスを含む）、（2）地元産業界関係者のミーティングの開催、（3）専門ワーキンググループの活動、（4）専門家の会議およびワークショップ、（5）メッドテックサミットおよび各種プログラム、（6）見本市への出展、（7）協力の促進と国際市場の開拓、（8）教育・研修機会の提供に取り組んでいる（Kawabata（2020））。

（2）アントレプレナーシップのプロセスに関する先行研究

　アントレプレナーシップについては、Wiklund et al.（2019）を参照のうえで、関（2021）が統一した定義がなく研究者の目的に応じて柔軟に定義してきたことを示しており、これまでの研究を踏まえ、単なる企業家精神という意味ではなく「個人や組織（チーム）が事業を新規に起こしていくこと（pp.277-8）」と定義している。また関（2021）は、近年ではプロセスとしてのアントレ

プレナーシップが中心的なトピックとして議論されていることを示している。

　アントレプレナーシップのプロセスについては、Zacharakis et al.（2017）が「（事業）機会を認識しそれを追求するための組織を創造することの一環としてのすべての機能、活動、行為を含む（p.45）」と定義している。また、関（2021; 2023a; 2023b）はシステマティック・レビューを基に関連する先行研究を紹介している。このレビューの中から、新たなビジネス機会を求める中小企業をはじめとした産学関係者による、異分野間連携を通した事業創造の取組みと事業創造に至るプロセスへの支援という本章で検討対象とする事例を前提に、関連する議論を整理すると以下のようになる。

　アントレプレナーシップのプロセスで今日まで影響を与える研究として起業機会の発見、評価、活用のプロセスに関する研究があげられている。起業機会の発見について、関（2021; 2023a; 2023b）は同機会の認知とともに知識・能力と動機を考慮することが必要であることを関連する研究を基に示している。また、McCann and Vroom（2015）を参照し環境の不確実性の減少と自己効力感の認知や業績期待に貢献する計画立案活動の重要性についても挙げている。認知については馬場（2023）もアイデアを事業化するには、現行事業よりもより高い生産性のある資源利用の事業機会があることを起業家が認知する力が必要であることを示している。さらに、関（2023b）はNieto and Gonzalez-Alvarez（2016）を基に地域のソーシャルキャピタルが起業機会の発見および活用に影響を与えること、馬場は起業にあたってステークホルダー（取引先、投資家、会計士、弁護士等）が助けとなること、およびシリコンバレーを例に同質性のある集団（コミュニティ）の中で培われるステークホルダーの存在がリスクテイクへの仲間意識と開放性を高め起業家による事業化を支えることを示している。これらに加え関（2023b）は、Watson（2013）を参照し社会的・制度的コンテクストのなかで起業活動を検討することの重要性を挙げている。

　その他、関（2021; 2023a; 2023b）は起業機会の（発見の代替的な論理としての）創造やエフェクチュエーションへの着眼、起業に影響を与える特定要因としてのアントレプレナーシップ教育、国際化への態勢・学習、および自発的

にアントレプレナーシップが生まれるための環境を整えるための公共政策についての先行研究を紹介している。

（3）異分野間連携の促進を通した事業創造支援

　ここでは本章の中心的なトピックであるクラスター組織（Forum MedTech Pharma）がいかに異分野間連携の促進を通して事業創造の支援を展開しているかについて紹介する。対象となる事例では、互いに自立しているが新規事業の創造に向けて相互依存関係にある既存の中小企業をはじめとする多様で多数の産学関係者（医療機関、保険会社等も含む）が、ネットワーキングを通して自己組織的に異分野間連携を成立させて事業創造に取り組んでいる。それに対し、クラスター組織は中長期的な地域における（医療機器関連分野の）産業振興を目的として自己組織的なプロセスの促進を支援している。

　したがってクラスター組織であるForum MedTech Pharmaは、産学官からのメンバーやパートナーとともに、革新的で未来志向のトレンドに照準を合わせ、互いに対等な立場で協力し知識の交換を促進するという活動指針を掲げている。活動範囲については、設立当初は技術移転や新技術の開発に向けた研究開発等の技術的な課題が主な内容であったが、ビジネス環境やメンバーからの要望等を踏まえ、今日では規制・承認プロセスへの対応、新たなビジネスモデルの創出やデジタル化が進む中でバリューチェーンにおいてより付加価値を高めるための参入等、イノベーションプロセスの促進や障害の克服がより大きな焦点となっている。

　以下、前述のアントレプレナーシップのプロセスに関する先行研究のレビューで得た視点を基に、Forum MedTech Pharmaが提供する支援サービスがいかに事業創造へのプロセスに貢献しているかについて検討する。

事業機会の発見

　前述のアントレプレナーシップのプロセスに関する先行研究において、事業（起業）機会の発見については知識・動機・能力や事業機会の認知、計画立案

活動、およびソーシャルキャピタルが寄与することが議論されている。

　これらに関連する Forum MedTech Pharma の活動としては、まずスタッフ組織による調査、およびボードメンバー、専門家、バイエルンイノバティブとの協議を通して医療機器関連産業における技術や市場の最新動向と課題の把握につとめている。また、競争的資金を獲得した連携プロジェクト数、ワークショップやイベントを通して得た収益等についても業界や事業創造に関連する動向を把握するための指標として参照している。さらに、「観察し傾聴する、課題を定義して構造化する、行動し修正する」という行動指針に基づき、メンバーへの訪問や開催するワークショップ等におけるコミュニケーションを通して、サービスの改良あるいは新たなサービスの必要性についてメンバーの要望の理解につとめている。これらを基に、改革への議題としてメンバーを含めた関係者が集まる年次総会等で議論して新たな取組みに向けた意思決定をしている。この成果の一例としては、先に紹介したような技術開発を中心とした活動から規制、デジタル化、ビジネスモデル、および市場参入に焦点を当てた活動へのシフトが挙げられる。また、専門分野の異なるスタッフ間においても知識・経験・アイデアを共有し、メンバーに提案すべき事業創造の方向性について検討している。

　以上の調査、関係者とのコミュニケーション、およびそれらを踏まえた方向性を基に、Forum MedTech Pharma はメンバーが新たな事業機会を探索し発見するための場としてのイベントやワークショップ等を開催している。例えば「エキスパートサークル」と呼ばれるワークショップにおいては、少人数グループで特定のトピック（ある製品群の開発・市場参入など）について、課題・見込まれる利益・現状における強みや弱み等について議論し、共通の（連携プロジェクトに向けた）関心について明らかにしていく。また、ブランチミーティングとよばれる集まりにおいては、ホストであるあるメンバー企業を他のメンバーが訪問し、その企業の能力や提案する連携プロジェクトの案などについて議論し、事業化への道を検討する。これらのワークショップやイベントにおいては焦点となるトピックの設定や開催に向けた調整を Forum

MedTech Pharmaが行い、15～20名のメンバーが招かれて事業機会への動機を高め、その機会を獲得するための共同プロジェクトに向けた議論や計画立案が進められている。

　事業機会の発見についてはこれらの取組みに加え、メンバーや連携の関係者がアクセスすることができる技術や特定の課題に関する（解決に向けた）ロードマップを示したデジタルプラットフォームを創設している。このプラットフォームを活用することにより、事業創造に向けて知識を得るとともに、明白かつ効率的な課題解決に向けた取組みの道筋やどのステップで自身が関わるべきかを把握することができ、さらに連携に向けたやりとりを促進するためにも活用することができる。

　これらの活動は、直接的には事業機会の発見と異分野間連携によるプロジェクトの成立に向けたものであるが、様々なイベントやワークショップに参加することを通してメンバーは内外の関係者とのネットワーキングを進め、互いの能力を把握するとともにソーシャルキャピタルの発展にも寄与していると考えられる。

事業機会の評価および活用
　アントレプレナーシップのプロセスに関する先行研究においては、事業（起業）機会の評価とともに活用についても着眼しており、活用においては起業に助けとなるステークホルダー、同質性のある集団（コミュニティ）が寄与するとともに、社会的・制度的コンテクストについても着眼する必要性について述べられている。また、関（2021）は資源ベースの観点から起業機会の活用に焦点を当てたChoi and Shepherd（2004）を参照し、顧客需要の知識、十分な技術開発、経営能力、ステークホルダーの支援が事業機会の開拓に重要であるという議論を紹介している。以上の先行研究の視点に基づくと、事業創造のプロセスにおいてForum MedTech Pharmaは以下の事業機会の評価および活用に寄与するサービスを提供している。

　まず支援サービスにおいて最重要な取組みの一つであるメンバー間および

メンバーと外部関係者がネットワーキングや連携事業に向けた相互作用を展開するための場づくり、およびその改良に向けた様々な介入が実施されていることを確認することができる。第一にメンバーの招集であり、製造業やIT等の様々な分野の企業、大学および研究機関、医療機関、健康保険会社、スタートアップ企業、法律事務所や患者団体等の、分野を超えた多様な組織・機関から基本的には公募で招集している。また、メンバー構成のバランスや着眼する活動範囲の変化に伴い、例えば企業においては特定の新たな業種というようにターゲットを定めて選択的にForum MedTech Pharmaがアプローチをしてメンバーとしての加入を要請することがある。また、これらのメンバーは活動内容や実績も含めてデータベースに掲載して公開しており、メンバー間および外部関係者から事業創造のための連携に向けたアクセスを容易にしている。さらに、メンバーおよびスタッフが双方向的にQ&Aをすることのできるデジタルプラットフォームも提供しており、経験や知識の共有など幅広く事業創造に向けたやりとりの場として活用されている。

　第二に事業機会の発見でも紹介したように、Forum MedTech Pharmaにおける重点的な活動について、医療機器関連産業におけるビジネス環境や技術動向に関する独自の調査やボードメンバー、専門家、バイエルンイノバティブとの協議、およびメンバーへの訪問や日頃のコミュニケーションを通してフィードバックを得たうえで見直しをしている。これは個別具体的な事業案件ではないが、全体的な活動の視点から事業創造に向けた進むべき道として事業機会の評価を実施しているととらえることができる。また、見直された活動における新たな支援サービスについては、前述のようなワークショップ、イベント、その他ミーティングに加え、コミュニケーション・知識移転・マッチングに寄与するデジタルプラットフォームの改良として反映されている。これらの取組みは年次総会等のメンバーを含めた議論の場において全体で共有さており、事業創造に取り組むメンバー間のコミュニティの形成、事業化の助けとなるステークホルダーや連携パートナーへのアクセス、および競争的資金の獲得等への活動を促進させ、事業機会の活用という点で大いに寄与している。

以上の場づくりとその改良を通した事業機会の評価および活用に加えForum MedTech Pharma は、より積極的に異分野間連携によるプロジェクトの成立に向けた関係者間の相互作用を促進するための介入も実施している。介入例の一つとして、異なる主体間の視点のギャップ（例えば、医療機器企業とその他企業との間で連携事業に向けて認識している時間尺度のギャップ、および病院と企業との間の共同開発へのアプローチの違い等）への対応が挙げられる。これらについては、互いの協力を成功させるために両者が参加するワークショップやミーティングを設定し、それぞれの期待していることを明らかにさせ、さらに互いに他方が抱えている課題についての知覚を高め相互理解を促進させることにより、事業機会の活用に向けた連携の成立に導くための支援であるととらえることができる。

　さらに、Forum MedTech Pharma は事業機会を活用するための個々の具体的な異分野間連携の成立に向け、必要な場（ミーティング、ワークショップ等）を提供しながら段階的に関係者間の相互作用を促進させるための枠組み（3ステップアプローチ）を基に介入を実施している。ここではまずステップ1として準備およびアイデアを発展させるフェーズを設定している。例えば、メンバー企業の一つが新たな製品開発に関するアイデアを持ち連携パートナーを探している場合に、Forum MedTech Pharma のスタッフが個別に連携候補者にコンタクトし、（案件が部外秘ではない場合は）メンバーへのメールやポータルへの掲載によりパートナーを募集する。このプロセスにおいては、他のメンバーに加え、前述の外部関係者や他のクラスターとのパートナーシップもマッチングに寄与している。その後、他の技術分野やセクターから当該案件に関心のある潜在的なパートナーを招集して、アイデア元のメンバー企業が内容を説明し、事業の実現性（事業機会の評価等）とともに連携するパートナーを確定し、その後のプロジェクトミーティングへとつなげる。次にステップ2は連携プロジェクトの実施であり、ここでは Forum MedTech Pharma のスタッフにより競争的資金の獲得への援助が行われ、プロジェクト自体はメンバーにより推進される。通常は、このステップにおいて新製品が開発される。

最後のステップ３においては、開発した製品の市場参入に向けて、Forum MedTech Pharmaのスタッフが見本市への出展、オンラインや紙媒体によるプロモーション、潜在顧客とのマッチングを支援している。

その他

　前述のアントレプレナーシップのプロセスに関連する先行研究において関（2021；2023a・b）がその他として紹介している要因に該当すると考えられる支援サービスとしては、まずワークショップやミーティング等のイベントにおいてコーヒーブレイクを設け、メンバーや外部も含む様々なバックグランドをもつ関係者が自由にアイデアを出し合う機会を設けており、事業機会の創造や活用につながる場として重要な意義をもっている。また自発的なアントレプレナーシップが生まれる環境を整えるための公共政策については、上述で紹介した州政府が産学とのやりとりを通して構築した産業クラスターを振興するための地域システムとその支援もとでクラスター組織が支援され活動していることが該当する。

４．結論：本章の要約および日本への示唆

　本章では、ドイツのバイエルン州における中小企業をはじめとする異分野間連携の促進を通した事業創出のための地域を挙げた取組みについて、それを促進するための地域システムを紹介したうえで、アントレプレナーシップのプロセスに関する先行研究から得た視点を基にクラスター組織による支援サービスについて検討した。

　ドイツでは1990年代の不況や高コスト体質を克服するために、各地域においてイノベーションの促進による競争力の高い産業の振興に取り組み、地域経済・社会で重要な役割を担う中小企業をはじめとする産学を巻き込んだ異分野間連携による事業創造を柱とする産業クラスター政策を推進した。バイエルン州においても、1994年に開始した「バイエルンの将来に向けたイニシアティブ

（Offensive Zukunft Bayern）」のもとで、州政府および産学によりバイエルンイノバティブが設立された。その後は財政的な支援のみではなく、各産業分野において関係者との協議を重ね、同州の強みや機会および克服すべき課題を共有し進むべき方針を検討しながらネットワークの形成を進め、州内各地域の産業クラスターの振興につながるボトムアップの動向を把握したうえで、2006年に５つの将来市場から17の産業分野を指定して現在に至り運営されている地域システムを構築した。さらにこの地域システムにおいては、支援対象となる各クラスターに対して定期的な評価（モニタリング）が州政府により実施されている。17の産業分野の一つである医療機器関連産業においても異分野間連携の促進を通した事業創造が、クラスター組織の支援サービスを受け推進されている。

　本章で取り上げた Forum MedTech Pharma も他分野における取組みと同様に、産学官の関係者により成るボードメンバー、マネジングディレクターを筆頭とした実働部隊、および外部関係者とのパートナーシップを構築した体制のもとで、異分野間連携による新たな事業機会を求めるメンバーに対して支援サービスが提供されている。事業創造に向けた支援サービスについてはアントレプレナーシップのプロセスに関する先行研究の視点に基づき、主に事業機会の発見、評価、および活用に着眼して紹介したが、これらは選択的なアプローチも含めたメンバーの招集、ワークショップ等のイベント開催、デジタル技術も活用した場の提供とともに、マッチング支援にみられるような事業創造に向けた相互作用への介入をメインとするものであった。前述のように、これらの取組みはビジネス環境や関係者とのコミュニケーションを通したフィードバックを伴い、メンバーや関係者の参画のもとに継続的に改良され実施している。また地域システムの本来の目的である産業クラスターの振興という視点からは、個々の事業創造の推進への寄与だけではなく、関係者間のネットワークを拡大させ地域産業としての面的な発展にも寄与する支援であるということができる。

　最後に本事例に加え、筆者がこれまでに調査したドイツの他の地域・産業に

おける経験もふまえ、地域産業の振興に向けた事業創造に関する我が国の地方への示唆について検討する。

まず本章で対象とした事例では、中小企業をはじめとする多様な主体が自己組織的に異分野間連携による事業創出を推進する取組みに対し、地域産業の振興に向けて地方自治体がその促進を支援するための施策を提供している。

その施策を推進していくための地域システムの構築においては、異分野間連携を通したイノベーションにより強い競争力と十分な収益を実現する事業創造を実現するための独自の仕組みづくりが先行事例を参考にしながらも、同取組みの担い手となる地域の産学関係者の参画を伴い試行錯誤を重ねながら一貫して地域主導で行われてきた。バイエルン州においても、1990年代半ばから2006年までの十数年をかけて現在の地域システムを構築している。また構築された後は地域システムが支援を提供する体制のもとで、クラスター組織が各産業分野において、異分野間連携による事業創造の促進のための支援サービスを産業クラスターの振興に向けて今日まで持続的に提供している。一方で日本においては同様の取組みが中央省庁の補助金の有無に依存し、その打ち切りとともに解散あるいは活動が滞ることで地域システムとしての仕組みおよびエコシステムとして成長するまでに至らない事例も多い。この現状からも、事業創造を活発にさせ地域産業を振興させるための取組みにおいては、各地域が政府の措置に関わらず、一貫して地域主導で関係者の参画を伴い、独自の仕組みづくりと運営に向けて持続的に取り組むことを課題とするべきであろう。

またクラスター組織おいては、地域産業の振興を目的に異分野間連携の促進を通した事業創造への支援サービスを提供するために、地域に根差した事業体として継続的な活動を展開している。このための体制としては、地域システムの構築に向けた協議等にも参画して目的を共有し州政府や外郭団体も含めた産学官のネットワークも形成した各分野を代表する地域の有力な関係者をボードメンバーに迎え入れたうえで、マネジングディレクターをはじめとするプロフェッショナルが実行部隊としての役割を担っている。つまり、クラスター組織は地域で活動するための正当性および地域システムが目指すゴールとの整合

性を確保したうえで、支援サービスを提供して収益をあげるために継続的に活動をする事業体であり、雇用契約に基づく報酬を受け取りキャリアの一環として就業した専門家が活動しているのである。このようなクラスター組織の体制は、他の産業分野および他地域で活動している多くのクラスター組織についても同じであり、日本における同様の活動では本職以外の兼任という形や手弁当で取り組んでいることも多い現状を踏まえると、推進体制を再考するための参考材料となる。

　最後に、クラスター組織が提供する異分野間連携の促進を通した事業創造への支援サービスは、メンバー間やメンバーと外部関係者との自己組織的なプロセスを促進させるために、スタッフによる調査、メンバーやその他関係者のフィードバックを受けて改善しながら様々な場の提供や相互作用への介入を行い、事業機会の発見、評価、活用等において事業化プロセスの促進に寄与している。また、これらの活動は地域システムが目指すイノベーションの創出による競争力のある地域産業の振興というゴールのもとでの一貫した活動である。したがって、前述のように単発的な事業化のみに着眼するのではなく、多様で多数の人々が集まる場の提供を基盤とした支援サービスを通して関係者間で進むべき方向性を共有し、メンバー間および外部関係者とのネットワーキングを進め、域内外の力の結合を通して様々な事業創造が繰り広げられるための継続的な取組みであり、地域産業としての面的な発展につながる持続的な取組みとしてとらえることができる。

　事例で取り上げたバイエルンの取組みをはじめとするドイツの各地域の取組みは、シリコンバレーという他国の先例を参考にはしながらも、地域産業の振興に向けた異分野間連携による事業創造の促進のために地域の関係者を巻き込み長期的に試行錯誤を重ねながら「独自の解決策」を求め、地域システムのもとで一貫した活動を展開し今日においても進化をとげている。これらは、Asheim et al.（2011）の「One-size-fits-all regional policy models do not work（画一的な地域政策モデルは効果が無い）」との指摘を反映するかのように、ドイツの異なる州の間においても地域体制や施策において異なっている。本章で

は地域産業の振興に向けた異分野間連携の促進による事業創造への取組みについてバイエルン州の事例を踏まえて論じてきたが、有益な先例は参考にしつつも「地域が主導して、関係する人々を巻き込み持続的に改善させながら、仕組みの構築を含めた地域独自の解決策を作り上げて運用していくという姿勢と取組み」が事業創造を地域全体に広めるための不可欠な要素であることを提案し筆を置くこととする。

【参考文献】

［日本語文献］

岩本晃一（2015）「「独り勝ち」のドイツから日本の「地方・中小企業」への示唆－ドイツ現地調査から－」，RIETI Policy Discussion Paper Series 15-P-002.

関智宏（2021）「企業家活動プロセスをめぐる諸研究をマッピングする：経営研究における影響力のある文献のシステマティック・レビュー」，同志社商学，72（5），pp.929-969.

─── (2023a)「プロセスの視点に基づくアントレプレナーシップ研究の新たな展開（上）：経営研究における影響力のある文献のレビュー（2013～2018年）」，同志社商学，74（6），pp.901-914.

─── (2023b)「プロセスの視点に基づくアントレプレナーシップ研究の新たな展開（下）：経営研究における影響力のある文献のレビュー（2013～2018年）」，同志社商学，75（1），pp.95-108.

田山野恵（2016）「バイエルン州のクラスター政策」，一般財団法人 国際貿易投資研究所（ITI）（編），「平成27年度 地域経済の発展に貢献するドイツのクラスター報告書」，（第3章，pp.34-47），一般財団法人 国際貿易投資研究所（ITI），https://www.iti.or.jp/report_24.pdf　情報閲覧日2023年2月23日

馬場晋一（2023）「起業家精神と事業化のプロセスモデル」，長崎県立大学論集，57（1），pp.15-31.

［英語文献］

Asheim, B. T., Boschma, R. & Cooke, P.(2011), Constructing regional advantage: Platform policies based on related variety and differentiated knowledge bases.

Regional Studies, *45*(7), pp.893-904.

Bavarian Ministry of Economic Affairs, Regional Development and Energy (2019), *Cluster initiative Bavaria: In the network to success*. Bavarian Ministry of Economic Affairs, Regional Development and Energy.
https://www.cluster-bayern.de/fileadmin/user_upload/stmwi/Publikationen/2019/2019-01-30_Cluster-Initiative_Bavaria_2018.pdf　情報閲覧日2023年5月27日

Bayern Innovativ. "https://www.bayern-innovativ.de/de/netzwerke-und-thinknet/uebersicht-gesundheit/innovationsnetzwerk-gesundheit/seite/innovationsnetzwerk-gesundheit" 情報閲覧日2023年2月23日

Buhl, C. M., zu Köcker, G. M. & Sedlmayr, B.(2019), *Development of cluster initiatives in Germany from 2008 - 2018*. Institute for Innovation and Technology.
https://www.researchgate.net/publication/337671892_Development_of_Cluster_Initiatives_in_Germany_from_2008_-_2018　情報閲覧日2023年2月23日

Choi, Y. R. and Shepherd, D. A.(2004), Entrepreneurs' decisions to exploit opportunities. *Journal of Management*, *30*(3), pp.377-395.

Cluster Medizintechnik.　https://www.cluster-medizintechnik.de/de/home.aspx　情報閲覧日2023年9月1日

Data Commons. Bavaria.　https://datacommons.org/place/nuts/DE2　情報閲覧日2023年2月23日

European Union. Country profile: Germany.　https://european-union.europa.eu/principles-countries-history/country-profiles/germany_en 情報閲覧日2022年12月7日

Federal Statistical Office of Germany (Destatis)(2022), *Germany: Statistical country profile, edition 08/2022*.
https://www.destatis.de/EN/Themes/Countries-Regions/International-Statistics/Country-Profiles/germany.pdf?_blob=publicationFile　情報閲覧日2022年12月7日

Forum MedTech Pharma e.V. https://medtech-pharma.de/　情報閲覧日2023年8月31日

Hantsch, S., Kergel, H., Lämmer-Gamp, T., zu Koecker, G. M. & Nerger, M.(2013), *Cluster management excellence in Germany: German clusters compared with European peers*. European Secretariat for Cluster Analysis(ESCA). https://www.iit-berlin.de/iit-docs/21e1a4a8b3de460b8ca5170991d08314_cluster-management-excellence.pdf 情報閲覧日2023年4月28日

Institut für Mittelstandsforschung(IfM) Bonn(2022), *Der Mittelstand im überblick (The Mittelstand at a glance)*. https://www.ifm-bonn.org/fileadmin/data/redaktion/ueber_uns/ifm-flyer/IfM-Flyer-2022.pdf 情報閲覧日2022年12月28日

International Trade Administration. *Germany - Country commercial guide: Healthcare and medical technology*. https://www.trade.gov/country-commercial-guides/germany-healthcare-and-medical-technology 情報閲覧日2023年9月1日

Invest in Bavaria & Bavarian Ministry of Economic Affairs and Media, Energy and Technology(2020), *Life sciences in Bavaria*. Invest in Bavaria & Bavarian Ministry of Economic Affairs and Media, Energy and Technology. https://cms.invest-in-bavaria.com/fileadmin/media/documents/Flyer_broshures/Life_Sciences_in_Bavaria_2020.pdf 情報閲覧日2024年2月23日

Kawabata, Y.(2019), Building and operating a system to promote regional competitive industries through cross-sectoral collaborations: Findings from the experience in Germany. *International Journal of Systems and Service-Oriented Engineering, 9*(1), pp.42-63.

─────── (2020), Managing to facilitate cross-sectoral inter-organizational collaborations: Findings from the experience in Germany. *International Journal of Systems and Service-Oriented Engineering, 10*(2), pp.13-41.

Kiese, M.(2019), Regional cluster policies in Germany: Challenges, impacts and evaluation practices. *The Journal of Technology Transfer, 44*(6), pp.1698-1719.

McCann, B. T. and Vroom, G.(2015), Opportunity evaluation and changing beliefs during the nascent entrepreneurial process. *International Small Business Journal, 33*(6), pp.612-637.

Nieto, M. and Gonzalez-Alvarez, N.(2016), Social capital effects on the discovery and exploitation of entrepreneurial opportunities. *International*

Entrepreneurship and Management Journal, 12(2), pp.507-530.

OECD Data. https://data.oecd.org/　情報閲覧日2023年12月12日

Plesnila-Frank, C. and Vogler-Ludwig, K.(2003), *Medical technologies benchmarking report for Germany.* ECONOMIX Research & Consulting. https://economix.org/a55ets/publications/Medical%20Technologies%20-%20Benchmarking%20Report.pdf　情報閲覧日2024年2月23日

Porter, M.(1990), *The competitive advantage of nations.* Macmillan.

──────(1998), Clusters and the new economics of competitiveness. *Harvard Business Review, 76*(6), pp.77-90.

SPECTARIS(2022), *Die Deutsche medizintechnik-industrie: SPECTARIS jahrbuch 2022/2023*（*The German medical technolody industty: SPECTARIS yearbook 2022/2023*）. SPECTARIS. https://www.spectaris.de/fileadmin/Content/Medizintechnik/Zahlen-Fakten-Publikationen/SPECTARIS_Jahrbuch_2022-2023_01-2023_Lesezeichen_3.pdf 情報閲覧日2024年2月23日

The Medical Valley EMN e.V. https://www.medical-valley-emn.de/en/　情報閲覧日2023年9月1日

Watson, T. J.(2013), Entrepreneurial action and the Euro-American social science tradition: pragmatism, realism and looking beyond 'the entrepreneur'. *Entrepreneurship & Regional Development, 25*(1-2), pp.16-33.

Wiklund. J., Boris Nikolaev. B., Shir, N., Foo, M.D. and Bradley, S.(2019), Entrepreneurship and well-being: Past, present, and future. *Journal of Business Venturing, 34*(4), pp.579-588.

Zacharakis, A., Bygrave, W.D. and Corbett, A.C.(2017), *Entrepreneurship*（Fourth Eds.）, Wiley.

第3章
トランスナショナル企業家のグローバルイノベーションのプロセスと要因
－米国ハワイ Kodama Koi Farm の事例－

吉田健太郎

1. はじめに[1]

　本章は、海外に移り住んだ者が事業を起こす、いわゆる移民企業家が現地で起こすグローバルイノベーションの創出の要因をハワイのケーススタディによって探索する。今日において海外に移り住んだ者が現地で事業を起こしたり、事業を起こすために海外に移り住んだりする移民企業家が一般的となった。移民企業家の中でもトランスナショナル企業家と呼ばれる企業家が近年台頭している[2]。トランスナショナル企業家は、従来のエスニックビジネスにみられた移住先（居住国）の環境を受け入れるだけの受動的な存在ではなく、移住先と母国の資源を融合することによって唯一無二の文化・規範の組み合わせ、新しい価値をつくり出す能動的な主体としての特徴を持つ[3]。このように国境を越えた日本人の事業創造活動が日常的に見受けられるようになったが、

---

[1] 本章は、拙稿・吉田（2023）「トランスナショナル起業家のアントレプレナーシップに関する予備的考察 －ハワイ Kodama Koi Farm の事例－」駒澤大学経済学論集54(3)、pp.19-38を基に本書掲載のために加筆修正を行ったものである。
[2] 播磨（2022）によれば、トランスナショナル起業とは、出身国の外（居住国）でビジネスを行ないながら、同時に2ヵ国以上の社会構造に組み込まれている創業のことをいう。その二重性が利用可能にする複数の国々の資源・市場・制度を組み合わせることにより、特有の起業価値を生み出すことが特徴である。トランスナショナル起業の台頭の背景や定義については、Drori et al.（2009）、Portes et al.（2002）、Saxenian（2002）、播磨（2019）などに詳しい。
[3] トランスナショナル企業家とは、出身国の外（居住国）でビジネスを行いながら、同時に2ヵ国以上の社会構造に組み込まれている企業家のことをいう。その二重性が利用可能にする複数の国々の資源・市場・制度を組み合わせることにより、特有の起業価値を生み出すことが特徴である。播磨（2022）、pp.183-184参照。

今日のテクノロジーの発展とグローバル化の進展とともに移民企業家のあり様は多様化している。すなわち、異国でどのように事業機会を探索し、誰を対象にどのようにビジネスを発展させていくのかによって、移民起業の捉え方（類型）も発展形態も変わる。例えば、グローバル化以前から存在する「エスニックビジネス」[4]のように、居住国の制度がつくり出す困難の中で決定される機会を享受する受動的な移民起業と、グローバル化以降に台頭した事業機会の探求から新たな価値を創造しようとする能動的な「トランスナショナル起業」とでは、ビジネスの市場規模や成長のメカニズムも異なる。それゆえ、事業の発展形態も直面する課題も異なる。

　前者のエスニックビジネス研究については、既に膨大な研究蓄積がある[5]。一方で、近年台頭しているトランスナショナル企業家研究には、手つかずの領域が残されている。とりわけ、移住先で持続的かつ長期の発展に結び付くようなイノベーションを起こす日系移民企業家の実態や、コロナ禍で海外移動の制限を受けていた中でも成長し続けた「トランスナショナル起業」の実態[6]については、十分に明らかにされてこなかった（詳細は後述する）。したがって、二国間の資源を活用し、現地でイノベーションを創出する要因やコロナ禍も乗り越えるような持続的な成長要因の実態を明らかにすることは、本研究領域の発展の一助となるものと考える。

　そこで、日本の「錦鯉」を商材として小規模ながらハワイで優位性を構築

---

[4] エスニックビジネスとは、経営者がエスニック・マイノリティに属し、ある社会のエスニック・マイノリティが営む同胞市場に依存したビジネスのことをいう。エスニックビジネス研究については、既に膨大な研究蓄積がある。そのアプローチは、民俗学や社会学からのものがほとんどで、特定の民族（移民マイノリティ）が起こす特定の事業を対象として民族や文化の観点からの研究蓄積が豊富に存在する。例えば、Aldrich & Waldinger（1990）、Drori et al.（2009）、Zhou（2004）、樋口（2012）など。

[5] そのアプローチは、民俗学や社会学からのものがほとんどで、特定の民族（移民マイノリティ）が起こす特定の事業を対象として民族や文化の観点からの研究蓄積が豊富に存在する。例えば、Aldrich & Waldinger（1990）、Drori et al.（2009）、Zhou（2004）、樋口（2012）など。

[6] 播磨（2022）は「コロナ禍は人の物理的な移動に制限をかけた脱グローバル化的な環境の変化が、トランスナショナル的二重性を用いた価値創造のあり方に大きく影響を与えるとしている。」とし、とりわけ、二国間の影響を受けやすいため2重のダメージにつながりかねないリスクを示唆している。播磨・前掲注（2）、pp.189-190参照。

し、イノベーションを起こすことで持続的に成長を続けている日系移民企業家のトランスナショナル起業の実態を事例として取り上げ[7]、日本人企業家が現地発で起こすイノベーションの創出要因を探索する。

2．問題意識と事例選定理由

泳ぐ宝石と呼ばれる「錦鯉（ニシキゴイ）」[8]は、観賞用に養殖された鯉で江戸時代から220年ほど親しまれてきた日本の伝統産品である。1970年代の高度成長期の象徴として錦鯉を飼うことは社会的地位をあらわすまでになった。しかし、日本国内ではバブル崩壊とともに錦鯉の存在は影をひそめ、一部の観光地や高級ホテル以外ではあまり馴染みのない存在になっている。錦鯉の国内需要は縮小傾向に歯止めがかからない一方で、北米（米国、カナダ）、ヨーロッパ（オランダ、ドイツ、イギリス）、アジア（香港、タイ、マレーシア）など約50ヵ国以上に輸出されており[9]、海外需要は90年代から右肩上がりで伸び続けている。日本の錦鯉の輸出額は過去20年間に3倍以上にも成長しており、国内生産の7～8割が輸出される状況となっている[10]。アジアやヨーロッパ市場などへの錦鯉の輸出は外資の養殖・流通会社が独占しているが[11]、米国市場についてはハワイに本拠地を置く日本人企業家が創業した Kodama Koi Farm

---

[7] 本現地調査を実施するにあたり、2022年3月ごろから現地の知己（2017年度にハワイ大学で在外研究期間中からお世話になっているハワイ企業家コミュニティの知人ら）にオンラインで調査目的と調査対象企業の選定について相談を始めた。現地から口コミで得られる情報と文献ならびにインターネットを使って、2022年4月から5月にかけて調査目的に適合する対象企業を数社に絞り込み作業を行った。現地の知己を通じて対象企業を紹介して頂いた後に、2022年5月に対象企業にアポイントを取得した。現地での事業活動を把握するために事前に会社資料を送付してもらい6月から7月上旬にかけて資料を読み込んだ上で調査企画を立てた。現地調査は2022年7月24日から28日にかけてハワイ州オアフ島にて実施した。樹神太郎氏に対してハワイ滞在中に2回面談し、総計7時間のインタビューを行った。また、本著掲載のための調査として2024年6月7日から7月5日の間に樹神氏にメールでのフォローアップ調査を10回程度行った。
[8] 英語では野生鯉（真鯉）を Carp、錦鯉を Koi と区別される。
[9] コロナ禍前の2019年度の輸出実績では、第1位は香港、次にオランダ、ドイツ、米国と続く。
[10] 財務省貿易統計参照。輸出統計品目（その他の魚「生きているものに限る」0301.93.000の「こい」で検索）。https://www.customs.go.jp/toukei/srch/index.htm　情報閲覧日2022年10月12日
[11] 例えば、ヨーロッパへの輸出はイスラエルの流通業者が独占している。

図表3-1　K社の年商の推移（2013-2024）

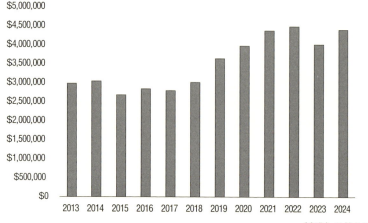

(出典) K社より入手

（従業員20人程度の中小零細企業、以下「K社」という）が開拓し、米国全土の錦鯉の流通マーケットを独占している。

　日本人企業家が海外の未開拓市場にどのような事業機会を見出し、どのように参入し、市場開拓に成功できたのであろうか。同社は、2015年のハワイ本拠地立ち退き移転問題と2023年は鯉の病気に見舞われた外的要因の影響による一時的な落ち込みはあったが、中長期的には持続的に成長し続けている（図表3－1）。海外移動制限の影響を強く受けやすいとされるトランスナショナル企業家が、コロナ禍の危機をどのように乗り越えたのかについても関心が高まっている。文化も商慣習も異なる異国の新たな市場を開拓し、またコロナ禍のような不確実性の高い新たな様式に適応し、持続的に成長する要因を探ってみたい。

3．先行研究とリサーチクエスチョン、方法論、研究目的

（1）移民起業に関連する研究蓄積

　高橋（2021）は、本研究の問題関心の中心となる移民企業家のイノベーションの創出あるいは移転を対象とした支配的な研究はまだないと論じている。また、高橋（2021）はこれまでの移民起業研究においては、社会学、民俗学、移民学、経営学、国際経営学と多岐にわたる学際分野からアプローチされて研究蓄積があることを示した上で、これまでの移民起業諸研究と本研究の問題関心となる移民企業家のイノベーション活動（とりわけ現地でのイノベーション創出及びイノベーションの海外移転）との関連性について明示している。具体的には、エスニックビジネス研究、国際起業研究、トランスナショナル起業研究等といった既存研究との関連性を示している。その上で、それぞれの分野によって対象とする移民起業の定義が異なるものの、中でもトランスナショナル起業は研究対象を多国間で事業を起こす企業家全般に広げていること、また研究課題もミクロ的であることから、比較的広範囲にわたって本研究課題の関心の中心でもある移民企業家のグローバルイノベーション創出と深い関連性があることを指摘している。一方で、それぞれの研究において、研究対象となる移民企業家の「類型」が異なっていることを示し、それぞれが経営資源の獲得やイノベーションにおいて直面する課題が異なることを示唆している。

（2）トランスナショナル経営

　国際的なイノベーション活動が初めて注目された当初、従来の国際経営学（特に直接投資論）で定説とされてきた「本国優位性」を前提とした理論では、「世界中どこからでも価値創造が可能であること」や「現地でのイノベーション活動が有効であること」を説明することができなかった。そのため、海外子会社の役割が再定義され、本社中心のトップダウン型の階層構造から、本国本社と海外拠点が互いに連結し合うネットワーク型組織構造への転換を図る「トランスナショナル経営」の有効性が強調されるようになった（Bartlett ＆

Ghoshall (1989))。

　すなわち、この頃から、多国籍企業において複数の国にある拠点から得られる資源を基に価値創造を行うことの有効性が確認されていた。「本国優位性」から「二国間（あるいはそれ以上の）ネットワークによる価値創造」、さらには「現地発の価値創造」への移行といったイノベーション活動の国際化の潮流は、その後も発展を遂げてきた。世界のどこでイノベーションが起こるかわからないという不確実な状況の中で、グローバルな効率追求とグローバルイノベーションを同時に追求する「メタナショナル経営論」(Doz et al. (1997))や、新興国発のイノベーションが先進国に逆流したり第三国に展開する「リバース・イノベーション論」(Govindarajan (2012))の（理論上における）有効性が広がっている。

　このような企業の国際化に関するレビューを基に、移民起業との接点を探ると、世界市場において「グローバルイノベーション」の潮流と時期を一致させて「ボーングローバル企業（BGC）」の存在が確認できる。BGCは、「創業から短期間（3年以内）にグローバル市場でシェアを獲得する中小企業・ベンチャービジネス」(Knight & Cavusgil (1996)) と定義される。BGCは、国内市場が小さく、グローバルニッチ市場で競争優位を持てる見込みがあるほど、創業時から事業ドメインを国際的に設定し、海外市場をターゲットにする傾向がある (McNaughton (2003))。中村 (2013) は、成功するBGCには、現地市場におけるアントレプレナーシップの発揮とマーケティングによる機会学習、そして社会的ネットワークの活用が不可欠であることを明らかにしている[12]。

（3）トンランスナショナル起業の課題
　「トランスナショナル起業論」は、現地発のイノベーション活動を基本として海外市場に根を張り成長していくことを遂行していくという意味で、「トランスナショナル経営論」と「ボーングローバル企業論」と同様の系譜から派

---

[12] 中村 (2013)、pp.251-290参照。

生して出てきた発展型の枠組みと捉えることができる[13]。その違いは、会社機能のロケーション（ネットワークの広さ）にある。トランスナショナル経営は、世界中に会社機能が分散しているが、トランスナショナル起業は、移民した現地で起業する形態となるため、海外の創業した土地（進出先）と母国に機能が集中している。

　播磨（2019）は、Drori（2009）などの先行研究を踏まえ、近年の技術環境（運輸・コミュニケーション）によって、移民・難民といった国境を越える人々が行う創業活動の多様化を促進することになり、その多様化の過程で生まれたのが「トランスナショナル起業」であると論じている。その上で、播磨（2019）は「トランスナショナル」という概念は、1990年代以前、「移民は受け入れ国の社会において受動的な立場であり、居住国の環境を受け入れることを理想とする考え方が主流であった」として、移民の母国の文化や規範が重要視されてこなかったことを強調する。これに対し現代の移民は、テクノロジーの恩恵を受け、居住国の文化を吸収しつつ母国の文化を保つという二重性を持てる環境の中で、両国の経営資源を組み合わせることで、新しい価値を生み出す「トランスナショナルな経済活動」を行うようになった。このように、トランスナショナル起業に関わる先行研究からは、トランスナショナル企業家の特徴の経済的・社会的可能性と、彼らが直面しうる障壁などについて明らかにされてきた。また播磨（2022）では、コロナ禍でトランスナショナル企業家が受けた影響を豊富な実例をもとに考察し、環境変化への対応可能性を検討し、複数の国々の資源・人脈・市場を組み合わせが危機を回避し、困難な状況を好転させるための戦略オプションを生み出すことを明らかにしている。これらの研究成果は、本研究分野を発展させる上で不可欠かつ貴重な研究蓄積といえる。

　一方で、日本人特有のトランスナショナル起業の起業動機、事業機会の発見、日本人トランスナショナル企業家が両国の資源をどのように動員・活用し、持続的な成長につながるグローバルイノベーション創出へと結びつけてい

---

[13] ただし、BGCは創業時から海外市場の資源に依存することを前提とするため、母国の資源の動員については言及していない。

くのかの実態については必ずしも十分に明らかにされていない。母国からの資源をどのように移転し、両国それぞれのネットワークやエコシステムから得られる資源活用がどのように融合し、イノベーション創出へと昇華していくのか、こうした実態を紹介することは一定の意義があるだろう。

(4) リサーチクエスチョンと研究目的

　以上を踏まえ、本章では日本人トランスナショナル企業家が、小規模ながらいかにして海外市場で優位性を構築し、イノベーションを起こすことができたのか、いかにして現地で会社組織（企業）を持続的に成長させることができたのか、というリサーチクエスチョンのもと、日本人トランスナショナル企業家が米国に移住して創業したK社の事例を取り上げながらケーススタディを行う。ケーススタディの分析からトランスナショナル企業家の事業機会の探求から市場開拓、そして倒産の危機から会社組織の成長に至るまでの実態を明らかにする。この実態の解明を手掛かりに、トランスナショナル企業家が起こすグローバルイノベーションの創出と海外市場で組織を存続させるための要因を探索する。

　方法論は、半構造化インタビュー方法[14]を用いる。聞き取り調査では、日本から持ち込んだ資源・優位性は何であったのか、現地で活用した資源・優位性は何であったのか、そうした資源の動員・活用・融合と、現地市場における成功にはどのような関係性があるのかに着目する。そのうえで、出身国（日本）の資源をどのように居住国（米国）の資源に組み合わせることで価値創造しているのか、両国それぞれのネットワークから動員する資源の結合がどのように

---

[14] 具体的には、以下の質問項目に従い半構造化インタビュー調査を実施した。質問事項：①基本情報：属性（年齢、出身地、学歴、居住国等）、②就業経験および起業経験：日本国内での就業経験年数、日本での起業経験、海外の就業経験年数、海外での起業経験、過去に起業した国・地域、海外起業直前の雇用形態、海外起業直前の就業先の就業期間、③海外起業のきっかけ：経営資源の取得有無、影響を受けたものについて、④事業概要：事業の企業名・所在する国・地域、創業年・法人としての設立年、売上高／利益率、企業形態、事業所数、⑤事業内容：事業内容、過去の事業経験との関連性、事業内容詳細、経年によるサービスの変化、⑥海外ビジネスの成功要因：新商品サービス開発、新規顧客開拓、人材育成、現地資源の活用など。

イノベーション創出に関係しているのかを分析する。

4．ケーススタディ　ハワイ Kodama Koi Farm の事例

（1）トランスナショナル企業家樹神太郎氏の生い立ちとK社の設立背景

　樹神太郎氏は、愛知県みよし市出身で大学卒業まで日本で教育を受けた。大学卒業後、日本で数年働いたのちに渡米し、米国在住歴は23年以上になる。家族とともに移住し、グリーンカード（米国永住権）を取得している。現在ハワイ州オアフ島で錦鯉の輸入・生産販売業を営んでいる（図表3-2）。

　太郎氏は鯉職人で企業家の親元で生まれ育った。父の衛氏は、もともとは鮎、うなぎなどの水産物の卸販売を行っていたが、錦鯉に魅了され、錦鯉一本になった[15]。衛氏は、全日本錦鯉品評会で5回もチャンピオンになるほど鯉業界では有名な錦鯉職人[16]である。「錦鯉は、キロいくらではなく、美しさで価

図表3-2　K社ハワイ拠点

（出典）左写真：K社提供、右写真：筆者撮影（2022年7月25日）

---

[15] 衛氏は29歳まで水産試験場に勤めたのちに起業している。
[16] 伝統産品としての錦鯉には、職人による技術・技能が関わる。人工的に作られた芸術品としての錦鯉の育成方法は、食用として養殖された生命力の強い野生鯉（真鯉）とは大きく異なる。錦鯉の養鯉には、①交配、②人工授精、③選別の仕方、④餌、飼育の知恵などのノウハウが必要不可欠といわれている。特に①②③の交配・人工授精・選別には長年の経験に基づく技能が必要とされる。錦鯉は、稚魚から1年目を当歳魚といい、1年間に数回選別される。残った当歳魚は養鯉池の環境によって将来の模様や色彩などが変わる。2022年7月25日実施ハワイ現地調査インタビュー内容を参照。また、吉田（2008）、pp.69-72も参照した。

値が決まるのが面白い」とのことである。1972年、錦鯉の流通販売会社「三好池」は鯉職人の樹神衛氏によって愛知県みよし市に創業された。この三好池をやがて長男である太郎氏が事業継承したのちに米国に進出し、現在のK社になる（図表3－3）。

太郎氏が育った環境といえば、自宅と会社が兼用であったため、家族、従業員と鯉がいるのが当たり前の生活だった。太郎氏は物心つく頃から「お前は鯉屋になるんだ」と言われ育ってきたためか、いずれは家業を継ぐものだと覚悟していた。教育熱心な両親の教育方針のもと、中学受験に熱心に取り組み地元で有数の進学校に合格した。背格好が少し小さかったことが小学生の年頃には多少コンプレックスだったが、受験を機に高い目標にチャレンジした事や努力したことが報われた経験が自信となった。高い目標を立て苦境に立たされても粘り強く努力する姿勢はこの頃に身についたという。その後、太郎氏は早稲田大学に進学し、2年間のニューヨークの大学への留学を経て、卒業後は野村証

図表3－3　K社の企業概要

創業年	1972年「三好池」を創業（初代創業者：樹神衛） ※愛知県みよし市で創業したが後に本拠地を米国に移転
第二創業年	2001年「Komada Koi Farm」を米国（ロスアンゼルス）に2代目太郎が第二創業 2006年　ハワイ州オアフ島に本拠地を移転
代表者	樹神太郎　代表取締役社長　※会長は樹神衛
経営理念	錦鯉でみんなをしあわせにする ・全従業員の物心両面の幸福を追求する ・錦鯉を通じ、心和むライフスタイルを提案し、心豊かな社会の実現に貢献する
社員数	25名（パートタイム社員を含む）
本社	米国ハワイ州オアフ島ミニラニ
事業内容	ハワイで錦鯉を養魚する流通拠点を作り、主にインターネットで錦鯉とその関連器具を全米の顧客に提供。アメリカ全土に日本の錦鯉を流通させ、錦鯉で心和むライフスタイルのサポートを提供。ハワイの本拠地のほか、NYに拠点（直営店）がある
年商	年商約440万ドル（約7億円）

（出典）聞き取り調査を基に筆者作成

券株式会社に入社した。太郎氏が就職して1年と経たない頃、父から実家に戻るよう命じられ帰郷することになった。業績がひどく落ち込んでいる家業の立て直しのためだった。

　家業に入社してから太郎氏は、米国留学の経験を活かして海外輸出向け通信販売事業を立ち上げた。このときの通信販売の経験から当時未開拓だった米国の錦鯉マーケットにおける事業機会を発見し、進出した。留学時代に知り合った日本人妻と一緒に渡米した。太郎氏は若干20代半ばにしてカリフォルニア州ロサンゼルス（LA）にK社を設立し、代表取締役社長になった。LAに進出して6年後に、事業拡大を狙ってハワイ州オアフ島に拠点を移し、現在に至る[17]。米国では二人の子宝にも恵まれ、大学生の長男と高校生の次女との4人家族である。会長である父・衛と母は同じオアフ島内の近所で暮らしている。

（2）事業機会の探索

　錦鯉の原産は、新潟県山古志村地方で食用として飼育されていた真鯉が突然変異して生まれたといわれている[18]。当時の人々は、より美しい鯉をつくろうと改良を重ね、明治期に入ると私たちのイメージする赤と白の錦鯉「紅白」が生まれた。その後も大正期には「大正三色」、昭和期には「昭和三色」などの次々と品種改良が重ねられ、現在では100種類近くの品種[19]がある（図表3-4）。日本全国には500軒以上の錦鯉生産者が存在し、全国一の産地は原産である新潟である。

　三好池は、そのようなブランド鯉の新潟産地で2年から3年生育された錦鯉を仕入れ、全国の顧客の販売する流通卸として日本の高度成長とともに発展した。三好池創業当時は華の高度成長期であり、日本国内のライフスタイルの成熟化が追い風となって錦鯉のブームが起こり、錦鯉が飛ぶように売れた。バブ

---

[17] コロナ禍前はNJ（ニュージャージー州）とFL（フロリダ州）にも販売用の店舗拠点を設けていたが、コロナ禍による事業戦略の見直しに伴う「選択と集中」によって現在は閉鎖している。
[18] 農林水産省HP参照。https://www.maff.go.jp/j/kids/kodomo_kasumi/2021/content/koi.html（情報閲覧日：2022年10月17日）
[19] 日本政策金融公庫（2018）、P.3参照。

図表3-4　K社（ハワイ拠点）の錦鯉

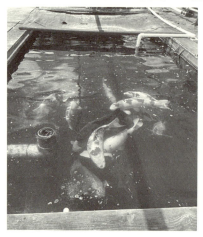

（出典）筆者撮影、左が成魚、右が稚魚

ル期の年間売上は、1億6千万円ほどあったという。しかし、やがて「バブル経済」は崩壊し、景気が悪化すると国内需要に陰りが見え始め、錦鯉の卸売市場はみるみるうちに縮小していった。三好池も事業縮小を余儀なくされる中で、売上が3割落ち込んだ。状況を打開するために、沖縄の石垣島と台湾に生産拠点（養殖場）を作ったが、水質が錦鯉の生育に合わず失敗した。経営悪化の中でも当時唯一伸びていたのは、前述の通り錦鯉の輸出部門だった。太郎氏は米国留学経験を活かして英語Webサイトを作って通信販売を開始した。これが功を奏し、海外からの引き合いは右肩上がりで増加した。そこに活路を見出した衛氏と太郎氏は、国内での錦鯉販売を一切やめ、米国進出に乗り出すのである。日本国内の店を閉め顧客はすべて従業員にわたすという衛氏の大胆な決断だった。米国進出を機に、太郎氏への事業承継が始まった[20]。

---

[20] 太郎氏が家業を引き継いだ当初は、ヨーロッパ、米国、アジアへと錦鯉の輸出を担当した。その際に、米国には、錦鯉愛好家コミュニティが存在する割に、当時は錦鯉の知識も少なく（間違えた情報が出回り）、生粋の錦鯉の専門業者がまだいなかったことから開拓の可能性を感じたという。

（3）事業機会の発見と市場開拓

　進出先に当時米国を選んだ理由は、非常に大きなマーケットであるにもかかわらず、錦鯉のビジネスが未成熟だったことに事業機会の可能性を強く確信したからだった。その頃、通販で知り合った海外の錦鯉愛好家から米国で錦鯉ブームが起き始めている話を聞いた。淡水魚だけで（当時）800億円市場だったという。調べてみると競合する日本の錦鯉販売業者は西海岸に集中しており、扱っている錦鯉もほとんどが米国産のものだったという。1967年に発足した古くから錦鯉の愛好家クラブが存在し、発足当初既に200人の会員がいたにもかかわらず（現在の会員数はおよそ5万人にまで成長している）、メイドインジャパンの本物の錦鯉は流通していなかったのである。その後、米国ではガーデニングが流行し、熱帯魚ブームも相まって米国産の錦鯉を飼う人が急増した。米国産の錦鯉は、新潟産の錦鯉とは全く異なるものだったため、本物の錦鯉の美しさを知ってもらえば米国市場で販路開拓に成功できると考えた。

　一方、ヨーロッパではすでに大きな卸業者が何社か存在していた。また香港/中国をはじめとしてアジア圏は大きく伸びていたが、日本との距離が近い割に輸送費が高く直接日本に買い付けに来るのとコストが変わらないために、いずれ流通業者は中抜きされると考え敢えて参入しなかった。

　このように事業機会の探索の末、2001年 LA に K 社を設立した。三好池の海外通販でつながりを持った米国人の顧客から1エーカーの土地を借り、池を作った。新潟からブランド力のある錦鯉を仕入れ、その池で在庫管理し、インターネットオークションで販売をスタートさせた。錦鯉の品種とどの業者（産地の生産者）が育てたのかが一目でわかるWebサイトを制作した。愛好家が存在するほど錦鯉に対する潜在ニーズがありながら、本物の錦鯉に関する正しい知識が普及していないという米国市場ならではの課題も明確だったので、本物の錦鯉の美しさと魅力を紹介する世界初の錦鯉の英語専門書「KOKUGYO」[21]を2002年に出版して専門知識の普及を図った（図表3-5参照）。その結果、数千ドルという高値の個体であっても、オークションサイトに出せばすぐに売れるという好調な駆け出しとなった。

図表3－5　KOKUGYO 初版（テーブル中央）

（出典）K社提供。写真右が衛会長、中央はローカルスタッフ、左が太郎社長。

（4）グローバルイノベーションの創出

　好調だった矢先に、在庫管理していた生簀の錦鯉が「コイヘルペス」という感染病に感染した。コイヘルペスには有効な治療法がなく、死亡率の高い魚の感染病である。同じ生簀にいた鯉はすべて薬殺せざるを得なかった。太郎氏は、出荷したすべての鯉の購入者一人ひとりに電話をかけて、コイヘルペスに感染したことを正直に伝え、対処の仕方を丁寧に説明した。一時的に深刻な業績の落ち込みはあったが、このときの「リコール対応」の姿勢が米国市場の顧客の信頼を得ることにつながった。顧客との鯉の育て方の相談等のコミュニケーションも増えた。販売を再開すると、事業拡大の必要性を感じるほど顧客は以前よりもリピーター/新規顧客ともに増加した。

　しかし、またすぐに会社経営を揺るがす深刻な出来事が続いた。2004年に発生した新潟県中越大震災は、錦鯉の仕入れの産地である新潟県中越地方を中心に大きな被害をもたらした。仕入れ元がある中越地方の産地では8割もの錦鯉

---

[21] 現在は第3版（350USドル）まで発行されている。Koamda Koi Garden 公式HP参照　URL:https://www.kodamakoisupply.com/shop/kokugyo-vol-3-by-mamoru-kodama/　情報閲覧日2024年6月15日

が死んでしまうという破滅的な被害を受けた。これにより廃業した業者も多かった。産地は生き残ったわずかな錦鯉で復興するほか選択肢はなかった。復興には、専用の機材と水槽を使って人工授精する工程、産卵から稚魚を育てる工程、専用の人工池で稚魚を養鯉する工程のすべての機能が正常化される必要があった。このとき太郎氏は、米国から新潟産地をなんとか復興支援できないかと考え、錦鯉を稚魚の段階から輸入し米国で育てられないかと思い至った。本来、錦鯉は体型や模様、色彩などが美しくはっきりと分かる2年から4年程度育成した個体を仕入れ販売するのが一般的であるが、それでは復興に時間がかかってしまうためである。

このときにすぐ行動に移せたのには理由がある。それまでの業態の仕組みに対して問題意識を持っていたことが、このイノベーション活動への取組みを即決させた。従来の業態は、新潟の錦鯉を輸入して販売するという単純なものだったが、いくつかの大きな課題があった。安定した供給ができない、生育した大きな個体の運送コストが高くつく（ヘルペス事件のときはこれにより多大な損失が発生）[22]、為替差損の問題などである。

新しい仕組みを取り入れることで、輸送コスト、リスク、生産コストが軽減されると考えた。震災をきっかけに日頃から抱いていた問題意識が、迅速な行動につながったのである。

ハワイ移転後の規模は単純に考えて10倍以上となった。そればかりか自分たちの知識と技術で商品価値の高い鯉をつくり出すことが可能となった。これにより、大幅に生産性が向上し、リスクは軽減され安定供給できるようになったのである。まさしく「イノベーション」の創出である。このように、K社を持続的な成長へと導いた現在の新たなビジネスモデルが生まれた（図表3－6）。

---

[22] 稚魚であればその分輸送コストはかからないことに加えて、育成過程に起きる病気のリスクも自らコントロールしやすくなる。

図表3－6　新たなビジネスモデル

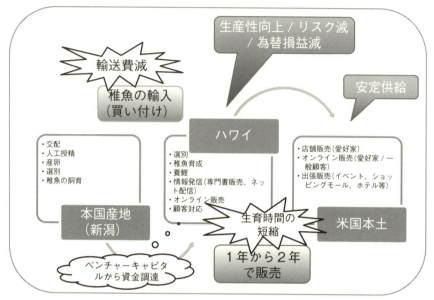

（出典）ヒアリング調査をもとに筆者作成

（5）家族経営から会社組織経営へ

　このビジネスモデルをもとに日本のベンチャーキャピタルから多額の投資を受けて、2億円の設備投資を行い、ハワイに錦鯉を養魚する流通拠点を作った。太郎氏は日本から輸入した錦鯉の稚魚を米国国内で養殖し、米国市場へ流通させるために条件の合うハワイ州オアフ島に10エーカー（東京ドームの大きさほど）の土地を借り、本拠地をLAからハワイへ移した。

　錦鯉の養殖には、自然環境、水質、夏でも16から25℃と冷たい水温・土壌などが錦鯉生産に適しているとされている。特に重要なのは、年間を通して安定した水温を保つことである。実は、四季のある日本では安定した水温を保つのは難しい。この点、ハワイは一年を通じて水温が一定で、気温も温暖なためプランクトンが繁殖しやすく、錦鯉の養殖に最適だったのである。これは錦鯉がストレスなく育つために重要な要素であるという。プランクトンが繁殖しやす

図表3-7　ハワイ拠点創業時のローカルスタッフたち

(出典) K社より提供。

く池の色が濃い緑色になることで天敵から身を守ることに有効となるからだそうだ。実際に育ててみたら、新潟では4年ほどで平均60センチほどかかるところ1年で平均60センチという驚異の成長ぶりであった。

　これにより在庫の量は10倍の規模となり全米最大の錦鯉ファームとなった。ハワイ移転に伴い、両親、弟と数名の三好池の社員が日本から移住してきた。このときを機に、現地でのローカル人材も採用し（図表3-7）、「家族経営」から「会社組織経営」へと変化した。

(6) コロナ禍の経営

　同社のケーススタディにおいて特筆すべき点は、コロナ禍前までは倒産寸前の数々の危機に直面してきたにも関わらずコロナ禍において堅調に成長を続けてきたことである（決定的な出来事については次節で詳細に述べる）。既に述べてきたように、同社は数々の難局に直面しても、その都度存続のために試行錯誤を繰り返しながら、最善の方法を探し当てることで乗り越えてきた。その結果として、盤石な組織へと育ってきた。コロナ禍という社会的には衝撃的な環境変化は、同社にとっては、既に遭遇してきた劇的な変化のときと基本的に

は対処方法は変わられなかったため、迅速かつ適切な対応が取れたことで、コロナ禍でも堅調に成長できている。

　コロナ禍になりロックダウン宣言がなされた時、一番はじめに決めたことは、従業員は解雇しないということだったという。実際に、コロナ禍においても従業員を一人も解雇することはなかった。コロナ禍での変化によって生じた課題には、経営者と全従業員が一丸となって早急に取り組んできた。他方で、直ちに対面販売の拠点であるニュージャージー（NJ）店の閉鎖と撤退を決めた。NJ拠点は、店舗部門の中では一番売上が大きい店舗だったが、人の移動や対面販売での制限を受けることが分かったので、完全撤退を決めたのである。早めに決断することで、売上のマイナスよりも経費削減の効果が大きかった。そこで捻出した経費をオンライン販売に計上することで、コロナ禍を乗り越えようと決め、全社員一同とベクトルを合わせた。毎月数字を細かく確認すると、コロナ禍の「すごもり需要」を捉えた。想定通りネットでの売上が急激に伸びていったので、当社の在庫を含めたすべてのリソースを迅速にデジタル化に集中させた。

　このように、コロナ禍以前に構築したビジネスモデルと組織経営（マネジメントの仕組みについては後述する）との両輪をベースに、変幻自在にタッチポイントや流通システムを適応させることでコロナ禍を乗り切ったのである。

　2024年（取材当時）、K社は米国に移住して24期目を迎えた。売上は約7億円に達する見通しであり、着実に成長している。2023年には鯉が病気にかかり売上が落ち込んだが、輸入直後の稚魚の健康管理と飼育管理の生産性向上を図るために、10万ドルを投資して800ガロン（約3トン）の池60面を作ることをすぐに決めた。これにより、翌年には元の水準まで復活した。現在の中期事業計画では、「ブランド戦略」に力を注いでいる。「日本の鯉がほしい」ではなく、「Kodamaの日本の鯉がほしい」といっていただける米国大陸一のKoi Dealer、世界一のKoi Ambassadorを目指して精進しているという。そのために、新たにロゴの作成を行い、ブランドイメージの世界への発信を始めた（図表3－8）。また、将来的にはテキサス州に流通センターを建設予定である。

テキサスを拠点として、中南米への販路拡大を図り、さらなる発展を目指している。

図表３－８　ブランディング戦略のために作成した新たなロゴ

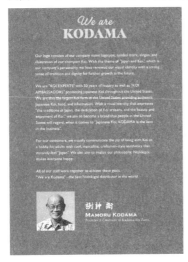

(出典) K 社より提供

5．トランスナショナル企業家のグローバルイノベーション創出要因の分析

　以上、ハワイのトランスナショナル企業家の事例を取り上げ、事業機会の探求から市場開拓、そして倒産の危機から会社組織の成長に至るまでの実態を紹介してきた。
　同社がコロナ禍のような劇的な環境変化の中でもむしろ成長できる盤石な組織に育った要因は、それまで直面した想定外の出来事を乗り越えていくための行動特性にある。それは、ケーススタディの中でみてきた新たなビジネスモデルが構築された背景と行動特性をみても同様のことがいえる。以下では、同社が成長できず伸び悩んでいた要因と盤石な組織へと成長できた要因を、決定的といえる出来事を機に太郎社長の行動がどのように変化し、どのように結果に

変化を及ぼしたのか分析を行うことで探っていく。

(1) 成長を阻害した要因

　ハワイに移転し新ビジネスモデルが構築されたとき、このまま順調に成長期に入っていくものと思われた。理論上は、売上／利益ともに大幅に伸びるはずだった。しかし、規模は大きくしたものの、実際は売上が思うように伸びず借金がふくらむ一方だった。原因は、経営戦略でもビジネスモデルの問題でもなく、マネジメントに問題があった。会社運営の方針について、職人であり会長である衛氏と意見が食い違うことが多く、ハワイ移転後しばらくは会社運営がうまく進まなかった。衛氏は、鯉職人としての考え、日本での高度成長とともに三好池を創業し一度はしっかりと発展させてきた成功体験からの考えがあり、太郎氏には、留学時代に肌感覚で学んだ異文化交流や大手証券会社での経験、通販事業やLAでの米国市場開拓の成功体験からの考えがある。会社の方針が迷走したことで社員が混乱し、日本から連れてきた技術者もふくめ複数の人材が辞めていった。社員の定着率が悪く技術と技能が必要になる養鯉において大きな痛手となった。衛氏は長男に事業承継を完結する覚悟が持てず、太郎氏は経営者になる覚悟を持ち切れずにいた。何かあれば責任は会長が取ればよいとの考えが心のどこかにあったという。こうした状況が数年間続いた。

(2) 成長の促進要因

　経営者とはどうあるべきかを考え、悶々とした毎日を過ごしていた時、ハワイの地元情報誌で盛和塾ハワイ（Seiwajuku Hawaii）が開塾されることを知った。太郎氏は、ハワイに開塾以来この「学習コミュニティ」に属し、経営に行き詰ると、定期開催されていた勉強会を活用し、解決の糸口を探った。

　盛和塾は、京セラ・KDDIの創業者である稲盛和夫氏が京都の若き経営者の方々から「いかに経営をすべきか教えてほしい」と依頼されたことを機に、1983年に25名で始まった会に端を発する組織の境界を越えた学習コミュニティである[23]。盛和塾ハワイは、米国（ロサンゼルス・ニューヨーク・シリコンバ

レー）の4番目の塾として2010年1月に開塾した。盛和塾ハワイは、総勢60名まで発展し2019年の本家盛和塾の閉塾ととともに解散した。その後継組織としてハワイでは「Dojo RITAH」が2020年に創設された[24]。このときに、構成員は本気で経営革新に取り組みたいと考える有志に限られ、新組織の規約には勉強会への参加率や取組みの準備などの評価基準が設けられた。Dojo RITAHは太郎氏を含む現在ハワイ在住の日系移民企業家もしくは日系移民後継者の25名ほどで活動している[25]。コロナ禍においても、自分と同じような問題意識と志を持った移民企業家たちと毎週定期的に議論を交わし続けている。異国米国で第二創業し、家族経営を続けてきたK社一族にとって、このような学習コミュニティへの参入は、はじめての社外からの新鮮な空気が吹き込む絶好の機会となった。

（3）どのような行動をとったのか、何が変わったのか

　太郎氏は、盛和塾という利害のない学習コミュニティから純粋に何か気づきを得ようと必死だった。盛和塾での教えを自分なりに解釈し、取り入れられることから実践していった。当初は「行動でしか現実は変わらない」と信じていた太郎氏は、とにかく行動だけはしようと心がけた。そんな太郎氏が最初に取った行動は、「社員とコミュニケーションをとること」と「社員と（会社が目指すゴールへの）ベクトルを合わせること」だった。稲盛経営でいうフィロ

---

[23] 盛和塾では、「心を高め、会社業績を伸ばして従業員を幸せにすることが経営者の使命である」とする稲盛の経営哲学を、塾生が熱心に学ぶ。構成員の自発的な活動から全国各地に拡大し、36年の活動を経て、2019年末の閉塾時には、国内56塾、海外48塾、塾生数は約15,000名に及んだ。稲盛和夫オフィシャルHP参照。 URL: https://www.kyocera.co.jp/inamori/management/amoeba/　情報閲覧日2022年10月2日

[24] ハワイの中小企業経営者が心を高め、経営を伸ばすための哲学を、日本語と英語にて学ぶことができる学習コミュニティとして、「盛和塾」ブランドに頼らずに独自でブランド力を高めていく必要から創設されたものである。

[25] 2022年7月現地調査時点。構成員は、これから事業を始めようとしている人から年商3万ドル、100万ドル、5,000万ドルと様々な事業規模の経営者が同じ部屋で勉強している。入塾資格は（1）経営責任を負う最終決断者か又はそれに準ずる人、かつ稲盛哲学の実践の場を有する人、（2）稲盛哲学の本質を理解し、稲盛哲学を真剣に学び実践しようとする強い意欲が感じられる人、の2点。入塾には厳正な審査があり入塾後も無断欠席を繰り返すと退塾しなくてはならない。

ソフィ経営[26]の実践である。

　具体的には、マネージャーと月一回の食事をすることから始めた。しかし、自分自身に血肉化されていない受け売りの言葉は、マネージャーの心には響かなかったようである。中身のない会話それ自体には効果を実感することはなかったが、それでも社員との対話を継続した。このときに社員と思いを共有することの難しさを痛感したという。共感を生み出す重要性を理解したものの、その手段も方法もわからないまま試行錯誤を重ねた。

　例えば、毎年６月には社員と家族を招いてのビーチバーベキューを恒例行事とした（図表３－８）。社員の誕生日には手紙を書いた。資金が底を尽いたときでも、経営がよくなった今でもこのような血の通った社員との交流を継続している。年に２回、社員全員による全体会議もこのときに始めたものであり現在も続けている。

　社長の行動や考えを共有する手段としては、週一度の「今週の気づき」で、そのときに取り組んでいること、考えていることをタイムリーに社員に発信している。社員は日本人、米国人、フィリピン人など多国籍であるため、日本語と英語と２ヵ国語で発信している。結果的に、社員一人ひとりに自分の夢、考え方を伝えることで社員のモチベーションに変化が出始めた。フィロソフィ経営の実践の成果は、実際に社員の定着率の高さに表れるようになった。

　社長と社員が一丸となって経営理念について考えることで、会社のベクトルは一つの方向へと合わさっていった。この経営理念のもとに、組織を束ね、社員のモチベーションと社長の向かう方向性を一致させていくことで、効率のよい経営ができるようになったという。それは、太郎氏の行動の変化の時期と組織の変化と数字上の変化が正の相関関係を示していることからも容易に理解できる。一つの経営理念のもと、社長と社員とのコミュニケーションを円滑にす

---

[26] フィロソフィ経営とは、京セラの経営理念を実現するために稲盛和夫が創り出した独自の経営哲学の考え方で、「人間として何が正しいのか」「人間は何のために生きるのか」という根本的な問いに真正面から向かい合い、様々な困難を乗り越える中で生み出された仕事や人生の指針をもとに、現場の社員一人ひとりが主役となり、自主的に経営に参加する「全員参加経営」を実現するための経営哲学のことをいう。稲盛・前掲注（23）参照。 情報閲覧日2022年10月17日

図表3-9　社員とのビーチバーベキューの様子

(出典) K社提供。

るチャネルを設けることで、全員参加経営を可能とした。全員参加経営は、外部環境の変化によって危機的な状況に直面しても、変幻自在に新たなビジネスモデルをしっかりと動かし、成果を出す盤石な組織となった。このように学習コミュニティからの学びの実践を繰り返す中で経営は安定し、再び利益が出始めたのである。

(4) リーダーシップという行動特性

そんな矢先の2015年、再び倒産の危機に見舞われた。突然土地を賃借している大家から1年以内の立ち退きを通達されたのである。このことは、2億円以上の資金を投入し、償却が終わっていない施設を捨てて、新しい場所に一から施設を作り直すことを意味していた。具体的には、施設を取り壊しながら、新しい移転先を探し、池を掘り、何万尾という鯉の在庫を現金化しながら、残った在庫を新しい場所に移動する仕事を、全て同時進行ですすめるという無茶苦茶な計画を実行しなければ潰れるしか選択肢はなかった[27]。

社内は動揺したという。家族の間では会社の将来について意見が分かれた。

---

[27] 樹神 (2016)、p.37参照。

衛氏と三男からは「この機会に全社員に辞めてもらい、また樹神家だけで始めればいいではないか。別にハワイにこだわらず、フロリダのお店に移転すればよいではないか」[28]という意見が出され、太郎氏は再び会長と社員との板挟みとなった。

しかし、移転問題のときはすぐさま前回の危機（新ビジネスモデル構築直後のマネジメントの迷走）とは異なる決断をした。すなわち、自分の理念に基づき決断し、衛会長らの反対を押し切った。盛和塾ハワイの実践から得られた体験知から「全社員の幸せを追求することが会社の存在理由」だと確信するようになっていたため、今度こそ「社長」としてのリーダーシップを実証する機会だと信じて行動に移したのである。

経理担当の次男と何度も資金繰りを確認し、錦鯉の在庫を現金化しながら、銀行から資金調達できれば何とか乗り切れると判断した[29]。結果として、このときの決断と行動が同社の命運を分けた。既に述べてきたように、ここから同社の年商は右肩上がりで増加し続けている（図表3-1）。年商は、コロナ禍に入っても落ち込むことはなく伸び続けた。革新したビジネスモデルが、マネジメントの革新と両輪のごとく調和が取れて、初めて組織として安定的に成長し始めたのである。移転問題では、経営者としての覚悟とリーダーシップが不可欠となり、それを実行したことで結果が大きく変化した。この経営者の原点ともいえる覚悟は、学習コミュニティの学びによって芽生えたものだと太郎氏は語る。この覚悟がどんな困難からも逃げない勇気を太郎氏に与え、リーダーシップを発揮させたのである。

6．むすびにかえて

本節ではこれまで説明してきたケーススタディと分析結果をもとに、冒頭で

---

[28] 同上、p.39参照。
[29] 同上、p.39参照。

掲げたリサーチクエスチョンに対する解を示し、結論に代えたい。その上で、本研究の分析から明らかにできた事実発見から先行研究に対する新たな知見を示す。

（1）日本から動員した資源・優位性、米国で動員した資源・優位性

　錦鯉は日本の伝統文化が生み出した芸術品である。国内では、成熟化とともに日本の伝統地場産品の需要は薄れていったが、海外では、日本の伝統文化に関心を寄せるニッチな市場やペットブームから派生した市場などから錦鯉の需要は高まり続けていた[30]。これらの需要は、「本物（の日本文化）」であることで価値はそれだけ向上する。すなわち、日本から動員した資源は、「本物の錦鯉」という価値それ自体である。しかし、単純に成育した個体を輸入し、米国で販売するだけでは、輸送費、関税、時間などのコストに加えて、為替差益や個体が病気にかかるリスクも高くなる。そこで、稚魚を仕入れ、ハワイで育てることで、これらすべてのコストとリスクを軽減させ生産性を向上させた。

　稚魚は成魚に比べて小さいのでその分、多くの量を仕入れることができる。ハワイの気候と水質はコストをかけずに短期間で大きく成育できる。輸送中のストレスによる病気も大人になってからの鯉に比べリスクは減る上に、養鯉の過程で病気対策や管理も自らコントロールできる。他方で、これを実現するには、高度な「技術／技能」を要する。具体的には、選別、養鯉に関わる技術である。養鯉は、単に生簀で泳がせておけばよい訳ではなく、環境や育成の方法によって、将来の模様や色彩、健康状態などが大きく変わる。このプロセスに、いわば商品価値として最も重要な「品質」が規定される。品質は顧客からの信頼、すなわちブランドを規定する。

　この点、衛氏は超一流の技術／技能を持ち合わせた「鯉職人」である。太郎氏も、一流の鯉職人である父のもとで技術を磨いてきた。このように同社は、

---

[30] このほか米国では、富裕層のストレス軽減のための需要であったり、庭に錦鯉の生簀があることで（付加価値のあるガーデニングの一種と見なされ）、不動産価値が上がったりするなどの特有の需要もある。

「本物」である稚魚（資源）と海外で再現できる「技術」を日本から米国に持ち込んでいる。また、数名の技術スタッフを日本からハワイに連れていった。現地での創業には資金調達が不可欠だったが、これには日本の投資ファンドから投資を受けている。確かな技術力と事業計画が説得力となり投資を実現させた。このように、日本から動員した資源は、技術、人材、融資（資金調達先）ということになる。ハワイでは、気候と水質を利用するで、新ビジネスモデルの構築を可能とした。規模拡大に伴う会社組織化には、日本から連れていくスタッフだけでは十分ではなかったため、ローカルスタッフを雇い入れた。販路開拓のために、現地のマーケット事情やニーズを把握する必要があったが、この情報源となったのは、ローカルコミュニティ（米国の鯉愛好家コミュニティ）である。さらに、経営課題の解決に貢献したのは、学習コミュニティ（盛和塾ハワイ）である。このように、現地で動員した資源は、自然資源とローカル人材、ローカルコミュニティということなる。

（2）両国の資源の組み合わせによる価値創造

それでは、それぞれの資源をどのように組み合わせ価値創造につなげていったのだろうか。このビジネスの成功要因は、①二国の資源の組み合わせと、②その資源活用のバランスをコントロールすることでイノベーションを創出した点にある。

生み出したイノベーションは、新市場開拓のために構築されたビジネスモデルである。新ビジネスモデルによって大幅に生産性を高め、リスクを軽減することを可能とした。このモデルを実装させ企業の成長を促進させた要因は、「信頼」の獲得である。同社における信頼を獲得できた要因は一つではなく、安定供給、品質の高さ、ブランド構築、顧客対応、従業員満足度など複数の要因が体系的に結びつき、同社の優位性を作り上げている。特筆すべき点は、こうした信頼の獲得は、どちらか一国の資源に依存する形では成しえなかったということである。例えば、安定供給による信頼の獲得には、産地と進出国の従来のサプライチェーンを変化させ、活用する資源のバランスをコントロールす

る（現地化を進めた）ことで、実現している。結果的に、このサプライチェーンの再編は、産地復興に大きく貢献するとともに、米国市場の販路拡大と顧客満足度向上につながり、両国サプライチェーンの構成員からの信頼獲得に結び付いている。

　品質の高さによる信頼獲得は、日本から米国に持ち込んだ技術力がもたらした結果に他ならない。しかし、技術それ自体で、イノベーションを起こした訳ではない点がポイントである。従来の単純な流通構造にはもともと高いリスクとコスト面での課題を抱えており、それらの課題解決に現地での養鯉が必要だった。そのため現地に養鯉のシステムを移築し、現地の事情（気候や水質）に適応させる形で養鯉環境を整備する必要があり、ここに日本から持ち込んだ技術と現地の資源（自然環境）との融合が「本物の鯉をハワイで生産し全米に提供すること」を可能としている。これに高い技術力（現地では習得が難しかった技能）が不可欠だったことは想像に難しくないであろう。技術／技能が養鯉と生産管理の「質」を担保し、顧客からの信頼獲得に結び付いている。

　そして、何より現地市場に「本物の鯉」と「飼育」に関する正しい知識が普及しなければ、市場拡大は見込めなかった。そのため、現地愛好家を通じて現地市場に必要な情報発信を行った。これも現地の顧客が必要としている情報／知識と日本から持ち込んだ文化／知識とを融合し、発信内容と発信媒体を「現地化」させて伝えることで信頼の獲得につなげている。例えば、英語で錦鯉の専門書を発信したことで、愛好家に正しい知識が普及しただけなく、一般の顧客が新たに錦鯉の顧客の魅力を知るきっかけにもなった。発信媒体では、オンライン（ネット販売や You Tube）での発信をいち早く取り入れたことで、顧客への認知が浸透するだけではなく現地顧客からの反応（情報）が入ってくる副次的な効果もあった。この仕組みを活用し、一般ユーザーのニーズや関心を把握し、オンラインや対面のイベント等を通じて顧客にフィードバックすることで信頼を獲得している。このように二国の資源と文化を融合して現地顧客の信頼を獲得するプロセスを通じて独特の価値を形成することに成功しているのである。

(3) 二国の資源を融合することの意味

　本ケーススタディの事実発見から、「トランスナショナル起業論」と「ボーングローバル企業論」とには、共通点と明確な相違点があることが指摘できる。
　どちらも国際市場に積極的に参入し、グローバル展開を目指す点で共通している。両者は設立後、または創業後間もなくして国境を越えたビジネス活動を開始し、市場のニーズやトレンドを敏感に捉え、それに応じた製品やサービスを提供することで競争優位性を確保しようとする。その点で、事業機会の探索において多くの共通点を見出すことができる。また、BCGの起業動機は自国の市場が小さく海外市場の方が事業機会を見込めることにあるが、本ケースのトランスナショナル起業の起業動機は、国内市場が縮小し、海外市場の需要の方が拡大しているという要因となっていたことから起業動機についても共通している。このような共通点からも分かるように、トランスナショナル企業家とボーングローバル企業は、国際市場での成功を目指している点で共通している。ただし、それぞれの特性やアプローチには違いがある。
　トランスナショナル企業家は多文化的な背景を持つ個人が多く、BGCは設立当初からグローバル市場を目指す企業であることから、トランスナショナル起業家は個人的なネットワークを活用し、BGCは組織的なリソースを活用することに明確な違いがある。それゆえ、「二国間の資源の活用」方法に違いが生じる。
　すなわち、BGCが企業の全体的なリソース（資金、人材、技術）を組織的に活用して、国際展開を進めるのに対して、トランスナショナル企業家は、創業当初から資源が少なく個人的なネットワークを活用して、資金調達、マーケティング、サプライチェーンの構築などを行う。それゆえトランスナショナル企業家は、意図的に最初から二国間の資源を積極的に活用する。
　では、トランスナショナル企業家が二国間の（個人レベルで動員できる）資源を最初から意図的に活用することで、どのような違いが生まれるのだろうか。それは、資源を二国に分散し、資源活用のバランスをコントロールすることで、リスクを分散あるいは軽減することも可能だということである。それだ

けでなく、既に多くの先行研究が指摘しているように、多文化的な背景を持つ個人が活用する二国間の資源と文化の融合がもたらす特有の価値創造をもたらす。

次に、既存のトランスナショナル起業に対しても、本ケーススタディにおける事実発見から2点、新たな知見を指摘できる。すなわち、第一に、グローバルイノベーション創出につなげるための二国の資源はそれぞれ国・地域のネットワークの中に埋め込まれた資源であるため、それらを動員するためには、その前提としてそれぞれの国・地域のネットワークに対してゆるやかな関係性を構築し、双方の資源活用の案配をコントロールする必要があるということである。また、資源の組み合わせそれ自体（新結合）が、イノベーション創出を規定する重要な要件になるため、どの資源（その資源が埋め込まれたネットワーク）を活用するかの見極めが肝要になる。

第二に、これらの一連のプロセスには、個人の「アントレプレナーシップ」が至要たる要件になるということである。本事例では、両国の資源の優位性のバランスを「コントロール」することで、生産性を向上させるだけでなくリスクも回避することができていた。しかし注意が必要なのは、資源の動員は簡単にコントロールできるものではない。本事例でみてきたように、これらの資源をコントロールするためには、二国のネットワーク（コミュニティ）への「埋め込み」と「信頼関係の構築」が必要となる。そして、これには多文化的な背景を乗り越えた個人的な関係構築が前提にある。本ケースでいえば、日本の「産地集積」の一部に突破口（稚魚の輸出）を創り出し、サプライチェーンを拡大させ、現地の「愛好家コミュニティ」へ販路開拓の突破口を案出し、それぞれを結合／融合させたことで上掲の「生産性向上＋リスク軽減」のイノベーション創出につなげている点がその具体例といえよう。

このようなイノベーション創出のためには、トランスナショナル企業家は、それぞれのコミュニティの強い紐帯の中に完全に埋め込まれてしまうのではなく、緩やかな弱い紐帯の中で互いのネットワークを結節し、互いの情報／知識を円滑に移転／融合していくコミュニケーションチャネルとしての役割を果た

すことが肝要になる。また、コミュニケーションチャネルは、対面に加えてデジタル化を併用することが有効になる。このコミュニケーションチャネルを機能させられるかどうかは、トランスナショナル企業家の「アントレプレナーシップ」が規定する。すなわち、事業機会から構想段階において、二国間のコミュニティに埋め込まれた資源を動員し、バランスをコントロールしながら、それらの資源を融合する行動特性が不可欠となる。その際、両国の組織文化を折衷しながら、マネジメントとイノベーション活動との両輪を動かすリーダーシップを発揮する行動特性が伴うことが必要条件になる。

　以上のように、どのように日本人トランスナショナル企業家が二国間の資源を動員し、移民国でのイノベーション創出へと結びつけることができたのかについての要因と実態の一部を明らかにできたのではないかと考える。とはいえ、日本人発のグローバルイノベーションの成功要因を一般化していくためには、他国・他業種の検証が必須になる。特に、エスニックビジネスから脱却せずにいる移民企業家が、どのようにしてイノベーションを起こすことで持続発展的に成長していくのか、海外市場における長期経営の要因についても検討が不可欠である。次章では、これらの点について議論を拡張し、探索を行う。

〔謝辞〕
　樹神太郎社長には長時間にわたるインタビュー調査へのご協力と膨大な資料の提供を頂いた。同氏にはインタビュー記録をもとに書き下ろした本稿の内容の確認にもご協力頂いた。ここに記して感謝申し上げます。

【参考文献】
［日本語文献］
浅川和宏（2011）『グローバルR＆Dマネジメント』慶應義塾大学出版会。
伊藤泰郎（1995）「関東圏における新華僑のエスニック・ビジネスエスニックな絆の選択過程を中心に－」日本都市社会学会年報13、pp.5-21.
小川進（2000）『イノベーションの発生論理－メーカー主導の開発体制を越えて－』、

白桃書房。
樹神太郎（2016）「人間の無限大の可能性を信じれば試練は乗り越えられる」『盛和塾』通巻139号、pp.28-45.
清水洋（2022）『アントレプレナーシップ』有斐閣。
高橋俊一（2021）「移民起業家によるグローバル・イノベーションに関する端緒的研究：概念整理と研究動向」立正経営論集、53（2）、pp.51-72.
中村久人（2013）『ボーングローバル企業の経営理論』、八千代出版。
日本政策金融公庫（2018）「新潟県内錦鯉産業の「強み」〜更なる発展に向けて〜」DBJ新潟支店レポート。
根来龍之（2019）『新しい基本戦略　プラットフォームの教科書』日経BP。
播磨亜希（2019）「トランスナショナル創業－国境を越える起業家の役割と課題－」『日本政策金融公庫論集』第45号、日本政策金融公庫。
─────（2022）「コロナ禍のなかでのトランスナショナル創業」『新規開業白書』日本政策金融公庫総合研究所。
樋口直人編（2012）、『日本のエスニック・ビジネス』世界思想社。
吉田健太郎（2020）『中小企業の国際化と現地発イノベーション』同友館。
吉田健太郎・山口真知（2021）「地域活性化と中小企業の国際化との関係性に関する一考察－佐賀の地場産業組合の現地発イノベーションの事例に着目して－」『商工金融』4月号、商工総合研究所、pp.50-70.
吉田芳春（2008）「山古志村と錦鯉」パテントVol.61, No.9、日本弁理士会、pp.69-72.

［英語文献］
Aldrich, H. E. & Waldinger, R.(1990), "Ethnicity and Entrepreneurship", Annual Review of Sociology, Vol.16-1: pp.111-135.
Bartlett, Christopher & Ghoshal, Sumantra(1989), Managing Across Borders: The Transnational Solution, Harvard Business School Press.
Christensen, Clayton(1997), "*The Innovator's Dilemma: When New Technologies Cause Great Firms Fail* ", Harvard Business School Press.
Chesbrough, Henry(2006), *Open Business Models: How to Thrive in the New Innovation Landscape,* Harvard Business School Press.

Doz, Yves & Asakawa, Kazuhiro & Santos,Joe & Williamson, Peter(1997), The Metanational Corporation. Working Paper, INSEAD, pp. 1-32.

Drori, Israel, Benson Honig, and Mike Wright(2009), "Transnational Entrepreneurship: An Emergent Field of Study." Entrepreneurship Theory and Practice, Vol. 33(5), pp.1001-1022.

Eisenmann, T., G. Parker and M. W. Van Alstyne(2006), "strategies for Two-Sided Markets", Harvard Business Review, October, pp.92-101.

Govindarajan, Vijay(2012), *Reverse Innovation: Create Far From Home, Win Everywhere*, Harvard Business Review Press.

Hymer, Stephen(1976), *The International Operations of National Firms*, MIT press.

Knickerbocker, Frederick(1973), *Oligopolistic Reaction and the Multinational Enterprise*, Harvard University Press.

Knight,Gary and Cavusgil,Tamer(1996), *The Born Global Firm: A Challenge to Traditional Internationalization Theory*. In S.T. Cavusgil & T. Madsen(Eds.), Advances in International Marketing, Vol. 8. pp.11-26.

McNaughton,Rod(2003), The number of export markets that a firm serves: Process models versus the born-global phenomenon, *Journal of International Entrepreneurship*, 1(3), pp.297-307.

Portes, Alejandro, William J. Haller, and Luis Eduardo Guarnizo(2002), "Transnational Entrepreneurs: An Alternative Form of Immigrant Economic Adaptation." American Sociological Review, Vol. 67(2), pp.278-298.

Rochet, Jean-Charles; Tirole, Jean(2003), "Platform Competition in Two-sided Markets". *Journal of the European Economic Association* 1(4), pp.990-1029.

Rugman, Alan(1981), *Inside the Multinationals*, Croom Helm.

Saxenian, AnnaLee(2002), "Silicon Valley's New Immigrant High-Growth Entrepreneurs." Economic Development Quarterly, Vol. 16(1), pp.20-31.

Schumpeter, Joseph(1942), Capitalism, Socialism and Democracy. Hyper & Brother.

Vernon, Raymond(1966), "International Investment and International Trade in the Product Life Cycle"., *Quarterly Journal of Economics*, 80(2), pp. 190-207.

Zhou, M.(2004), "Revisiting ethnic entrepreneurship: Convergencies, controversies, and conceptual advancements", International Migration Review, Vol.38(3), pp.1040-1074.

第4章
移民企業家のグローバル・イノベーション創出と長期経営に関する一考察
－英国 Japan Centre Group Ltd. の事例－

吉田健太郎

1．はじめに[1]

　本章は、海外に移り住んだ者が事業を起こす、いわゆる移民企業家が海外市場において持続発展的な長期経営を実現するための要因をイギリスにおけるパイオニア的存在である移民企業家のケーススタディによって探索する。

　一般的に、企業の持続発展的な長期経営をもたらす要因の一つとして、イノベーション創出が挙げられる。しかしながら、移民企業家が海外市場でイノベーションを創出し続けることで持続発展的に長期経営できているケースは極めて少ない。通常は、エスニックビジネスのまま事業を継続するか、最初からトランスナショナル起業として参入するかのいずれかである。トランスナショナル起業は、近年のテクノロジーの発展とともに台頭した比較的新しい移民起業の形態の一つであるため、現時点で30年以上存続できている企業はあまり存在しない[2]。そのため、移民起業の長期経営の実態を現地発イノベーションの

---

[1] 本章は、拙稿 Yoshida (2023), "A Study on Global Innovation Creation and Long-Term Management by Immigrant Entrepreneurs: Case Study of Japan Centre Ltd., UK", SOAS Japan Research Centre Discussion Paper Series No.1, SOAS JRC, University of London, 1-25. を基に本書掲載のために大幅に加筆修正を行ったものである。
[2] 長期経営を実現させ海外で創業する移民企業家の同胞市場をターゲットとする「エスニックビジネス」からローカルを含むグローバル市場（local for global innovation market）をターゲットとする（1）「トランスナショナル起業」へ移行し発展を遂げていく実態、ならびに（2）この移行段階（成長期）に起こるイノベーション創出（新市場開拓やビジネスモデルあるいは組織の変革など）の実態については、筆者が知る限りこれまでの先行研究において十分に明らかにされていない。

観点から調査した研究成果もほとんど見当たらない。

そこで、本章ではローカル市場の開拓と事業の多角化により現地発のイノベーションを起こすことで約50年間長期にわたって成長を続けてきた英国発日系中小企業の実態を紹介する[3]。その上で、日本人企業家が事業の二国間の資源を活用し、現地発のイノベーションを創出しエスニックビジネスからトランスナショナル起業へと昇華させた事例の実態を分析し、海外市場で日本人企業家が持続発展的な長期経営を実現するための要因を探る。

2．事例選定理由、リサーチのクエスチョン、分析視角

英国ロンドンに本拠地を置く日本人企業家が創業したJapan Centre Group Ltd（以下、「J社」という）は1976年に徳峰国蔵氏（以下、「T氏」という）が創業し、間もなく創業50年を迎える「長寿企業」である。一般に、日本における創業から5年目の企業の「企業存続率」は81.7％で、50年目のそれは0.7％といわれる[4]。この「企業存続率」を英国と比べると、日本81.7％に対して、英国は42.3％となっている[5]。このことから、創業後英国で事業を存続させることが日本で事業を存続させること以上に困難であることが分かる。また、J社は日銭を稼ぐ程度の日本の武道用品屋や本屋などの小さな商店から欧州最大の日本食材店やラーメンチェーン店へと事業を多角化展開することで、持続発

---

[3] 本現地調査を実施するにあたり、2023年4月ごろからロンドン企業家コミュニティの知己に調査対象企業の選定について相談を始めた。現地から口コミで得られる情報と文献ならびにインターネットを使って、2023年4月から5月にかけて調査目的に適合する対象企業を数社に絞り込む作業を行った。現地の知己を通じて対象企業を紹介して頂いた後に、2023年7月にJapan Centerの創業者である徳峰国蔵氏にアポイントを取得し調査企画を立てた。現地調査は2023年7月13日にShoryu Ramen Oxford店およびCotswolds'の徳峰氏のご自宅にて実施した。追加調査として2023年8月31日にCharlburyのパブおよび徳峰氏のご自宅にて聞き取り調査を実施した。同氏に対してロンドン滞在中に2回面談し、総計約15時間の聞き取り調査を行った。この他、メールにて十数回にわたりインタビュー内容や記事内容の確認のやりとりを行った。
[4] 中小企業白書（2017）、p.109参照。
[5] 同上・中小企業庁（2017）参照。また、日本とイギリスの開業率を比較すると日本が5.6％に対してイギリスは14.6％となっている。https://www.chusho.meti.go.jp/pamflet/hakusyo/H30/h30/html/b1_2_1_3.html　情報閲覧日2023年7月1日

展的に50年に及ぶ長期的な存続ができている。その間、旅行会社、不動産会社、人材派遣会社、語学学校などの事業展開も行ってきた。多角化経営[6]とともにローカル市場やネット市場の顧客へとターゲットを広げている。そして、新事業領域や新市場へ移行する際にイノベーションを起こし、持続的成長へと繋げている数少ないパイオニア的存在である。このような理由から、J社を事例企業として選定した。

　トランスナショナル起業とイノベーションに関わる先行研究についてはすでに前章で整理したところであるが、これまでの研究では、日本人特有の起業動機や、日本人企業家が両国の資源をどのように動員・活用し、初期のエスニックビジネスからイノベーション創出により脱却し、トランスナショナル起業へと昇華していくのかについては明らかにされていない。そもそも、これらは「別物」と捉えられてきた感が否めない。それゆえ、両国それぞれのネットワークやエコシステムから得られる資源活用とエスニックビジネスからトランスナショナル起業への進化を辿るプロセスとがどのように関係しているのかの実態については、十分に明らかにされてこなかった。しかし、移民起業の中には、数は多くないもののエスニックビジネスからトランスナショナル起業へと「進化」する過程を辿ることで、長期的経営を実現してきた企業も存在する。すなわち、海外の同胞をターゲットとする「エスニックビジネス」からローカルを含むグローバル市場（local for global innovation market）をターゲットとする「トランスナショナル経営」へ移行し持続的発展を遂げていく実態、ならびにこの移行段階（成長期）に起こるイノベーション創出（新市場開拓やビジネスモデルあるいは組織の変革など）の実態に関して、解明することは本研究分野の発展に些かなりとも貢献できるものと考える。

　以上を踏まえ、本章のリサーチクエスチョンは次の通りである。新たな販路

---

[6] 一般的に多角化経営とは、自社が保有している経営資源を活用しながら、これまでの事業によって蓄積された優位性を応用することで、新たな分野に踏み出していく経営手法のことをいう。すなわち、既存の事業の陳腐化前に自社の優位性をベースに事業領域を再定義することで、さらなる成長を目指す経営戦略を意味する。

開拓や事業の多角化を契機に、現地発のイノベーションを起こすことで持続的に成長を続けているのではないか？特に、移民企業家の場合、同胞を対象とするビジネスからローカルを含む市場へとビジネスの範囲を広げる過程で、両国の資源を融合する強みを何らかの形で発揮し、新たなイノベーション創出へとつなげているのではないか？

　方法論は、前章と同様に半構造化インタビュー方法[7]を用いる。以下の分析視角のもと聞き取り調査を実施する。日本から持ち込んだ資源・優位性は何であったのか、現地で活用した資源・優位性は何であったのか、そうした資源の動員・活用・融合と、現地市場における成功にはどのような関係性があるのかに着目する。そのうえで、出身国（日本）の資源をどのように居住国（英国）の資源に組み合わせることで価値創造しているのか、両国それぞれのネットワークから動員する資源の結合がどのようにイノベーション創出に関係しているのか、現地で構築した優位性を基盤としてどのように長期経営を実現できたのか、こうした成果の背景にはビジネスエコシステムの活用とどのような関係性があるのかに着目する。

　一般に、イノベーションは同質的な価値の共有からではなく、異なる価値の共存によってもたらされる。したがって、アライアンスや共同開発などによる連携によるイノベーション活動は、そうした異なる知恵の新結合、すなわち「異なる価値の融合」を基本とするものである。連携はアクター間の情報交換や自発的協調活動の促進が重要であるという認識は広まっているものの、それをどのような場として実現し、協調活動へと高めていくかの決定的な解が見つかっていないことがあげられる。こうした状況をふまえて、人々の自発的な協調活動をもたらし社会の効率性を高める社会的要因として提起されている「ソーシャル・キャピタル論」[8]を手がかりに考察する。

---

[7] 質問事項は前章とほぼ同様の項目のためここでは割愛する。
[8] Putnam（2000）参照。

3．ケーススタディ　英国 Japan Centre Group の事例

(1) J社の概要

　J社は、およそ50年前に日本人企業家がロンドンで創業した業界トップシェアを誇る英国の「老舗」日系企業である。1976年にロンドンの中心部に小さな書店を開店以来、現在では厳選された日本食材をはじめ、日本酒、書籍や生活用品から伝統工芸品まで日本のものが何でも揃う、英国最大規模の小売店ならびに日本食レストランに発展した（図表4－1）。スーパーとレストランが成功すると、事業を多角化し、英国で博多豚骨ラーメン[9]の専門店「昇龍ラーメン」を創業した。J社の専門チームが2012年に立ち上げた「昇龍ラーメン」は、食の世界的権威である英国ミシュランガイド（2014、2015、2016、2017、2018）に5年連続で掲載され、英国にラーメンブームを巻き起こした先駆けの一店となった。2017年には、日本の福岡に「英国昇龍」を進出させた[10]。現在、昇龍ラーメンの店舗はロンドン市内に9店舗を構え、郊外にはオックスフォードとマンチェスターに店を構える。近年にはコロナ禍における飲食業の復興のための起爆剤として、レトロな東京浅草の雰囲気を観光気分で楽しみながら日本各地の名物ラーメンを食べられる「ヘドン横丁」と「パントン横丁」を展開した。

　ロンドン市内のジャパンセンター本店には、毎日平均1,500人の顧客が来店する。昇龍ラーメンは、郊外店も含めすべての店舗で大勢の客で賑わっている。来店する顧客は、日本人顧客は1割程度で、残りの9割は外国人顧客が占める。英国国内に限らずヨーロッパ各地にもファンは多く、グローバルに支持

---

[9] 博多豚骨ラーメンは、濃厚でコクのある白濁のスープに、細いストレートの麺を合わせたラーメンである。博多で生まれ育った総料理長のF氏が、日本国外ではあまり見かけない本格的な豚骨ラーメンを提供するために、日本の料亭で修行を積んだのちに特別にレシピを考案した。昇龍のオーナーである徳峰国蔵氏は福岡市出身であり、日本から連れてきた料理人のF氏とともに故郷の名産品の普及に努めている。

[10] 英国昇龍博多店は、2018年T氏の甥に経営権を売却し、J社の経営からは切り離しフランチャイズ店として独立採算の形で経営している。売却後は、ラーメン店ではなく焼き鳥店として成功している。

図表 4 − 1　J 社の企業概要

創業年	1976年ロンドンに書店を創業。その後、食品事業に参入しヨーロッパ最大の日本食小売店に発展。
創業者	代表取締役会長　徳峰国蔵
会社名	Japan Centre Group Ltd.
事業内容	ロンドンに3店舗、オンラインショップ、卸売事業を展開し、本格的な博多豚骨ラーメンをロンドンで提供する「昇龍」、1970年代のレトロな東京をイメージしたラーメンバー「ラーメン横丁」など2つのラーメンブランドをジャパンセンターグループ傘下に置く。
売上高	38,000,000s ポンド
本社	英国　ロンドン

（出典）筆者作成

される英国発の日系企業である。コロナ禍前（2019年度）のJ社グループ全体の年商は約3,800万ポンド（約75億円）、EBITDA[11]は約250万ポンド（約5億円）である。ロックダウンと長引いた行動制限の影響を受け、飲食業であるJ社の年商は一時大幅に減少したが、2023年度から順調に回復し、調査時点の2023年8月現在ではほぼコロナ禍前の水準に回復しつつある[12]。なお、同社の従業員は8割がローカル人材である。

　1970年代に日本人企業家が海を渡り、英国の地で創業した小さな書店は、約半世紀を経て、現在では人気ラーメンチェーン店を傘下に持つ欧州最大の日本食材小売企業にまで成長を遂げた。同社の特徴は、一つの事業や特定の顧客に留まることなく、時代のニーズの変化に適応する形で、次々と変幻自在に変化を繰り返すことでビジネスを発展させてきたことにある。一代で築き上げた事業は、今もなお、伝統の継承と革新的な挑戦を続けている。

---

[11] 純利益に減価償却費を加えたもの。一般的に、国際的な企業価値評価の指標として用いられる。
[12] コロナウィルスによるパンデミックになる直前には約600名いた従業員はコロナ禍の打撃によって約400名まで減少した。T氏インタビュー調査記録参照。

（2）創業の背景

　J社の創業者は、1948年九州福岡生まれのT氏である（図表4－2）。長年の趣味は、バイクとゴルフである。T氏は、大家族のもとで育ち、剣道と柔道に熱心に打ち込む武道少年だった。個人競技を好むのには、理由がある。小学生低学年の頃から高校卒業まで、「どもり」が原因で人とのコミュニケーションが苦手だったという。このことがコンプレックスとなり孤独な幼少時代を過ごした。悔しさをバネに懸命に勉学と武道に励み、地元福岡の進学校から慶應義塾大学文学部に進学し上京した。大学入学当初、コンプレックスを克服するために、クラス委員長に立候補し、敢えて苦手だった人前で話すことに挑戦した。意を決して挑戦してみたら[13]、できないと思っていた人とのコミュニケーションが難なくできるようになっていった[14]。大学に入ると友人にも恵まれ、完全にコンプレックスを克服し自信をつけた。

　大学3年生になるとベトナム戦争反対運動などの学生運動の影響から、大学へ登校することができなくなった。時間を持て余したT氏は、父が経営する福岡の製鉄会社[15]の手伝いに明け暮れた。ここで父からビジネスの才覚を学ぶことになる[16]。人生最初のメンターである。大学での学びの機会は減ったが、ロールモデルとなる人物からビジネスの才覚や生きるための知恵を学ぶ機会は増えていった。このときの経験からビジネスに強い関心を持つようになったT

---

[13] かつてのコミュニケーションが苦手である自分を知る人は誰もいなかったため、変わるならば今がチャンスだと決意した。大学に入ってからできた友人に背中を押されたこともきっかけになった。T氏インタビュー調査記録参照。

[14] このとき「立場が人をつくる」ということを実体験で学び、経営者として生きる決断に影響を与えたという。また、このタイミングで親友に恵まれ信頼関係が生み出す恩恵を実体験したことから、人の信頼関係を大切にする姿勢に大きな影響を与えている。T氏インタビュー調査記録参照。

[15] T氏の父は、当時成長産業であった鉄鋼業の分野で事業を興し、一代で私財産100億円を残すほどの事業家であった。しかし、T氏は父が他界し事業を畳んだときに「財産を一銭も受け取らなかった。渡英して自由に生きたいように生きることを応援し続けてくれたことと、何より若い頃に父のもとでビジネスの才覚を学ばせて貰えたことに感謝している」と語った。T氏インタビュー調査記録参照。

[16] インタビューに答えるT氏の口から何度か出た言葉が「一将功成りて万骨枯る」だった。父親から「仕事」のやり方を学んだ中で、人との関わり方を最も学んだという。ビジネスとはパートナーや社員といかにビジョンを共有し信頼関係のもと一丸となって取り組むか、得た財もまた一緒に分け合うかが肝要だと強調した。T氏インタビュー調査記録参照。

図表4－2　J社創業者 徳峰国蔵氏

(出典) J社提供。

氏は、ビジネスを興し成功させた大学時代の友人の父親の成功談に夢中になった。二人目のメンターとなった彼の生き様に感化され、自分もいつかこうなりたいと強く意識するようになったという。

卒業後は、アルバイトをしていた家業の製鉄会社に入社した。海外で事業を興し成功させたいという思いから、入社後まもなくして香港に留学することを決意した。その留学先で英語の先生だった現在の英国人妻と出会った。1975年に妻の英国への帰国を契機に結婚し、英国に定住することになった。想定外ではあったが、いざ結婚を機に英国で暮らしてみると日本人ならでは事業機会に気づくことができた。何より英国の持つ豊かさに惚れ込み、自らの意思でこの地に根を下ろすことにしたのである。海外でビジネスを興し生計を立てる夢は思わぬ形で実現されることとなった。

(3) エスニックビジネスの創業

英国滞在中、時間を持て余していたところ妻から読書を勧められロンドンまで行ってみたが、日本の書籍を置く本屋がなかった。読書好きの日本人にとっ

て、外国にいると日本語の本が余計恋しくなった。当時は、外貨を稼ぐことで高度成長を遂げていた時代である。自分と同じ思いを抱く日本人が今後英国にも増えてくるに違いないと考えた。そして、本屋は地道に日銭を稼ぐ商売だから、商売の基本を学ぶよい機会となるだろうからということで、母親に背中を押された。そこで、大学時代の友人が出版関係に勤めていたので、取次会社である日本出版販売株式会社を紹介してもらい、そこから本を仕入れてロンドンにあるレストランの一角を借りて、「TOKUMINE LIMITED」を開業した。今から遡ること約50年前の1976年のことだった。

　商売が徐々に軌道に乗り始めると自分の店を持ちたくなった。ロンドンの片隅で実際に商売を始めてみると、現場で客や業者等と接する中で次々と新たな商売の具体的なアイデアが浮かんだ。とはいえ、異国での資金調達は容易ではなかった。高額な家賃だけではない。信用も担保もない外国人に対する保証金は高額だった。しかし、下宿先での思わぬ偶然の出会いから運が開けた。Phillipps（以下、P氏という）はケンブリッジ大学経済学科（副専攻は日本語学科）を卒業したばかりの生粋の英国人で、彼自身何かビジネスを始めたいと考えていた。日本文化にも興味のある男で、すぐに意気投合したという。おまけにP氏の実家は大金持ちだった。T氏の事業計画を聞くと、P氏が保証人となり、開業資金としてすぐさま20万ポンド（当時のレートで約1億3,000万円）を出資してくれた。こうして1978年に「TOKUMINE & PHILLIPPS LIMITED」を創業することになった。

　共同経営という形でP氏と株を等分に分けてロンドン市内に「自分の店」を構え、本屋の商売を始めた。この間に温めてきたアイデアである旅行会社、そして不動産会社と人材派遣会社を次々と始めた。T氏は、読書好きで勉強熱心な真面目な性格の持ち主である。「仕事が趣味」と自ら語るほど、常に仕事のことを考えているのだという。メンターらから授かった才覚もあって、ビジネスにおける理念や義理は何よりも大事にする。何事にも拘りを持ち、真剣に向き合う性格である[17]。経営理念や従業員との関係、リーダーシップのあり方など、細部に至るまで真っすぐと凛とした信条を持つようになった。それゆ

え、とにかく周囲の微細な変化にも気付くのである。市場の変化や従業員の心情の変化などにも敏感であった。

　ロンドンで商売を始めて間もない1980年代は、渡英する在留邦人数や日本人観光客数が急増していたが、当時まだ十分な日本食材や日本食店がロンドンにはなかった。ロンドンで日本やアジアの食品への関心が高まる中、T氏は、書店内に小さなスーパーマーケットとカレーバーを併設することにした。新事業の拡大にあたっては、既にロンドンの日本食レストランでお店を構えていた日本人オーナーにも相談をしてアドバイスを受けた。T氏の読みは当たった。自分自身が日本人であることで、ロンドンで暮らす日本人にどのようなニーズがあるのか手に取るように分かっていた。そのニーズを満たせるように、寝る間も惜しんで準備を行い、きめ細やかなサービスを提供した。市場への食材の仕入れから開店準備、閉店作業まですべて自分の手でこなした。日本人をターゲットにした商売は、ロンドンで暮らす日本人駐在員や留学生が増えていく時代にあって重宝され、順調に固定客が増えていった。こうして、先駆けてニーズをくみ取ることでニッチなマーケットを開拓し、そのマーケットの先行者利益を甘受した。

（4）修羅場と困難

　開業後、商売を大きくしていくために、キャッシュフローを増やす必要が出てきた。そのための現金収入の資金源となる旅行会社を立ち上げた。当時日本ではまだあまり普及していなかった格安航空券の販売は、イギリスやドイツなどヨーロッパが先行していた[18]。そこで、これはビジネスになるのではないかと考え、現地で格安チケットを買い付け日本の顧客に販売したり、ヨーロッパ周遊パックなどをイギリス駐在員や日本人観光客等に販売したりしたのであ

---

[17] インタビューに訪問した私にコーヒーを出すために、自ら豆の焙煎から行うほどの「本物志向」の人物である。時代の流れを読むことに対しても、勉強熱心であった。
[18] T氏によれば、当時HISの創業期とも重なるが、HISにも格安チケットを卸していたとのことである。T氏インタビュー調査記録参照。

る。こうして巨額の現金収入の獲得に成功した。渡航者や駐在員が増えれば、不動産サービスや人材派遣サービスのニーズが生まれると考え、先手を打って、日本人向けの不動産会社と人材派遣会社を始めた。これらの事業は、すぐさま軌道に乗った。2年ほどで黒字化し、売上／収益ともに順調に増加していた。

しかし、何もかもが順調に思われていたそんなある日、共同経営者のP氏と経営方針をめぐって、お互いの理念が対立する事件が起きた[19]。ビジネスにおいて信頼関係を何よりも大切に考えるT氏にとって、この事件をきっかけに共同経営者のことが信頼できなくなり、パートナーシップを解消することになった。その際に軌道に乗っていた不動産会社の権利を彼に譲ったが、3年かけて株をすべて買い戻した。こうして「倍返し」をすることで後腐れなく、パートナーシップを解消した。このときに、日本に帰国することを思い悩んだこともあったが[20]、英国人妻のことを最優先に考え、英国に根を下ろすことを再び決意し、完全に独立した格好でロンドンでビジネスを再開した。

独立後まもなくして、語学学校を始めようと考えた。そのための準備としてロンドンの語学学校業界で既に実績を出していたポーランド人の経営者に話を聞きに伺った。ところが語学学校を立ち上げてすぐに、身内が不幸に見舞われた。交通事故で最愛の娘を失うという人生最悪の出来事が起こった。仕事が全く手につかない時期がしばらく続いた。ロンドンの語学学校市場は競争の激しい成熟市場のため、このような状況でうまくいくはずもなかった。本業にも影響が大きく出始めた頃、いっそ会社を畳むことも考えたが、会社の抵当権に自

---

[19] 事件の原因は、従業員のプライバシーにどこまで干渉するのかという問題だが、事件の内容自体はここでは重要ではないことと、事件の詳細は、プライバシーの問題があるので割愛する。
[20] 帰国前に一度は英国人向けのビジネスをしてみたいと考え、妻の実家の近くの都市マンチェスターで、日本から仕入れた本物の武道用品を武道ファンの英国人に販売する商売「武蔵」を始めた。マンチェスターを選んだ理由は、①北部マンチェスター近郊には武道ファンが多いこと（特に侍ファンが多く剣道が人気だったことから竹刀や模造の日本刀が売れると考えた）、②共同経営者と物理的に距離を置きたかったこと、③妻の実家が近いことなどの理由があった。しかし、これは一生続ける商売ではないと考えていたT氏は、英国に根を下ろすと決心するとすぐにロンドンへ戻ったという。T氏インタビュー調査記録参照。

宅が入っていたためそうすることもできなかった。家族5人で過ごした「家」を守ることが家族を守ることの象徴かのように思えた。この困難を乗り越えるために、再起を誓いそれまで以上に仕事に打ち込んだのだという。

(5) トランスナショナル起業への転換

　語学学校は失ったが、レストラン経営を拡大させ、オンラインビジネスを始めた。ピカデリー・サーカスという一等地への移転も行った。本屋を食料品店に改めて、徐々に規模を拡大していった。ロンドンには多様なレストランがあったが当時はまだ健康に良いものを売り物にしているレストランはなかった。また、かねてよりT氏は在英邦人者数の頭打ちを意識して、英国人市場へ事業を転換する必要性を感じていた。すでに日本のバブルも崩壊して日本人ビジネスマンも減っていたことに加えて、インターネットの普及により、先進国では価値観が多様化した。ありふれたモノやサービスではなかなか売れないコモデティ化の時代が到来し、事業転換の必要性が生じていた。

　このような問題意識に加えロンドン市民の食に関する意識の高まりに事業機会を確信したT氏は、ローカル市場に対して健康志向の日本食レストラン「徳」を開業した。現地人を意識して提供したメニューや日本食材、日本のモノは広くヨーロッパ各地の市民にも受け入れられ、顧客は順調に増えていった。

　ローカル市場に手応えを感じたT氏は、すぐに専門チームを立ち上げ、オンラインショッピングのためのシステム開発に着手し、グローバル市場に対しての情報発信に力を入れた[21]。公式ホームページを制作し、日本文化の発信や日

---

[21] オンライン化の着想は、過去（1990年代半ばごろ）に語学学校の経営者から貰ったアドバイスがきっかけだったという。その経営者は「IT分野のテクノロジーの発展が著しい。この先はあらゆるビジネスの場面においてデジタル化を無視できなくなるだろう。対面コミュニケーションが当たり前である我々の語学学校ビジネスさえもオンライン化される時代がくるかもしれない。」と語ったという。T氏はそれまで「IT」とは無縁の中で生きていたが、対面事業でローカル市場の開拓に手応えを感じていたことをチャンスと捉え、オンライン化にチャレンジすべきだと感じたという。T氏インタビュー調査記録参照。

本商品の魅力を発信した[22]。妻が英国人であることや子供たちのコミュニティが英国人コミュニティであることから、英国人が何を求め、どのような価値観を持っているかをT氏は肌感覚で理解していた。逆に、日本にはあって英国にないものとの「差異」を掴み取っていた。英国人のビジネスのやり方を理解するために、企業懇談会等に参加したり、紹介を受けたりした英国人企業家と積極的に交流を図った。その中にはヴァージングループ創設者のリチャード・ブランソンのような著名な企業家もいた。T氏は、こうした人脈との関係性を大切にすることを心掛けてきたという[23]。社内の人材育成にも力を注いだ。特に、社員の8割がローカル人材であることから、ローカル人材の考えを理解するために、そして、経営者であるT氏の会社理念を直接伝える機会を意図的に作り上げた。具体的には、公式な機会としては、人事評価システムを取り入れ、面談の機会を作った。重要な出張には、部下を同行させた。非公式な機会としては、月に一度の頻度で食事会やゴルフ等の交流の機会を作った。

こうした背景を武器に事業機会を評価し戦略を入念に立てた上で、ローカル市場に日本の「本物の価値」を正しく丁寧に伝えた。その結果、オーセンティックなものを好む英国人顧客の心を掴み取ることに成功した。オンライン販売は、事業開始後すぐさま売上の25％程度を占めるほどに成長した。すべての事業部門の売上も収益も右肩上がりで成長した。

---

[22] 例えば、J社のオンラインサイトの商品説明欄には商品画像とともに次のような解説が掲載されている。「茅乃舎は、明治26年に福岡県久山市に創業した調味料・食品会社『久原本家』の醤油蔵から始まりました。以来、茅乃舎は、厳選された日本国産の原材料を使用し、化学調味料・保存料無添加の伝統的な本格だしを作り続け、現在では日本全国に40以上の店舗やレストランを展開しています。茅乃舎の商品を取り扱っている英国で唯一の小売業者であることを誇りに思っております。」茅乃舎は、料理に拘る日本人（あるいは日本料理レストランのプロ料理人）であれば誰もが知っている拘りの出汁である。こうした拘り抜いた商品を日本市場から掘り起こし、交渉の末に仕入れたものは、本物に拘る英国人やヨーロッパの日本料理店などに購入されている。J社公式ホームページ参照。https://www.japancentre.com/ja/maker/1685-kayanoya　情報閲覧日2023年7月23日

[23] 例えば、リチャード・ブランソンからビジネスの相談を受けたとき、「鉄道事業」の提案を行ったところ、それが後の「ヴァージン・トレインズ」となったのだという。T氏インタビュー調査記録参照。

(6) 成長期における多角化経営

　時代の変化に適応した革新的でチャレンジングな取組みは、ローカル市場の新規顧客獲得ばかりでなくヨーロッパ各国の新規顧客開拓にも繋がった。

　レストラン経営と日本食材、日本資材の販売が軌道に乗ったことで、新たな挑戦に全力投球することにした。次の挑戦は当時まだ英国になかった「日本のラーメン文化」を根付かせようという試みだった。

　昇龍ラーメンの開発チームリーダーには、長女のマネージングダイレクターHana Tokumine 氏（以下、H 氏という）[24]を抜擢した。H 氏は、前述した J 社のオンライン化（Japancentre.com）を推進したときにも、日本人の父親のもと英国人としての育ってきた異文化理解の能力をいかんなく発揮した。日本から連れてきた博多生まれ博多育ちの料理人である古川氏（以下、F 氏という）は、書店に併設したカレーバーの頃から J 社の専属シェフとしてロンドンに移住した T 氏の右腕であるが、ラーメンの開発チームでも H 氏とともに中心的な貢献を果たした。F 氏はラーメン開発のスキルを習得するために東京のラーメン店に修業に派遣された。そして、日本人のクリエイティブデザイナー兼グラフィックデザイナーでもある金澤氏（以下「K」氏という）が、英国人デザイナーと協働で、ブランディング戦略とデザインを提案する。これらを踏まえ T 氏と H 氏は、コンセプトやマーティング、プロモーションなどの戦略を立てた。戦略立案には、英国人デザイナーが加わった。F 氏が英国に戻り、T 氏と H 氏とともにオリジナルのレシピを考案した。ロンドンを中心に多店舗展開を行い、一気にローカル顧客にラーメン文化を浸透させることを狙った。12時間以上じっくり煮込んだ豚骨スープと、オリジナル・レシピの本格麺を合わせた博多豚骨ラーメンを多店舗展開し、提供する。11店舗どの店も予約可能で、ビジネスでもプライベートにも最適なレストランとした。それぞれの地域に合わせた店づくりも心掛けた。ロンドン随一の繁華街ピカデリーにある1号

---

[24] H 氏は、英国の大学卒業後に英国のテレビ番組制作会社に入社した。10年ほど番組制作の経験を経て、J 社に転職した。

店Regent店は、焼き鳥、寿司、刺身のすべてがそろう。Soho店はいずれもピカデリー・サーカス駅から歩いてすぐという利便性を活かした店づくりになっている。また、人気ショッピング・モールのキングリー・コート内に位置するCarnaby店は、屋根付きのテラス席もあって友人たちと買い物がてら寄るのに最適となっている。2017年にオープンしたShoreditch店は、ストリート・カルチャーが感じられる東ロンドンに集まる若者たちに人気店となっている。Liverpool Street店は、再開発を経て食の一大スポットとなったブロードゲート・サークルの一角にあり、仕事帰りにお酒やおつまみとともにラーメンを味わいたいというビジネスマンたちに重宝されている。

　コロナ禍に開発したのが、自宅でも本格的なラーメンを楽しみたい、という人にお勧めの「SHORYUgo」である。テイクアウェイ専門店で、麺とスープを分けて持ち帰ることができるので、出来たての味を家で再現できる[25]。こうしたアイデアのほとんどは、T氏とF氏とH氏と英国人デザイナーが協働作業によって実現してきた。実現のプロセスにおいては、H氏が役員会で提案し、役員のクリアランスを取った上で実行する。オープンな形で、会社幹部や各店舗幹部の理解を得ているので、J社一丸となって迅速に実行に移されていった。T氏には、現在Google米国本社のAI事業部のディレクターとして活躍する息子がいるが、彼もT氏の良きアドバイザーになっているという。こうした二人三脚によって新たな事業（イノベーション）を創出することで、J社の持続的な成長へと繋げている。こうした日本人と英国人によるハイブリッド経営の仕組みは、実はJ社では、プロモーションなどの事業部署や人事部などの管理部署のあらゆる場面でも同様に浸透している。

　日本人であることを武器に、日本から連れてきた職人と、英国人の娘と息子らともに、武道や食材、食文化などの「日本の本物」を洗練されたローカルのマーケットに普及することで、独自のマーケットを開拓することに成功した。世界の文化／トレンドの発信基地である英国・ロンドンから発信することで、

---

[25] 行動制限がなくなったことを受けて2023年6月を最後にこのサービスは終了した。

時代の変化を敏感に感じ取り、それに応える努力をし続けることで、「ラーメンブーム」が起き、コアなファンが定着した。

4．分析

　以上、英国で長期経営を達成するとともに零細企業から中堅企業にまで成長を遂げた事例を取り上げ、移民企業家がエスニックビジネスからトランスナショナル起業へと事業を昇華させ、持続的に発展していく実態を紹介してきた。同社が長期経営を成し得た要因は、母国から持ち込んだ資源と現地資源とを融合することで、現地発のイノベーションを創出し続けたからである。以下では、同社が現地発イノベーションを起こし成長できた要因を移民企業家の行動特性に着目しながら分析することで探っていく。具体的には、両国の資源の動員・活用・融合と、現地市場における成功にはどのような関係性があるのか分析する。そのうえで、両国それぞれのネットワーク（ビジネスエコシステム）から動員する資源の結合がどのようにイノベーション創出に関係しているのか、現地で構築した優位性を基盤としてどのように長期経営を実現できたのか、ビジネスエコシステムの活用に着目し分析を行う。

（1）両国の資源の動員・活用・融合と、現地市場における成功にはどのような関係性があるのか

　T氏が一貫して取り組んできたことは、顧客が真に求める声に真摯に耳を傾け、じっくりと観察し、求められる以上のものを提供しようと努力してきた姿勢が基本にある。T氏はそのための努力を惜しまなかった。それゆえ、J社の提供するサービスは、時代の移ろいとともに変化してきた顧客のニーズの変化に常に適応する形で、新しい事業領域を開拓し続けてきた。

　ケーススタディで述べたように、ターゲットとする顧客は、日本人顧客からローカル顧客、そしてグローバル顧客と射程を広げている。各店舗は、ただ一つとして同じコンセプトはなく、それぞれの地域特性、消費者行動に合わせた

工夫がこらされている。例えば、既述したように、昇龍レストランはロンドンを中心に英国国内に11店舗展開しているが、どの店舗も、地域の客層に合わせて店の雰囲気作りと提供メニューを変えている。

　T氏が母国から持ち込んだ経営資源は、母国日本の本物を見抜く日本人の持つきめ細やかな目利きの感性、現地で本物を再現するための技術である。正確には、福岡の製鉄会社で育ったJ氏は、日本のモノづくりが職人の技術に支えられていることを知っていた。どれも形式化あるいは体系化された「情報」や「技術知識」ではなく、「暗黙知」といわれる体験に基づく経験や勘に基づく知識である。そして、実際に日本でホンモノを探し出し、J社に卸してもらう必要があるため、こうした人的資源との間にネットワーク（人脈）と関係性（信頼関係）が母国になくてはならない。コア能力となる「職人」は日本で探し当てわざわざイギリスまで連れてきている。これらは、T氏が渡英するまでの約25年間の日本での環境と経験によって授かった資源の賜物である。

　しかし、どんなに良いモノでも、ただ仕入れ棚に陳列し右から左へ流すように販売しても、現地市場に受け入れられ、長期的に愛され続けることはできなかったであろう。換言すれば、日本から持ち込む優位性のみで勝負し続けていたら、エスニックビジネスからトランスナショナル起業への発展は難しかったであろう。現地顧客に喜んでもらえるための「仕込み（両国の価値の融合）」を入念にした上で、日本から持ち込む価値（思い）が伝わるからローカル市場のファンが獲得できるのである[26]。この仕込みに不可欠となるのが、ローカルの文化や志向、慣習等に関する知識と理解である。変化する時代の一歩先を読むことの先見の明も肝要である。そして、現地市場ならではの市場特性や競合との差別化などのマーケットに関わる情報と戦略も必要となる。顧客や取引先を開拓するための営業やプロモーションも当然不可欠である。すなわち、これらの実現に共通しているのは、母国日本から持ち込んだ経営資源とローカルに根を下ろすことで得られる経営資源の獲得との融合である。

---

[26] 例えば、背景となる異国文化や職人の拘りを丁寧に伝え、その商品価値を実感してもらうこと。

このように、本事例における現地発イノベーションの創出は、トランスナショナル経営論やリバースイノベーション論で論じられてきた、グローバルな効率追求と現地市場への適応に加えて、グローバルなイノベーションを同時に追求する事業創造の戦略に符号する。また、トランスナショナル起業論で論じられてきた「両国の資源の融合による新たな価値創造」についても合致することが確認できた[27]。前章で論じたように、「両国の資源の融合」には、両国の「コミュニティへの埋め込み」が不可欠であり、容易に動員することのできない資源だからこそ付加価値が生まれる。

(2) 両国それぞれのネットワーク（ビジネスエコシステム）から動員する資源の結合がどのようにイノベーション創出に関係しているのか

では、実際にどのように両国の資源が結合し「イノベーション」へと発展したのだろうか。浅川（2011）が論じるように、イノベーションは、場所、対面、暗黙知を共同化しながら新結合は創られ、革新を起こしていくことを考えれば、イノベーションの新結合に至るプロセスには、ヒトとヒトとのFace to Faceの「コミュニケーションチャネル」が存在する。ここでいうコミュニケーションチャネルとは、暗黙知と暗黙知を繋ぎ合わせ、形式知に転換する装置としての意味を指す。野中（2002）SECIモデルで論じられているイノベーション創出に至る知が伝播するプロセス（知識創造プロセス）[28]をイメージすると理解しやすい。つまり、形式知から暗黙知へと「知」をスパイラルアップしていくことで、組織内の知識移転が行われイノベーション創出へと繋がっていくプロセスである。J社の場合、T氏やF氏、H氏やK氏が「日本コミュニティ」と「英国コミュニティ」を往来し「専門チーム」に知識移転（暗黙知の共同化）が行われていた。すなわち、「専門チーム」が日本と英国のこれら

---

[27] 日本から持ち込んだ日本人にしかない感性や技術から得られる目利き、現地でしか得ることのできない知識、情報、人脈。これらが融合され、はじめて現地市場の開拓に結び付いている。
[28] 野中（2002）によれば、知識創造プロセスとは、共同化、表出化、連結化、内面化の四つのモードをめぐる個人から個人（S）、個人から集団（E）集団から組織（C）、組織から個人（I）の上向的なスパイラルで知が創造されていくことをいう。

の優位性を結合する「コミュニケーションチャネル」となって、知識移転を介して新たな価値を創出している。

　新興国発のイノベーションが先進国に逆流する事実発見を論じたGovindarajan（2012）の「リバースイノベーション論」では、現地発イノベーションを興すためには、ローカルグロースチーム（LGT）[29]の必要性を説いている。本事例においても、このLGTの重要性が指摘できるが、コミュニケーションチャネルを担うアントレプレナーがチームに存在し、そのアントレプレナーがチームである集団との間に暗黙知の共同化が行われるから、イノベーション創出へと結びつくのである。本事例では、T氏の目利きとF氏の技術、英国人デザイナーのローカルの色彩感覚、そしてH氏のマーケティング力が（イギリス人としての感覚も相まって）融合することで「昇龍ラーメン」を生み出している。

　そもそも、両国から動員される資源に価値がなくてはならず、そのためには、両国のコミュニティに根を下ろし、関係性を構築し、そこから得られる情報を常にアップデートし続けなくてはならない。それらの価値を融合し、現地化していくためには、企業家自身の絶え間ない「起業学習」[30]が肝要となる。川名（2014）によれば、「起業学習」とは、学校の勉強で受動的に教わる知識（形式知）ではなく、主体的／能動的に育まれるものである、と強調する。これは、いわゆる企業家マインドや資質のように、生育環境や経験で身につく形式知化できないものであり、具体的にはリーダーシップや人的ネットワーク形成力、問題発見力、意思決定等がある[31]。換言すれば、ときに失敗し、また成功の喜びを利害関係のない非公式の仲間と分かち合うなどの地域的、文化的環境にもとづく実体験から影響を受け学習していくことで、習得する「知恵」といえる。

---

[29] 吉田（2020）は、現地でイノベーション活動のための行動を起こすためには、現地で起きている重要度の認識の薄い本国本社からオペレーションするのではなく、現地に専門チームを設置し権限を与えることが重要と強調する。吉田（2020）pp.264-266参照。
[30] 川名（2014）、pp.75-79参照。
[31] 川名・同上、p.61参照。

本事例の実態を考察して見えてくるのは、グローバルイノベーションを起こす上で重要となる企業家の「行動力」や「知恵」は、身近なコミュニティで培われる「起業学習」による部分が大きいのではないかという仮説である。リーダーシップ、ネットワーク力などの行動力や着想やアイデア創出などの知恵は、外部との関係性を学習しながら学習主体が体得していくことから、コミュニティにおける関係性構築がイノベーション創出（両国の資源の融合）に効果的な影響を与えるといえよう。また、もう一つの興味深い事実発見は、異国の離れたコミュニティゆえに実現した起業学習もある。具体的には、F氏は知人を頼って博多豚骨ラーメンの修行に出ているが、修行先の知人はF氏に秘伝のレシピと技法を惜しみなく伝授している。原料となる小麦粉も同じものを地元福岡糸島から輸入し使用している。すぐ近所に開店されたら競合ともなりかねない話だが、遠く離れた異国で一旗揚げるためであったからこそ、快く修行を受け入れ、秘伝の技法を教えてくれたという話だった。このように、異国のコミュニティであるが、しかしながら、同胞のかつての信頼関係のある知人ゆえに得られる「越境学習」もある。この本物の博多ラーメンを英国市場でローカルに理解される形に浸透できたのは、日本人のブランディング担当のK氏、英国人の企画担当のH氏、そして英国人デザイナーがコンセプトや宣伝、お店のデザインまで細かく決めていくハイブリッド経営による互いの価値観の擦り合わせがあったからこそといえる。その成果として昇龍ラーメンでは、英国人の好む洒落た色彩と雰囲気の店装で、本物の博多ラーメンを提供するという簡単に見えてなかなか真似のできない差別化を実現している。

　伝統と文化に裏付けされたオーセンティックなモノを愛する英国人に対して、彼らの好む形で丁寧にアプローチしたから心を掴めたのである。定期的に開催している食材の試食会や日本酒の試飲会などのイベントや、店頭でのポップや解説ボードなどの設置もはじめて訪れる外国人が理解できる工夫が凝らされている。商品説明を詳しく丁寧にできるオンライン販売も、これに合致した結果といえよう。しかし、すぐに結果が出たわけではなかった。T氏は、やってみたがうまくいかないことは多々あったと話す。T氏が常に一貫して心掛け

てきたのは、次の機会に備え、課題を克服するための策を問題意識として持ち、社内の専門チームに共有してきたことである。社内だけでは知恵が出ないことは、日系ビジネスコミュニティ[32]や英国ローカルのビジネスコミュニティで学習することを心掛けてきた。その結果ブラッシュアップされたサービスが顧客にフィードバックされ続けてきたからこそ、徐々に市場に受け入れられたのである。50年にも及ぶ長期経営は、その結果とみることができよう。

5．むすびにかえて 「勇気、決断、行動、天運」

T氏が英国で活用した経営資源もまた日本から持ち込んだ経営資源と同様にローカルの感性を目利きする暗黙知だったり、商品開発や販路開拓、人材育成などに関わる人的資源であったりする「社会関係資本」とみることができる。Putnum（2001）が提唱する「ソーシャル・キャピタル論」では、「資本」を相互信頼、互酬性の規範、社会的ネットワークからなる「関係性（社会関係）」に埋め込まれている「資源」と捉えている。これらの構成要素の性格は、社会への布置状況と構成変数（例えばネットワークの密度、紐帯の強弱、範囲の程度等）により、異なるものとなる。すなわち、こうした特徴を持つ社会関係資本は、お金で購入できるものでも権力で獲得できるものでもなく、地域コミュニティの中に埋もれているものである。それゆえ、一朝一夕に得られるものではない。それだけ、模倣することが容易ではなく、優位性を創り出す要素となる。両国の社会関係資本に基づく資源が融合すれば、他社に模倣することは一層困難となり、より盤石な優位性となる。

ローカル顧客をターゲットとするローカル市場で生き残るためには、ローカル市場と何らかの「差別化」が不可欠である。そして、前掲の両国の社会関係資本に支えられる優位性は、海外ビジネスの長期的な経営を実現するための有

---

[32] 日本人コミュニティでは、自ら進んで英国慶應三田会の幹事を買って出ることで、自分の興味関心のある分野の勉強会を企画するなど交流を続けた。T氏インタビュー調査記録参照。

効な差別化となり得る。

　本事例で特筆すべき点は、エスニックビジネス（同胞を主なターゲット）からトランスナショナル起業（ローカルを主なターゲット）へと事業を転換／拡大（多角化経営）するプロセスに、両国の資源（社会関係資本）の依存度と起業学習の程度を高めていったという事実である。またこれと同じタイミングにJ社は、新たな事業機会の探索と創業当初から取り組んできた日本食材店としての拘りを同時に深め始めたことである。

　O'Reilly（2021）によれば、新製品や新事業など、新たな事業機会の発掘を表す「知の探索」と長年の企業経営の中で蓄積された優位性である「知の深化」を同時に行うことで、継続的なイノベーションを実現していくという。これを「両利きの経営」[33]というが、本事例では、イノベーション創出の前段階において、両利きの経営を実践していることが確認できる。すなわち、エスニックビジネスからトランスナショナル起業への移行に、両利きの経営が有効といえるが、一般的には、経営資源の少ない中小企業が海外で同時に経営資源を配分することは困難である。この点、本事例では、両国の社会関係資本を動員し、有効活用することで不足する資源を補い実装させている点は注目に値する。また、泥臭くも起業学習を繰り返すことで、暗黙知を習得し、最終的には新たな顧客創造に到達できている事実は、いかにトランスナショナル企業家にとって、両国のコミュニティとの関係性への埋め込みが重要であるかを物語っている。

　T氏の名刺には、「勇気、決断、行動、天運」という言葉が記されている。同氏のイギリスでの50年にも及ぶ試行錯誤してきた経験の中で、象徴となるエッセンスが凝縮された重要なキーワードである。

　異文化の環境に身を置き、新しい関係性を構築することは容易なことではな

---

[33] 要するに、テクノロジーの進展とコモデティ化によって、製品ライフサイクルが短期化する現代では、「市場浸透」から「多角化」までの工程が重層的に重なり合って短縮化していることを考慮すること、「知の探索」と「知の深化」を同時に追求しながら、これらの成長ベクトルを推進もしくはコントロールしていく戦略的視点とマネジメント的視点が肝要となることを示唆している。

い。言葉の壁もそうであるが、文化や風習の違いを乗り越えていかなくてはならない移民としての苦労は、計り知れない。こちらが多様性を受け入れても、受け入れ国側の人々がこちら側の価値観を受け入れてくれるかは別問題である。そこには、相手に理解をしてもらうための厄介な折衝が常につきまとう。このような折衝に切り込むためには、失敗を恐れぬ「勇気」が求められよう。まだ前例のない正解のない折衝の中で、どこかで「決断」を迫られる。そんなとき頼りになるのは、経験と教養に裏付けされた信念である。信念もまた、起業学習という経験から身に付いたものである。そして、どんな着想も知恵も、「行動」に移さない限り、結果はでない。T氏は、インタビューに応じる中で、「私は運が良かった」という言葉を幾度となく口にした。「天運」は、確かに重要であるが、T氏は失敗に学び、次の機会に備える姿勢が常にあったから、運が巡ってきたときに幸運を手にすることができたのである。

　名刺に刻まれたこれらの言葉からだけでは推しはかることができない最後に残る素朴な疑問は、「彼を動かし続けたものは何か」ということだ。その答えは、彼の安住の地として選んだコッズウォルズにあるのかもしれない。何百年も変わらない素朴な田園風景そのものの色褪せることのない不変的な価値がそこには残されている。T氏は、この変わらない価値の偉大さに惚れ込んだのではないだろうか。変わり続けなくては生き残れない社会の中で、オーセンティックな価値を追い求めるモチベーションを彼の生き様の真髄に垣間見た気がする。

　以上みてきたように、本章では本事例の分析から現地発イノベーションを創出する上で両国各々のコミュニティにおける「起業学習」が重要であり、この起業学習を促進させるのに両国各々の「ソーシャル・キャピタル」の有無が鍵を握るとの指摘をしたが、企業家がコミュニティとの最初の接点をどのように形成するのか、そして、なぜそれが可能なのか、さらにはその接点からどのように学習に結び付けていくのかについては、さらなる掘り下げた調査と分析が必要になる。また、その能力ともいえるアントレプレナーシップ（行動特性）は、過去のどのような経験や機会（あるいはシステム）から習得されたものな

のか具体的な関係性を明らかにする必要もある。次章では、これらの点について議論を掘り下げ探索を行ってみたい。

〔謝辞〕
　徳峰国蔵氏には長時間にわたるインタビュー調査へのご協力と膨大な資料の提供を頂いた。同氏には本稿の内容の確認にもご協力頂いた。ここに記して感謝申し上げます。

※本稿は　令和5年/6年度駒澤大学在外研究制度を利用した研究成果の一部である。

【参考文献】
[日本語文献]
浅川和宏（2011）『グローバルR＆Dマネジメント』慶應義塾大学出版会。
川名和美（2014）「我が国の起業家教育の意義と課題－「起業教育」と「起業家学習」のための「地域つながりづくり」－」日本政策金融公庫論集／日本政策金融公庫総合研究所 編（25）、pp.59-80.
清水洋（2022）『アントレプレナーシップ』有斐閣。
中小企業庁（2017）『中小企業白書』日経印刷。
――――（2023）『中小企業・小規模企業白書』経済産業省。
高橋徳行・磯部剛彦・本庄裕司ほか（2013）「起業活動に影響を与える要因の国際比較分析」RIETI Discussion Paper Series 13-J-015、経済産業研究所。
日本政策金融公庫総合研究所（2023）『新規開業白書』佐伯コミュニケーションズ。
日本貿易振興機構（2023）『ジェトロ世界貿易投資報告』日本貿易振興機構（ジェトロ）。
播磨亜希（2019）「トランスナショナル創業 －国境を越える起業家の役割と課題－」『日本政策金融公庫論集』第45号、日本政策金融公庫。
――――（2022）「コロナ禍のなかでのトランスナショナル創業」『新規開業白書』日本政策金融公庫総合研究所。
樋口直人編（2012）『日本のエスニック・ビジネス』世界思想社。

吉田健太郎（2014）『地域再生と文系産学連携』同友館。
―――――（2020）『中小企業の国際化と現地発イノベーション』同友館。

［英語文献］
Aldrich, H. E., & Waldinger, R.(1990), "Ethnicity and Entrepreneurship", Annual Review of Sociology, Vol.16-1: pp.111-135.
Charles A. O'Reilly III and Michael L. Tushman(2021), *Lead and Disrupt : How to Solve the Innovator's Dilemma,* Stanford Business Books.
Drori, Israel, Benson Honig, and Mike Wright(2009), "Transnational Entrepreneurship: An Emergent Field of Study." Entrepreneurship Theory and Practice, Vol. 33(5), pp.1001-1022.
Eisenmann, T., G. Parker and M. W. Van Alstyne(2006), "strategies for Two-Sided Markets", Harvard Business Review, October, pp.92-101.
McNaughton,Rod(2003), The number of export markets that a firm serves: Process models versus the born-global phenomenon, *Journal of International Entrepreneurship,* 1(3), pp.297-307.
Portes, Alejandro, William J. Haller, and Luis Eduardo Guarnizo(2002), "Transnational Entrepreneurs: An Alternative Form of Immigrant Economic Adaptation." American Sociological Review, Vol. 67(2), pp.278-298.
Putnam, D. Robert(2000). Bowling Alone: The Collapse and Revival of American Community. New York: Simon & Schuster Paperbacks, p.541.
Saxenian, AnnaLee(2002), "Silicon Valley's New Immigrant High-Growth Entrepreneurs." Economic Development Quarterly, Vol. 16(1), pp.20-31.
Zhou, M.(2004), "Revisiting ethnic entrepreneurship: Convergencies, controversies, and conceptual advancements", International Migration Review, Vol.38(3), pp.1040-1074.
Yoshida, Kentaro(2023), "A Study on Global Innovation Creation and Long-Term Management by Immigrant Entrepreneurs: Case Study of Japan Centre Ltd., UK", SOAS Japan Research Centre Discussion Paper Series No.1, SOAS JRC, University of London, pp.1-25.

第5章
日系移民企業家のイノベーション創出とアントレプレナーシップ
−英国 Jem Group 創業者と Pointblank 創業者の事例−

吉田健太郎　クラウリー利恵

1. はじめに[1]

　本章は、海外に移り住んだ者が事業を起こす、いわゆる移民企業家が現地で起こすイノベーションの創出とアントレプレナーシップとの関係性を英国の2つのケーススタディによって探索する。ここでいう「アントレプレナーシップ」とは、自ら価値を創り出す行動特性や、そのような創造的な行動ができる企業家精神や能力を指す（詳細な定義は後述する）。前章では、Japan Centre Group（以下、J社という）のケーススタディに基づき、同胞市場をターゲットとするエスニックビジネスからローカルを含む広い市場（local for global innovation market）をターゲットとするトランスナショナル経営へ移行し発展を遂げていく実態ならびに移行段階の成長期に起こるグローバル・イノベーション（以下「イノベーション」という）創出の実態と長期存続との関係性について明らかにした。その上で、リーダーシップ、ネットワーク力などの行動力ならびに、着想やアイデア創出などの知恵は、外部との関係性を学習しながら学習主体が体得することを示し、「起業学習」の重要性を示唆した。

　他方で、イノベーションを起こす上で、各々の国・地域のコミュニティでの

---

[1] 本章は、拙稿 Yoshida (2023), "Examining Global Innovation Creation and Entrepreneurship in Migrant Entrepreneurs: The case of the Jem Group Founder.", SOAS Japan Research Centre Discussion Paper Series No.2, SOAS JRC, University of London, 1-19. を基に本書掲載のために大幅に加筆修正を行ったものである。

「起業学習」によって培われる部分が大きいという重要な事実発見をしつつも、このことがどこまで一般化できることなのかについては十分な検証ができていない。

特に、どのような能力がイノベーションを創出する上で重要になるのか、そして、その能力（とりわけ最初の着想や行動にむすびつく行動特性）は、いつどのように習得（起業学習）されるものなのか、その関係性を示す実態については明らかにできていない。加えて、イノベーション活動で発揮されるアントレプレナーシップ（行動特性）は、過去／現在のどのような経験や機会と関連しているのかについても十分に解明できていない。

そこで、本章では、前章 J 社の事例と同様にイノベーションの創出によって異国で成長してきた Jem Group（以下、Je 社という）と Pointblank（以下、P 社という）の創業者の事例を取り上げ、移民企業家のアントレプレナーシップとイノベーション創出との関係性を明らかにすべく議論の拡張可能性を考察する。この考察を踏まえて、イノベーション創出に関わるアントレプレナーシップ（行動特性）は、過去／現在のどのような経験や起業学習から習得されたものなのか、これらの関係性についてコミュニティ（ビジネスエコシステム）との関わりに着目しながら考察してみたい。

2．事例選定理由

今回事例として取り上げる浜哲郎氏（以下、H 氏という）は、1973年に渡英し英国ロンドンに本拠地を置く長寿の中小企業 Je 社を創業した日系の移民企業家である。H 氏は日本食レストランから自動車ディーラー、プラットフォームビジネスへと事業を多角化展開することで、持続発展的に50年におよび存続している。

一方、クラウリー利恵氏（以下、C 氏という）は、2004年に留学のために渡英し、2016年にロンドンでマーケティング会社を起業し、現在は、2 児の母と

して子育てをしながら活躍する新進気鋭の日系の移民企業家である[2]。C氏は、ロンドンの日系企業やフリーランス等で働いていた頃に、日本企業が英国に進出する際のローカル向けのマーケティングとブランディングに課題を感じ、その課題解決のために自ら創業を決意した。女性ならではの視点や長年デザインに関わってきた経験を生かし、創業以来、数々の販路開拓を成功に導いてきた実績を持つ。

　このように、2つの事例は渡英後にイノベーションを起こし、英国人マーケットの市場開拓に成功しているという点で共通している[3]。時代に応じた新たな海外市場開拓に挑戦してきた希少なパイオニア的企業家[4]である。また、両氏は周囲の環境や地域コミュニティ、メンター等の影響から学習を重ね、創業後の体験知を生かしグローバルに通用するイノベーションを起こせる企業家へと成長していった特徴を持つ。具体的には、起業の最初のきっかけや随所にみられる創業後の重要な判断や行動などには、①企業家であった父の影響や幼少期特有の移民前の体験、②移民後の現地コミュニティの体験等による身近な環境の「起業学習（体験的な学習）」による影響を受けている。このような理由から、前章J社の事例から導出した仮説や残れた課題を検証する上で類似的特徴を多く持つため、本稿の調査対象として選定した[5]。

---

[2] C氏は留学の際に知り合ったアイルランド人男性と結婚し、英国に移住した。日本生まれの日本人であるがアイルランド人と結婚したことで、英国での永住権を持つ。
[3] 一方で、C氏は女性企業家であること、業種はブランディングによる販路開拓を目的としたコンサルティングサービス分野であること、創業してまだ10年に満たない若い新興企業家であることに主な違いがある。
[4] 英国では、従業員への福利厚生が手厚く、給料も相対的に高く雇用環境が安定している。そのため従業員として安定した生活を送る方が楽だと考える人も少なくない。また、英国ではいまだに日本人女性企業家は少なく、持続的に事業を持続できている企業家となるとさらに稀である。
[5] 聞き取り調査は2023年5月30日、6月14日、7月21日、6月27日、8月15日、11月28日に実施した。ロンドン滞在中に6回面談し、総計約15時間のインタビューを行った。また、2023年7月から12月にかけて数回にわたりメールやZoomでの質疑応答にも対応頂いた。

3．ケーススタディ

（1）英国 Je 社 H 氏の事例
①事業概要

　H氏は、1970年代初頭に渡英し、英国にいる日本人向けの日本食レストラン「Japanese Grill Room Hama」と「Yakiniku Hama」をロンドンに開業した（図表5－1）。その後、日本人のみならずローカル顧客である英国人をターゲット層として広げ、最初の創業から約6年後の1979年に自動車ディーラーとしてJe社を、そして、1991年にトヨタディーラーJemca[6]をロンドンで次々と第二創業した（図表5－2）。

　自動車販売の事業が軌道乗ると、Je社を母体として、傘下に「So Restaurant」、「Sozai Cooking School」などの新事業を新たに立ち上げた。近年は、シェアリングエコノミー事業である「ehochef.com」と「neconote」を次々とリリースし、プラットフォームビジネスに参入している。現在は在英50年を迎え、JCAUK（日本料理アカデミーUK）理事長、Japan Association 理

図表5－1　創業者H氏（左：1971年12月初めて訪れたロンドンにて、右：2023年5月現在）

（出典）H氏提供。　　　　　　　　　（出典）So Restaurant にて筆者撮影

---

[6] Jemcaについては、2003年に会社の権利を豊田通商株式会社に移譲済。H氏インタビュー調査記録参照。

図表5－2　Je社の企業概要

創業年	1973年　ロンドンに日本食レストラン創業
第二創業年	1979年　ロンドンに自動車販売会社JEMを第二創業、1991年ロンドンにJEMCAを開業
創業者	浜哲郎　※現在 So Restaurant、Sozai Cooking School、neconote、Hyper Japanなど様々な事業部門のCEOとして運営している
事業内容	ロンドン日本食レストラン経営、英国生活便利サイト運営、英国人向け料理教室運営、日本文化総合博覧会の企画運営など
売上高/従業員数	非公表
本社	英国　ロンドン

(出典) 筆者作成

事などを兼務している。また、これまでの日本食文化を英国人に普及するパイオニア的役割を担ってきた経験を買われ、2023年にはイベントや出版物、デジタルプロモーションなどを通して日本の文化をロンドンから英語で世界に発信する企業Cross Mediaの共同CEOに着任した。Cross Mediaでは2023年7月に英国最大の日本総合文化イベント「HYPER JAPAN Festival」を主催し、ロンドンにある見本市会場・Olympia Londonで開催した[7]。同氏は、2024年秋の叙勲において、海外で日本食文化の普及に貢献したとして旭日双光章が受与された。

② H氏の生い立ちと渡英の契機

H氏は大学生3年生のころ、2カ月半かけてヨーロッパを一人旅した。はじめての海外旅行だった。このとき英国を訪問したことがきっかけとなり、2年後に再び渡英し英国で起業した[8]。もともとH氏には学生の頃から「起業志向」

---

[7] 同イベントは、2010年から開催されている英国最大級の日本文化イベント。アニメ、音楽、ファッション、食、ゲーム、テクノロジーなど、多様な面から日本の「今」を紹介する。官庁・企業や個人によるブース、ワークショップ、セミナーなどが催され、合計2万2,000人が訪れた。ジェトロ「ビジネス短信」2023年8月1日付参照。
https://www.jetro.go.jp/biznews/2023/08/c60aaa702297bf79.html　情報閲覧日2023年8月26日

があった。その背景には、幼少の頃の体験や家庭環境の影響があったという。H氏のルーツは、精密機器製造業の集積地である信州岡谷にある。親族は、地場産業の中核となる中堅企業を営む地元の名士である。家業を継がない親戚は、医者などの専門職に就いた。父は、家業を継がず自分でビジネスを興し生計を立てていたため、親戚からは兄弟の中で少しばかり浮いた存在に見られていたそうだ。

そんな父は、戦前の中国天津に渡って事業を興した経験を持つ。敗戦によって帰国した後も日本で起業にチャレンジし続けていた。そうした関係から、H氏は、父の仕事の都合で幼児の頃に長野から東京に移住した。その後も父の仕事の関係で幾度か転居し転校先では、学校に馴染めず孤立することが多かったが、教師は頼りにならなかったため自分自身で物事を解決していくことを覚えた。新しい環境において危機意識から独力で生き抜く術を子供ながらに手探りにより体験的に学んだ。

H氏は、ものづくりが大好きな手先が器用な少年だった。何かを作ることに夢中になる時間が多かった。友人とつるんだり人に媚びたり自分の得意とすることを、声を大にして表現することは苦手だった。ただ、自分で作ったものを家族や友人にさりげなく褒められると嬉しかったそうだ。H氏は、失敗に臆することなく周りの評価に惑わされず自己実現に向けて挑戦し続ける父のそんな「生きざま」に共感し、また影響も受けた[9]。大学生になったH氏は、それとなく起業準備に取り掛かった。大学は夜学だったので、日中は親戚が営む中堅企業の東京営業支所に就職し働いた。将来のための経験と自己資金作りを目的として就職したため生涯勤めるつもりはなかったという。

このような経緯からコツコツと貯めてきた軍資金を手にして事前調査を兼ねて飛び立ったヨーロッパ旅行は、胸の奥底にあったH氏の思いを突き動かす

---

[8] 最初の渡英から起業するための渡英との間に、事業機会の探索のためにもう一度英国とドイツを訪問している。H氏インタビュー調査記録参照。
[9] また、父もそれを望んでいたことがわかるエピソードがある。父が亡くなった後に母から「哲郎はわたしの望む生き方をしている」という言葉を聞かされ胸を熱くしたという。H氏インタビュー調査記録参照。

ことになったのである[10]。旅行中に、日本食レストラン市場に事業機会を見つけ出した。そこで一念発起し、大学を卒業したら渡英しビジネスを興す決意をした。英国を選んだ理由は、渡英したときの漠然とした感覚でラテン系の国よりプライドは高いが真面目で几帳面な気質の国で仕事をしたいと考えからだったという。1973年、浜氏はトランクケースを片手に横浜港山下埠頭を出発しシベリア鉄道を経て渡英した。

③事業機会の探索とエスニックビジネスの創業

渡英当初は、お金も人脈も語学力もなかった。今でこそ数えきれないほどの日本食レストランがロンドン市内に軒を連ねているが、当時ロンドンには、わずか数軒しかなかった。寿司や刺身などの新鮮な食材の提供はあるものの、「おもてなし」といえるようなきめ細やかな日本的サービスは感じられなかった。まだ空輸便が今日のように発展していない時代に、新鮮な食材を気軽に安価に仕入れることは困難だった。そのような状況で、既存の日本食店は、高価な寿司や刺身を提供する敷居の高い店だった。

浜氏は、このような鮮度の高い高価な食材を扱うのではなく、現地の市場で仕入れられる食材を使って焼き魚や煮物などを安価で提供するカジュアルなスタイルの日本食レストランで勝負することにした。カジュアルで敷居が低いが、細かなサービスが行き届いた居心地の良さで差別化を図り、リピーター作りを狙った。ターゲットもコンセプトも異なるカジュアルな日本食レストランであれば、ライバルがいないのでうまくいくと考えたのである。

人の紹介で英国の中流階級の観光客が宿泊する小さなホテルの半地下を借りることができた[11]。もともとそのホテルには朝食のみ提供するサービスがあっ

---

[10] 当時まだヨーロッパの情報は映画や書物から伝わってくる限られた情報くらいだった。自分の足でヨーロッパを歩いてそこで自分の目と耳で確かめてきた生の情報と感覚を生かしたいと強く願ったという。そのため日本で普通に就職するのではなく、海外で起業してやりがいのある人生を送りたいと考えたと浜氏はインタビューで語った。同上・調査記録参照。

[11] 紹介者は、ヨーロッパ旅行の準備中に知り合った若い企業家だった。同氏の知り合いのインド系移民でホテルオーナーを紹介してくれた。H氏インタビュー調査記録参照。

て、キッチン等のスペースはあったがランチとディナーのサービスがないため昼も夜も空いている状態だった。最初は開業資金すら十分に蓄えがあった訳ではなかった。そのため、宿泊ホテルに気軽に食事を取れる美味しいレストランが館内にあることは利用客にとって大きなメリットになることを交渉材料として、ディスカウントを試みた。交渉はよい条件で成立し、少ない開業資金でも開業に漕ぎ着けることができた。

肝心な板前は、口コミからフランス料理学校に通う日本人を見つけ出しスカウトした。こうして、1973年9月BayswaterのホテルSpiralの一角Kensington Gardens Squareに日本食レストラン「Japanese Grill Room Hama」を開業した。当時のターゲットは、「日本人」である。すなわち、日本人旅行客、駐在員、日系移民一世である。このようにH氏は、20代半ばにして英国ロンドンにて典型的な「エスニックビジネス」を創業したのである。

④第二創業

H氏の読みはあたった。カジュアルで気軽に楽しめる日本食レストランは繁盛した。1号店が成功してから3年後（1976年）に2号店となる店舗をFinchley Roadに開業した。2号店が軌道に乗ると新規事業分野への参入を決意する。カジュアルな日本レストランは、英国での生活基盤を築くための足掛かりとしては良かったが、野心ある志の高いH氏には少し物足りなかったそうだ。会社をもっと成長させたいという強い思いが次第に湧き上がっていった。小さなマーケットである同胞をターゲットにすれば、いずれ成長に頭打ちがくることは分かっていた。また、カジュアルレストランは労働集約的でこれ以上大きな成長を見込めなかったため、より利益率の高い新たなビジネスへの参入の機会を模索することにしたのである。

1970年代ごろから、日本市場と同様に英国を含むヨーロッパ諸国では経済成長とモータリゼーションの普及に伴い、自動車の生産販売台数が堅調に伸びていた[12]。日本の自動車メーカーが北米やヨーロッパ進出に躍起となっていた時代である。折しも、日本では外国車の並行輸入が許可され日本市場で欧州車

ブームが起きていた。その頃、並行輸入を扱う日本人ディーラーはいなかったため、H氏が代わりに車を探して購入の交渉を手伝う機会が増えていた。日本から英国に車の調達をしにやってくる新興の自動車ディーラーや自動車マニアの資産家がいて、そうした人を知人（企業家コミュニティ）から紹介されたことで自動車業界にH氏の関心が向くことになった。このような経験から車業界に事業機会を見出したH氏は、1979年9月にロンドンで新たに「自動車販売会社」を創業し、繁盛していたレストランを数年後に売却した。

創業当初のターゲットは、日本人駐在員コミュニティだった。日本人駐在員コミュニティへの車の販売は好評を得た。駐在員にとって現地のディーラーとの面倒な交渉が必要ないメリットは大きかったのである。翌年には地元のディーラーと提携し、販売に加えてメンテナンスや修理などを含む広範なサービスの提供を始めた。また、悲願であったショールーム、ワークショップ、ボディーショップを備えた店舗を開店した。ロンドンのビジネスが軌道に乗り始めると、日本に出店した。日本拠点では、欧州車を主とするクラシックカーの輸入販売の市場開拓とロンドンに派遣する従業員の技術研修に取り組んだ。

⑤トランスナショナル起業の展開

一方、レストラン業と同様に、ロンドンの日本人コミュニティ市場には頭打ちが予想されたため、自動車販売市場成長の追い風に乗りビジネスを一層成長させるためにはローカルにターゲットを広げる必要があった。

そこでこれまでの自動車販売整備工場として蓄積したノウハウを武器に、大手自動車メーカーのディーラーになれば、一気にローカルの顧客を獲得できるのではないかと考えた。日本人である強みを使って日本を代表する自動車メーカーのトヨタ自動車のディーラーになることを決めた。ここでいう日本人であることの強みとは、日本のモノを日本人が売ることで得られるローカルからの

---

[12] 日本自動車工業会の統計資料参照。大鹿（2015）および佐貫（2003）も参照した。情報閲覧日2023年9月26日：https://www.jama.or.jp/statistics/facts/four_wheeled/index.html。

信頼である[13]。また、ロンドンの日本人マーケットで既に蓄積されてきた信頼もプラスに働くものと考えた。

　この他にもH氏は慎重に事業機会の探索を行った。当時の日本車のフランチャイズでそれなりのシェアがあり、販売店として名乗りを上げるべきと考えうるのは日産、トヨタ、ホンダの3社であった。1990年の頃、日産は英国でのシェアは6～7％ほどあり、それに反して、日本では圧倒的トップシェアを誇っていたトヨタは3～4％程度にすぎなかった。ホンダはそれより低いシェアだった。H氏は、当時最もシェアを伸ばしていた日産ではなくシェアが伸び悩んでいたホンダでもなく、敢えて、日本や他国での販売実績の状況から戦略的に伸びしろのあるトヨタの市場に事業機会をとらえた。

　当時の日産の販売店の元締めは東欧からの移民であるボトナー（Botner）という東欧系移民が牛耳っていた。同氏は販売店ネットワークを併設しておりAFGグループと言う名で実質輸入の元締めから販売までほとんど自社のグループで占有していた。そんな中、ボトナーは日本の日産本社の意向に従わず、「安売り」を仕掛けて販売台数を獲得する方法を取ったという。これは、日産のブランドイメージを損なう結果となった[14]。H氏は、もし日産のフランチャイズを取得した場合、AFGグループと競うことになり値引き競争に巻き込まれると考え、敢えて日産のディーラーを取る意味はないと判断した。その反面、トヨタのシェアの低さは伸び代があると判断したのである。また、先行していた日本国内市場やアメリカ市場での動向、使用条件が厳しい欧州市場で燃費や動力性能を考慮すると、トヨタに軍配が上がった。何より、顧客とメーカーとの接点となるディーラーの「サービス」において高付加価値を提供するのに、トヨタの強みとJe社の持つ強みとの親和性があると感じた。こうして、英国で日本人初となるトヨタディーラーJemcaをHendonのEdgware

---

[13] グランドオープンの時に「これはトヨタの直営か」と言う質問を受けたところ「直営ではないがトヨタとパイプは強くトヨタのことは他の誰よりも詳しい」などと答えることでローカル顧客は安心して取引をしたという。H氏インタビュー調査記録参照。

[14] 2000年頃にV氏は日本の日産本社と決裂し追い出されることとなった。同上・調査記録参照。

Road 沿いに、メインターゲットをローカル顧客とする総合ディーラーを開業した。

⑥トランスナショナル経営としての深化

　トヨタディーラーとして創業した Jemca は開業後3年目で新車販売台数英国1位を記録、以降1997年から2003年までその地位を不動のものとした。その間、単独店としては欧州1位の座にも輝いた。2003年に豊田通商に会社を譲渡[15]するまで英国でのトヨタのシェアは年々上がり、倍以上に伸びた。その要因は、第一にロンドンでは当時最大級のディーラー店舗を開設できたこと、第二に立地テリトリー（比較的な裕福な中産階級以上の住民が多い地域）が良かったこと、第三にローカル顧客との信頼関係を構築し、満足度を向上させることができたこと、第四に、製品（トヨタ車）の信頼性と顧客満足をつなげることで新規顧客に限らずリピーター（生涯の顧客）を獲得できたことなどの複合的な要因が重なり合っての結果である。かかる事業の成功要因も重要であるが、トランスナショナル企業家としての成功要因を紐解く上でより本質的な問いは、やりたくても容易に実現できないこうしたことをなぜ H 氏にはできたのか、ということである。

　H 氏は、参入当初から立地こそ販売台数を左右する最重要課題と考えていたため、入念なリサーチを行っていた。H 氏は重要な判断をするときには情報収集を行った上で、数字も参考にした上で、最終的には経験に基づく「直感」に従い決断しているという[16]。あるとき企業家コミュニティの知己の伝手を頼り、時間をかけて入念な情報収集に努め米国系大手自動車会社が役所に自動車ディーラーを建設するための用地として検討している案件（物件）の情報を入

---

[15] 豊田通商に Jemca の全株式を売却後の2003年に、Je 社は Jemca の近く Edgware Road 沿いに新社屋を移転した。売却によって自動車販売業の規模を縮小したが、車検や修理などのきめ細やかなサービスとリーズナブルな価格が評価され、ノンフランチャイズディーラーとして新たなる一歩を踏み出した。長年のトヨタディーラーとしての経験は、規模を小さくしても生産性を上げる結果となった。2003年に経営を任せた英人社長が2022年に引退したことに伴って、1973年の Jem 創業当時のスタイルに戻り、日本人顧客を対象に従業員数名で切り盛りしているが、利益率は従来よりも向上している。

手した。既述の通り、比較的裕福な中産階級以上の住民が多い北ロンドン地域の中心に位置する Hendon で2エーカーという十分な広さを備えた好条件の物件のことである。この物件は既に「売却済み」となっていたが、建築許可を得る「条件付き」であったため、直感で最終契約直前に覆すことが可能と判断した。その理由は米系大手企業が建築許可を得た後も内部手続きには当分時間がかかるであろうことをチャンスと捉えたからである。そのまま売却となるリスクは当然あったが、敢えて直感に従いチャンスの方に賭け、入念な戦略を練ったのである。

　なんとしてでもこの物件を抑えたいと考えた H 氏は、弁護士等の専門家の力も借りて入念な準備に取り掛かった。トヨタの営業部門とデザイン部門までも巻き込み、役所へ出向いて申請中のプランを閲覧、研究し、トヨタのディーラーとして同様のプランを再申請した場合の勝算の可能性を探った。工場改築や従業員の雇い入れなどに関わる資金調達にも奔走した。役所への細かな交渉と手続きも一気に進めた。こうして、好立地[17]に新事業を創業することができたのである。

　人材にも恵まれた。新組織で未開拓市場の販路開拓に取り組む成長可能性大の会社だという高揚感があったため、モチベーションと向上心が高い若き精鋭が集結した。もちろんすべてがうまくいったわけではないが、営業の現場に責任と権限を与えたことで、士気の高い組織を作ることができた。トップがきめ細かく指示しノルマで管理する一般のディーラーのやり方は敢えて取らなかった。ボトムアップの経営スタイルを意識して創り上げることで自由で風通しのよい組織となった。「技術的に信頼の高い日本の自動車を、日本人をトップと

---

[16] のちにマーケティングリサーチの知識を Reading 大学 Henry ビジネススクールで習得し、情報収集したデータを分析し、それを経営に生かすことで経営者としての手腕をさらに発揮していくことになった。他方で、最終的に「直感」に従うやり方は現在に至るまで変わらない。なお、この機会は Toyota の正式ディーラーとしての資格を認められたことで、英国トヨタ（Toyota GB）から経営者向けにビジネススクールで学ぶ機会が提供されたものである。H 氏はこれを受講した。「2年間ビジネススクールにおいて、毎月1度週末に泊まり込みで学んだ経験は、その後の知恵の醸成に貢献していた」と H 氏は語る。H 氏インタビュー調査記録参照。

[17] Hendon がカバーできる北ロンドン地区は、比較的裕福な中産階級以上の住民が多い地域である。

するディーラーが販売する」という強みを最大限に生かすことで、英国ローカル顧客へのPR（Public relations）や販売方法などは、ローカル人材の考え方とやり方を尊重した。一方でH氏が重視したのは、購入後のアフターサービスとその質であった。定期的な車検サービスや定期点検や故障対応などには、できるだけきめ細やかなサービスを提供し、顧客の定着化に努めた。社内研修などの人材育成制度や工場の生産管理などのマネジメントについては、ビジネススクールの学び[18]や本社トヨタ方式を取り入れていった。従業員のモチベーションが高く離職率が低かったのは、このような土台作りの結果である。

⑦新たなビジネスモデルへの挑戦

　H氏は多角化事業に大成功し、2003年にJemcaを譲渡し十分な財産を手に入れた。一旦は飲食業から遠ざかったJe社であったが、英国人に認知され定着してきた日本料理が新たなブームを迎えたことで、食のファッションとして本格的な日本食を楽しむ英国人向けに事業機会があるものと考え、新たに2006年にウエストエンドにSo Restaurantを開業した[19]。

　So RestaurantはフランスでS行した日本人で一流フランス料理シェフが、本格的なフランス料理と日本食を組み合わせる創造的な料理スタイルで、質の高い創作日本食レストランとして定評がある。レストラン経営を基盤として、日本食の魅力を英国社会に伝える活動にも尽力した。実はこのシェフは1973年当時、Japanese Grill Room Hamaの開業に携わったその人であった。彼も当時のレストランを離れた後フランス、日本で修行を重ねてロンドンで再び協力することになったわけである。

　店では、2012年に英国人向け日本料理教室「Sozai Cooking School」を開校し、家庭でできる日本食を紹介し英国人の人気を博している[20]。2015年には英

---

[18] 前掲・脚注16参照。
[19] 2021年、So RestaurantはLiverpool Streetに移転した。
[20] Jemグループ「Sozai Cooking School」公式ホームページ参照。https://www.sozai.co.uk/　情報閲覧日2023年9月20日

国及び欧州での日本食の発展を図るため、日本食の文化及び技術の研究並びにその教育及び普及活動を行う「日本料理アカデミーUK」を日本食料理人やレストラン関係者らと共に設立した[21]。このように、H氏は現地日本料理界における本格的な日本食をローカルへ広げる伝道師として中心的役割を担うようになっていったのである。

　近年は、新たな事業分野の開拓にも熱心でテクノロジーを活用した「neconote」[22]というプラットフォームビジネスを立ち上げた。簡単にいえば個々の一般人同士の「手を借りたい」「手を貸したい」をつなげるプラットフォーム「タスク掲示板」のサイト運営である。このプラットフォームには、タスク掲示板のほかにも、帰国売り、古本、ゲーム、手作りクラフトなどの売り買いを行う手数料無料の「フリマ」機能がある。

　neconoteは今のところ、英国の日本人コミュニティに狙いを絞るというニッチマーケットをターゲットにしている。英国でのテストマーケティングでうまくいけば、欧州やアジア、米国など一定の日本人コミュニティがある国での展開を想定している。さらには、海外の移民マーケットに応用可能とも考えている。自身の過去のエスニックビジネスからトランスナショナル創業への展開の経験から、原点回帰の発想で、小さく生んで大きく育てる計画があるという。

　競合には、"Mix-b"という掲示板だけの機能のサイトがあるが、利用者は多く認知度もそれなりにある。このサービスとの比較では、Mix-bは誰でも匿名で自由に利用できるのに対してneconoteは登録制である。そのため、ある程度身元がわかる、トレースや過去の掲載などを調べることが出来るなど、顧客にとっての安心感がある。支払いについてはユーザー同士の直接取引を避けたい場合にはneconoteを介して支払うこともできる。現在のneconote登録者数は2,200人（2023年10月時点）ほどで、これは民間でロンドン在住者の登録数では最も

---

[21] 農林水産省「日本食海外普及功労者表彰事業」参照。https://www.maff.go.jp/j/shokusan/export/e_award/　情報閲覧日2023年8月23日

[22] 「neconote」公式ホームページ参照。フリマ機能の他にも、セミナー、イベント、交流会などを簡単にオーガナイズする「イベント広場」機能もある。https://neconote.com/　情報閲覧日2023年9月20日

多い。ロンドン日本クラブ（Nippon Club London）、英国日本人会（Japanese Association in the U.K）、在英日本商工会議所（JCCI）、日本協会（The Japan Society）など幾つかの在英邦人のためのコミュニティがあるが、いずれも1,000人に満たない登録者数となっていることからも、neconoteが身元の判明している英国最大の（インターネット上の）日本人コミュニティといえる。

　また、H氏が共同CEOを務めるCross Mediaでは、前掲で述べた通り、「ハイパージャパン・フェスティバル」を主催する。2010年に始まったこのイベントは、コロナ禍で2020、2021年は中止となり、2022年は規模を縮小して行われた。H氏が本事業を引き継ぎ、通常開催となった2023年は200以上の事業者らが出展し、約3万人が来場するほど大盛況となった。コスプレ姿のアニメファンらが訪れ、筆と墨で巨大な絵を描くアートパフォーマンスや日本酒の試飲など日本文化を楽しんだ。会場には人気漫画「鬼滅の刃」や「エヴァンゲリオン」などのキャラクターに扮して参加する英国人やヨーロッパ各国からの訪問者で溢れかえる（図表5－3）。

　このように、移民企業家H氏はロンドンで同胞のみならずローカルマーケットの市場開拓に成功し、そして、時代に応じた新たなビジネス分野に参入し、イノベーションを起こすことで、長期にわたって存続してきた英国におけるパイオニア的な移民企業家である。現在も終身企業家としてイノベーション活動

図表5－3　ハイパージャパン・フェスティバル2023

（出典）2023年7月21日筆者撮影

を進行中である。

(2) 英国P社創業者C氏の事例
①事業概要
　C氏（図表5-4参照）は、日本商材を世界の情報文化発信基地である英国から発信することで、世界における日本商材／日本文化のプレゼンスを高めることを目的として2015年にロンドンにP社を創業した。業界初となる視覚的インパクトを持つビジュアルデザインを使った独自のブランディングプロモーションは、クライアントの販路開拓の成功実績に結びつけている。主力サービスは、クライアントの商品・サービスがローカル市場に理解されるような適切なストーリーテリング[23]やマーケティング戦略の考案である。同社が得意とするのは、製品やサービスの価値を効果的にローカル市場に伝達し[24]、日本の独特の文化と優良な質の高い商材の価値が正しく海外顧客に認知されるための販

図表5-4　P社の創業者C氏（写真中央）

（出典）C氏提供

---

[23] 物語を使って情報やメッセージを伝える手法。マーケティングにおいては、ブランドや商品の背景・価値を伝える手法として用いられる。McKee& Fryer (2003) pp. 51-55参照。

売プロモーション支援である。

　また、販路拡大のための輸入販売代理店や小売店との交渉も代行する。進出決定後に提供するサービスとしては、ポップアップストア[25]の開設やプロモーションイベントのサポート、ブースデザイン、カタログ、ウェブサイトデザインの制作がある。集客準備が整った段階で、目的に応じてデジタル広告を使ってプロモーションを行う[26]。このように、海外展開前から展開後のローカルへの市場浸透までに必要となるサポートをワンストップで提供している（図表5－5）[27]。

② C氏の生い立ち

　C氏は、愛媛県でデザイン事務所を経営する両親のもとに生まれ、幼少期からグラフィックデザインに触れる環境で育った。両親の仕事場で、プロのイラストレーターに、セルフポートレイトを描いてもらったり、好きな絵を描いてもらったりして遊んでもらうことが多かったという。事務所に置かれたアート雑誌を読んで過ごす時間も好きだった。事務所は、小学生の頃からC氏の放課後の遊び場だったのである。奈良の短期大学を卒業後、社会人となった彼女は、美術館や郵政局、銀行のポスターやカタログ制作に携わり、その仕事を通じてデザインの楽しさを実感するようになっていた。間もなくして自身の自由な発想でデザインを追求してみたくなり、「アドデコラボ」というデザイン事務所を高校時代の後輩M氏と共に地元愛媛で立ち上げた。

---

[24] 例えば、英国では特にサステナビリティへの意識が高まっているためP社はこうしたトレンドを踏まえ、クライアントが提供する製品やサービスが環境や労働に配慮したエシカルなものであることを確認し、アドバイスを提供している。
[25] 一時的に開設される店舗やイベントスペースのことである。一般的な長期間営業する店舗とは異なり、顧客の関心を引きつけるための新しい体験を提供することを重視する。そのため、デザインや展示内容、サービスなどが独自性を持ち、短期間の間に集客やブランド認知の向上を目指す取組みを行う。
[26] 例えば、インフルエンサー広告を活用して認知浸透を図るなど。
[27] この他、クライアントが英国市場に進出する前後に必要となる広範なサポートをオプションとして提供している。例えば、現地法人設立サポートや現地市場で商材が競争力を持つかを確認するための市場調査や、現地規制・規格の調査、輸入販売代理店の調査を行っている。

図表 5 − 5　P 社の企業概要

創業年	2015年12月　英国ロンドンにマーケティング会社 創業
創業者	代表取締役　兼　グラフィックデザイナー　クラウリー利恵
会社名	Pointblank Promotions Ltd
事業内容	海外市場向け広告プランニング / プロモーション、英国市場調査、海外販路開拓向けブランディング / コンサルティング、英国での法人設立サポート、輸入販売代理店や小売店との交渉代行など
売上高 / 従業員	非公表
資本金	£ 100,000
本社	英国　ロンドン
活動実績	2015年　日本のグローバルジュエリー企業の英国でのマーケティング管理 ヨーロッパと中東の富裕層顧客に向けたオンラインマーケティング支援、ブランディング支援。イベントの企画運営、ショーウィンドーのディスプレイの管理など。 2016年　「Guilty Noodle」のプロデュース ※詳細は本文の中で述べる。 ロンドン市内オールドストリート駅の構内に期間限定のインスタントヌードルバーをオープン。当時英国、ヨーロッパではどこにもない派手なインスタントヌードルバーで話題になった。 2017年　落語家・桂三輝のプロデュース 海外でまだ認知度があまり高くない「落語」を SUSHI や KARATE のように、「RAKUGO」としてグローバルに広めることを目指しブランディングし、普及させるサポートをした。 2018年　インバウンド事業を開始 英国からインフルエンサーを日本へ連れて行き地方自治体の観光事業をサポート。 2019-2020年　日本の助成金案件、商工会案件を受注 日本のコスメメーカーの英国進出サポート、JETRO のプラットフォームコーディネーターとしてアドバイスや市場調査などを開始。 2021年　日本のランドセル企業の英国でのポップアップをサポート。 2022年　英国から日本進出のサポートを開始。 2023年　新プロジェクト「SHOJIN MANIA」を開始。※詳細は本文の中で述べる。

(出典) P 社作成

　アドデコラボでは、地元のファッション・カルチャーの発信基地である「ラフォーレ原宿松山」の一角のスペースを借りて、イラストやポスターなどを展示した。そして、DJ ブースを構えて、音楽とデザインを楽しめる空間を作り、他にはないデザイン事務所としての存在感をアピールした。通常のデザイン事務所では行わない展示会イベントや DJ イベントなどが評判を呼び、予

想以上の業績を伸ばした。この経験がきっかけとなり、ビジネスとして独創的な発想でクリエイティブな活動にチャレンジしていくことの面白さを知った。

M氏はカリスマ性に溢れる度胸のある人物で、その独創的な発想を実現していくチャレンジ精神はC氏にとって模範となった。例えば、「ダサい」コンビニのイメージを変えるために、M氏は「コンビニにおしゃれな独自のカフェを作るべきだ」「そのためにプライベートブランドの菓子を開発すべきだ」とコンビニチェーン店に提案した。当時のコンビニには、オリジナルカフェがまだ存在していない時代だったが、その数年後、サークルKサンクスの四国の店舗でK'sカフェが誕生し、その後「シェリエドルチェ」が全国展開された[28]。このような背景があったアドデコラボは「シェリエドルチェのティラミスのCM」制作を依頼され、見事にデザイン事務所としての成果を上げた。このとき彼女はチャレンジしていく先に成果を得られる達成感を体験的に得たのである。

③渡英の契機と起業動機

しかし、仕事の依頼がひっきりなしに入るようになると連日深夜までの残業が続き、過度の忙しさからC氏は体調を崩してしまった。体調を崩したことでかねてから夢見ていた海外留学を決意した。ロンドンでの留学でアイルランド人との出会いがあって結婚し、英国に移住することになった。子宝に恵まれるとしばらくは子育てに専念した。子供が幼稚園に通い始めた頃、ロンドンの大学でウェブサイトについて学び、英国発のオーガニックブランドやスタートアップのソーシャルメディア立ち上げなどの仕事にフリーランスのデザイナーとして携わった。

その後、彼女は日系コンサルタント企業で働き、英語サイトの制作サポートを担当した。日本の商品を紹介するサイトを日本人スタッフが直訳するものであったが、単に英語に訳したりデザインを工夫したりするだけでは、外国人に

---

[28] http://addecolabo.jugem.jp 参照。 情報閲覧日2023年12月20日

はその商品の魅力が十分に伝わらない「現地化」[29]問題に直面した。この経験から、自身が追求したい仕事がデザインに限らないことに気づいた。すなわち、まだ海外に十分に浸透しきれていない日本ならではの良い商品の魅力を英国人に受け入れられるように変身させたいという思いに気づいたのである。そのためには、商品の背景から英国人が理解できる伝え方で伝えなければならないと考え心がけた。

　しかし、雇用主にはその人なりの考え方と方針があるので、次第に自分のやりたい仕事と会社方針との距離を感じるようになり、自分でやってみたいという思いがふくらんだ。退職後は、日系グローバル会社のロンドン支店に転職し、マーケティング業務を担当した。このときに、彼女は自己実現のために会社を立ち上げ、それまでコントラクターとして手伝っていた会社のマーケティング業務を続けデザイン以外のスキルを習得することになった。

④トランスナショナル起業の事業機会の探索と市場浸透

　当時、英国で行われる日系企業の販路開拓のためのイベントは、一過性の集客を重視し、その目的や狙いが現地市場には伝わっていないものばかりだとC氏は感じていた。彼女は、このような状況を目にする度に、商品特有の価値が正しく理解されず、ローカルマーケットへの市場浸透につながるような支援が必要だという認識を強めていった。これまでの経験から、クライアントの商品価値をローカル顧客に正しく届けるための戦略とプロモーションが不十分であるという思いは募る一方であった。このことが事業機会の発見につながり会社設立を決意につながっている。

　決意はしたものの実績もない無名の主婦がいざ会社を設立しても、容易に仕事は得られないと認識していた。そのため、まずは会社としての実績を築き、自らの存在を広く認知させることに重きを置くことにした。最初に手掛けた「Guilty Noodle」というプロジェクトは、まさにこうした彼女の問題意識から

---

[29] 文化や言語などの地域性に合わせて、製品やサービスを適応させるプロセス。

誕生したものだった。

　同プロジェクトは、60種類ほどのインスタントヌードルを用いてヌードルバーを作り、ロンドンの若者に訴求するブランド作りの実験を行うものであった。鮮やかなロゴとネーミング、視覚的インパクトを持つビジュアルデザイン、そしてパフォーマーをアンバサダーに起用した（図表5－6）。この手法によるブランディングは、当時の業界では斬新なもので、英国の若者の関心を引きつける要素となった。同プロジェクトの実施期間は1ヶ月間であったが、SNSを中心に話題となり、英国のビジネスサイトや香港の著名マガジンなどでも取り上げられ脚光を集めた。このプロジェクトの成功を機に、仕事の依頼が増えていった。

　プロジェクトの経験を通じて、C氏はクライアントの商材特有の価値を十分

図表5－6　Guilty Noodle のブランディングの実例

（出典）P社提供

に引き出した上で、ターゲットに届く媒体を活用して（例えば若者にはSNS広告を使って）、ビジュアルで分かりやすく表現することの重要性を実感したという。このときにP社独自のブランディング手法（戦略やPR）の基盤が作られた。同プロジェクトは、資金援助や外部サポートを期待せず、全額自己投資によるものであったため莫大な自己投資を伴ったが、結果として会社の存在と新参女性企業家C氏の存在を英国のマーケットと日本人コミュニティに広く知らしめる機会となったのである。

⑤企業家コミュニティとのネットワーキング基盤の構築

　独自のブランディングの強みを構築したP社は、日本の海外進出を希望する企業が集まる展示会への出展や、ビジネスマッチングサイトへの登録など、様々な手段を使って顧客開拓に取り組んだ。しかし、ここで得られたリード（見込み客）には、彼女が支援したいと思うような理想的な顧客はいなかった。一方で、長い英国生活で関わりを持つようになった企業家コミュニティの人脈を介して紹介される顧客は、より高品質な商材を扱う企業が多く、結果的にはこれが最も確実なビジネスチャンスとなっていった。

　はじめは良質なコミュニティを見つけ出すための「ネットワーキング」の仕方も分からず手探り状態だった。まず手始めに海外で仕事をしている日本人にとって比較的身近な存在である日系の商工会に入った。その後、現地の商工会に入会した。海外進出のための展示会にも積極的に参加し、現地企業家コミュニティと積極的にかかわりを持つようにすることで[30]、英国現地の人脈作りに注力した。これらのネットワーキング活動のすべてがすぐには顧客開拓にならなかったものの、徐々に成果に結び付くようになっていった。少し時間が経ってからC氏の意向を理解し後にメンターとなってくれる人たちとの出会いや、

---

[30] 例えば日本人企業家の会「WAOJE」や「JEEF」とのかかわりがある。どちらの組織も、海外を拠点とする日本人企業家のネットワークである。現地に根を張り、現地の方々を相手にビジネスをしている日本人企業家が、切磋琢磨し合うコミュニティである。ローカルコミュニティでは、ロンドン大学の同窓やフリーランス時代に得た人脈、子供の学校コミュニティなどとかかわりがある。

メンターを通じて良質のクライアントの紹介を受けるようになったのである。例えば、前掲の Guilty Noodle プロジェクトに不可欠な存在となった桂三輝やメンターとなる H 氏（本章で紹介した Je 社創業者）との出会いに恵まれたのも企業家コミュニティとの関わりからであった。

　企業家コミュニティとの関係は、仕事に直ちに結びつくことだけではなく、アイデアの着想となる気づきを得たり、ターゲットとなる顧客のニーズを把握するには貴重な機会にもなったりもした。また、日本人コミュニティから波及してローカルの企業家コミュニティとの出会いがあり、そこから良質な「外注」のパートナーとの縁も生まれた。信頼できるローカルの企業家からの紹介を通じてパートナーシップを築いた広告代理店との関係は、マーケット開拓に極めて有益となっているという。C 氏もパートナーである広告代理店のオーナーも互いに駆け出しの企業家同士だったこともあり、助け合いながら成長してきた良い関係性を築いている。そのため信頼して人の紹介を受けたり仕事を依頼したりできている。この外注ネットワークのおかげで、P 社は請け負える仕事の幅を広げられている[31]。

⑥トランスナショナル経営と優位性の構築

　C 氏は実体験から得られた確信できる事実から、具体性のある実践的な助言を顧客に提供することを心掛けている。例えば、ラグジュアリーブランドの商品販売やマーケティングの実務、さらには異文化の顧客への販売についての直接的な経験を通じて、英国のマーケットの特性を実際に肌で感じ、理解を深めてきた。

　実際に手掛けてきたローカルマーケットの販路開拓支援において、彼女はオンラインとリテールの顧客層とが全く異なる特性を持つことを実感する経験をした。具体的には、同じブランドの商材にもかかわらずリテールの顧客の多くが富裕層で、オンライン顧客の多くが中間層だったというケースである。背

---

[31] 現地化という観点においても、現地の企業とのパートナーシップによる貢献は大きい。

景が異なればライフスタイルが異なりニーズも異なる。そうした「差異」に実際に触れることで、同じ商材でもその顧客層に響く広告は、異なるアプローチが必要だということを実感した。リテールでは、対面販売で対応するスタッフが、いかに特別で配慮のあるサービスを提供できるか、またどれだけ親しみを持たれ、信頼を得られるか重要である。オンラインでは、いかに商品価値があるのか、価格に見合う価値のある機能性とブランド価値を言語化やビジュアルで分かりやすく伝えることが重要である。単に商材を現地化するだけでなく、かかる違いを認識して戦略を変えアプローチを行うことが販売のゆくえを規定することを身をもって体験したという。

こうした「体験知」をもとに手掛けた案件の成功事例を積み重ねることで、P社独自のサービスを提供することができている。このように、C氏は英国と日本との双方の文化を行き来する自らの体験をベースに、実際の市場環境での成果をもとに戦略を修正していく方法で体得した体験知を自社特有のサービスとして提供することで、同社の優位性を築き上げている。そこに、もともと日本で培ってきたデザイナーとしての技術と視点が生かされることで、視覚的かつ感覚的にローカルに分かりやすく共感される表現で、伝えるべきことを厳選し発信する強みが加わる。その結果として、ローカルの同業者とも日系の同業者とも差別化ができているのである。

⑦現在の挑戦

C氏は現在も新たな挑戦に取り組み続けている。直近の挑戦としてはSHOJIN MANIA というブランドを立ち上げている。SHOJIN MANIA とは、直訳すれば「精進マニア」である。「精進」とは、雑念を去り心の和平を追求することであり、「マニア」はその対極にある狂乱状態を意味する。このネーミングには、その中間のどこかにバランスを取り、新たな心の和平（新たな価値）を見つけ出すこと意味合いが込められている。

SHOJIN MANIA プロジェクトは、日本の製造者や職人と密接に協力し、日本の美しく素晴らしい商品を英国の若者が好むブランドに仕上げ販売、プロ

図表 5 − 7 「SHOJIN MANIA」のビジネスモデル

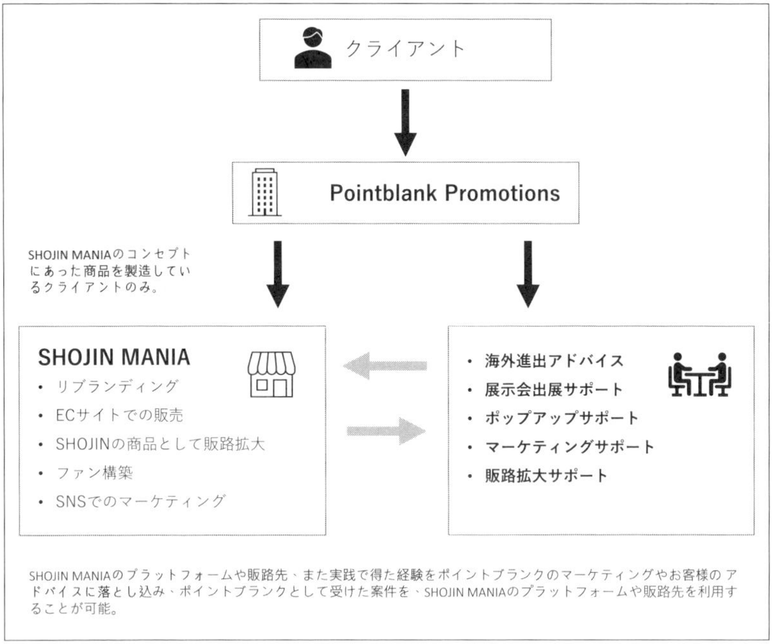

```
                        クライアント
                             │
                             ▼
                   Pointblank Promotions
                     │              │
                     ▼              ▼
SHOJIN MANIAのコンセプト
にあった商品を製造して
いるクライアントのみ。

┌─────────────────────┐      ┌─────────────────────┐
│ SHOJIN MANIA        │ ◀──  │ ・海外進出アドバイス │
│ ・リブランディング  │      │ ・展示会出展サポート │
│ ・ECサイトでの販売  │      │ ・ポップアップサポート│
│ ・SHOJINの商品として│ ──▶  │ ・マーケティングサポート│
│   販路拡大          │      │ ・販路拡大サポート   │
│ ・ファン構築        │      │                     │
│ ・SNSでのマーケティング│   │                     │
└─────────────────────┘      └─────────────────────┘
```

SHOJIN MANIAのプラットフォームや販路先、また実践で得た経験をポイントブランクのマーケティングやお客様のアドバイスに落とし込み、ポイントブランクとして受けた案件を、SHOJIN MANIAのプラットフォームや販路先を利用することが可能。

(出典) P 社作成

モーションを行うものである。例えば、日本の産地特産品である「きな粉」であれば、その成分のみならず、歴史文化や調理法（レシピ）に関する詳細の情報を発信している[32]。発信方法もインスタグラムやフェイスブックなどの SNS を使って英国人の若者に届くようなタッチポイントを設定している[33]。

商材の選定は、C 氏自身が「面白い」「魅力的」「英国でも売れる」と思った日本特有のブランドを掘り起こしている。その商品を英国の若者に通用する形に P 社独自の責任のもとでパッケージや商材のデザインを現地化させ、グローバルに通用する形にリブランドしたうえで販売をしている。売れなかったとき

---

[32] https://www.shojinmania.com/ 参照　情報閲覧日2023年12月17日
[33] https://www.instagram.com/shojin_mania/ 参照　情報閲覧日2023年12月17日

は、全面的にP社が責任を負う一方で、リブランドや売り方の方法はP社に一切の権限を委譲している（図表5-7）。

このように、日本特有のオーセンティックな商材の価値を現地の人に伝えるだけではなく、日本の文化や独自性をグローバルに受け入れらえる形にリブランドし、新しい価値を生み出した上で、海外市場に発信していく挑戦を続けている。

4．分析

以上、両氏がロンドンで創業し、それ以降今日に至るまで新市場を開拓したり多角化したり、独自のビジネスモデルを構築することで存続してきたトランスナショナル企業家におけるイノベーション活動の実態を紹介してきた。本節では、両社のイノベーションの創出要因と企業家H氏とC氏のアントレプレナーシップとの関係性を考察する。また、海外市場で現地発のイノベーションを創出するための起業学習とコミュニティとの関わりを分析する。その上で、海外市場におけるイノベーションに関わるアントレプレナーシップは、過去のどのような経験や機会から習得されたものなのか、その関係性を考察する。

（1）本研究におけるアントレプレナーシップの定義とアントレプレナーの解釈

清水（2022）によれば、アントレプレナーシップとは「現在コントロールしている経営資源にとらわれることなく、新しいビジネス機会を追求する程度」と定義される[34]。序章でも述べたように、アントレプレナーシップとは、自ら価値を創り出す行動特性や、そのような創造的な行動ができる企業家のような精神や能力のことをいう。すなわち、アントレプレナーシップは、企業家の「精神」のみならず、企業家の「事業創造活動」それ自体を意味するものである。本研究ではこの解釈に基づき、「アントレプレナーシップ」は、「新しいビ

---

[34] 清水（2022）、pp.1-6参照。

ジネス機会の追求」と「そのための資源の獲得」のための行動特性と企業家精神ならびに事業創造活動と定義する。また、Schumpeter（1998）は、「イノベーション（innovation）」によって「創造的破壊（distractive creation）」を引き起こすことによって経済発展がもたらされると説いた上で、その起爆剤となる経済主体を「アントレプレナー（Entrepreneur）」と捉える。同様にKirzner（2001）やDrucker（2007）も新しい価値を生み出すための創造的破壊を企業家の機能として捉えている。以上を踏まえ、本研究ではアントレプレナーは、イノベーションを企図し、実行していく人物と定義する。

　この「アントレプレナーシップ」を分析する際に、イノベーション活動の「過去」と「現在」のアントレプレナー（企業家）の経験／環境との関連を考慮する必要がある。なぜならば、イノベーション活動の最初の一歩となる行動特性は、その瞬間に突発的に起こるものではなく、必ず過去の何らかの経験から影響を受け、次のイノベーション活動（初動）に繋がっていると考えられるからである。Arvey, Rotundo et.al（2006）によれば、リーダーとしての役割を果たすための変数のうち、遺伝によって説明できるのは最大でも3分の1程度であり、残りのより大きな部分は、個人の環境や経験、その他の要因によって開発されたリーダーとなるための属性や能力に関連しているのだという。特筆すべきは、その環境や経験の多くは、大人になってリーダーとして活躍する前の、人生のより早い段階のものであるという点である（Castillo & Trinh, 2018）。一方で、ケーススタディでは、海外の現地のビジネスエコシステム（ローカルコミュニティ）に参入することで、アントレプレナーとしての学習を重ね経営者として成長を遂げている。こうした事実発見からも、過去のみならず現在の「経験／体験」もイノベーション能力を高める上で重要な役割を果たしているものと考えられる。すなわち、現在の行動は（今すぐに成果がでていなかったとしても）次の未来のイノベーション活動につながっていくとことも考えられるため、現在の起業学習に関わる経験／環境との関連も考慮し分析をすることが必要だと考える。

　これらの点を踏まえ、以下では、イノベーションの要因とアントレプレナー

シップとの関係性を考察していく。

(2)「初動」のビジネスエコシステムの活用と企業家の「意志」

　移民企業家のイノベーションの要因は、「両国の資源を動員し、新たな価値を創造」している点で共通している。これは前章で考察したJ社のケースとも一致する。具体的にみていくと、まずは日本人コミュニティの人脈、情報、知識の活用をベースに同胞マーケットを開拓した。そして、日本から持ち込んだ知識、人脈、情報、技術などを武器に優位性（差別化要素）とした。これが飽和すると、新たな成長産業への多角化（あるいは第二創業）を行い、同胞からローカルへと新市場を開拓した。ローカル市場の開拓には、ローカル企業家コミュニティの資源を動員した。ローカルの人材の活用、知識、情報を動員する中で、日本人の技術や感性を活用し、サービスやマネジメントをハイブリッドに融合していた。これは、企業家の新しいビジネス機会の追求に、何らかの資源獲得が必要となるからであり、海外市場の場合には、母国と進出国の両方の資源を動員／融合することで、優位性を構築できるからである。

　例えば、H氏の場合、最初の日本食レストランは、英国に出発する準備中に知り合った慶應義塾大学の学生グループが起業した旅行会社のリーダーらの知己を頼り、インド系の移民でホテルのオーナーや日本で料理人を紹介してもらうことで、開業に漕ぎつくことができている。このように、事業機会の探索の段階から、コミュニティとの関わりがある。市場は小さく限られたものでもニーズが存在し、誰もまだやっていないニッチな市場[35]に目をむけ、すぐに決断し、身近な同胞市場に頼りながらも開業に必要となる資源を動員することで、エスニックビジネス創業による先行者利益を獲得した。このとき、すぐに決断し実行できたのは、H氏にはもともと海外市場で起業する強い意志が予め

---

[35] カジュアルな日本食といっても、日本人の口に合う料理を提供するためには、日本から持ち込む調理技術や舌の感覚が不可欠となる。この点は日本人の料理人を起用することで、現地の市場から調達できるもので安価で美味い料理（焼き魚、煮物やとんかつなど）のメニューを考えたり、原価計算をしながら食材を調達したりすることを実現した。

あったからである。この「意志」が予めあるかないかは、イノベーション活動が始まるか何も起こらないかを決定づける最初の分水嶺となる。そして、イノベーションを実現するのに足りない資源を何とかして補完し達成させようとする強い「意志」が、頼れる身近なコミュニティから資源を動員する「行動」と結びついている。

　これはC氏のケースにおいても同様のことがいえる。例えば、C氏が起業する前にビジネスシエコスタムのコミュニティにおけるメンターらとの出会いがあり、C氏の成功に大きく影響を与えた。一人は海外に落語を広めようとしていた落語家・桂三輝、もう一人は自身の感性を追求し続ける先輩パフォーマー・サカクラカツミであった[36]。彼らと出会いが、新たなビジネスモデルの土台となる「Guilty Noodle」に大きく寄与している。桂三輝は、カナダ出身の外国人落語家で、ニューヨークやロンドンなどの海外に日本文化を発信する人物である。サカクラ氏は、日本の伝統文化の身体の使い方、音の取り方を元にしたオリジナルダンススタイルで海外に積極的に日本文化の発信を行う振付師である。また、既述のとおりJe社創業者のH氏もC氏の重要なメンターのひとりである。メンターのいずれも創業前にネットワーキング活動を通じて現地コミュニティの中で繋がった人的資源である。創業時の初動ではアイデアや熱意があっても、事業を実装する際に幾度となく困難に直面した。そんなときC氏を理解するメンターたちから適確で具体的な指南を受けたおかげで、「Guilty Noodle」のようなC氏のデザイン力と英国人が好む感覚を理解できる強みを活用したプロモーションの形が生まれた。特にH氏からの支援は資金調達のサポートに加え、知識、経験、スキルアップ、人間関係といった多様な形で市場開拓の成功に大きな助けとなり、C氏の企業家としての能力を強化する機会を提供している[37]。

---

[36] 彼らにGuilty Noodleのアンバサダーを務めてもらっている。2人の面白いショートムービーや写真を撮ってプロモーションに使用し、ロンドンの若者らに日本の文化の面白さを伝え、評判を生む結果となった。2人にGuilty Noodleというユニット名をつけて、舞台にも上がってもらいロンドンでの認知浸透に成功した。

H氏らのようなメンターと出会いは決して偶然ではない。C氏がこれらの機会を活かし形にできたのは、前提条件として彼女の「意志」があったからに他ならない。英国での企業家として自己実現を果たし生きていこうという強い意志である。その結果として現在も両国のコミュニティ（ビジネスエコシステム）との関わりの中で事業を継続できている。

（3）アントレプレナーシップの行動特性　体験と学習

　持続的な発展には、同胞市場の頭打ちによる飽和状況を予測し、ローカル市場への拡張を図る必要があった。H氏は、そのことに気付き、着々と事業計画を立て、新たな事業機会を探った。ひょんなことから接点を持った自動車売買の市場の成長性から事業機会をとらえた。レストラン業の傍ら、日本人に自動車を販売する手伝いの「体験」を重ねる中で、英国での自動車販売の事業機会の着想に繋がった。それまでの英国での経験から、同胞から事業を着実にスタートさせたが、いずれはローカルへの販路開拓を織り込んだ上での参入であった。このときの「体験」から、例えば、競合が誰なのか、どのような業界構造となっているのかなどの一般的な情報や知識だけでは、商売がうまくいかないことも熟知していた。実際には、どのような商慣習があるのか、業界に「縄張り」や「しがらみ」があるのかなど、「現場の機微に通じた体験」を重要な判断材料にしていた。

　C氏もまた「現場の機微に通じた体験」をもとに新たな挑戦への判断を行っている。例えば、C氏が日本の文化を紹介するイベントに参加した際、その進行が日本スタイルであり、ローカルの人々にとって魅力的でないものとなっていた。他にも、英国進出するクライアントの英語サイトやパンフレットの翻訳品質が低いと感じたこともあった。デザイナーの経験を背景に、コピーライティングの重要性やターゲット層を意識したブランディングの必要性を強く感

---

[37] 女性企業家ゆえに、男尊主義のクライアントに貶められたり騙されそうになったりしたこともあったが、その都度メンターらに助言を仰ぎながら、困難を乗り越えてきた。

じていた。こうした現場での体験から、イベントの方向性や将来像が明確でないと考え、自分でより良いものを企画・運営したいとの思いが湧き、それが新事業への挑戦の契機となった。店頭販売とオンライン販売で自分の方法を試し、何が有効で何が響かないのかを理解した。Guilty Noodle プロジェクトから始まり Shojin Mania プロジェクトに至るまで、どこかオーバーラップしながら次の仕事が展開する一連のフローは、一見「自転車操業」にも見えるが、実際には請け負った仕事による積み重なる「機微に通じた現場経体験」が、結果的に「経験スキル」を向上させ、常に仕事の質を向上させていくという起業学習のサイクルを生み出しているのである。換言すれば、経験をベースに起業学習しながらスキルを高め（暗黙知を習得し）次の仕事の質を高めるためのフローを作り出していると解することができる（図表5－8）。

したがって、現場における学習を伴う「体験」はイノベーション活動に不可欠な要素になっていることを指摘できる。

(4) アントレプレナーシップの行動特性　価値判断

もう一つ本事例の考察で見えてくるイノベーションに結び付ける上で特筆すべき関連する企業家の行動特性は、「価値判断」である。例えば、どんな理念

図表5－8　「Guilty Noodle」プロジェクトによる起業学習フロー

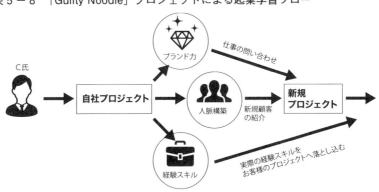

（出典）P社作成

のもとで、どんな会社にするのか、どのような人材を採用しどんな人材に育てていくのかなど、経営には、あらゆる面で経営者の価値判断が求められる。H氏の事例において、エスニックビジネスからトランスナショナル起業へ昇華するとき、すなわち、日本人向けのカジュアルな日本食レストランからローカルを主要ターゲットとする自動車ディーラーの創業を果たしたときを例に挙げれば、H氏の価値基準によって明暗を分けた場面が多々存在した。具体的には、株主への忖度は一切せず、顧客と従業員への考慮を最優先することに価値基準を置いて経営を行うことで、顧客との信頼を勝ち取り、従業員のモチベーションを高めることができた。3年目で新車販売台数が一位になったとき、その喜びを従業員と共有し士気を高めるために従業員全員に記念品を贈った[38]。従業員の士気とモチベーションの高まりは顧客の信頼を得る好循環を生み出した。

　C氏のケースでいえば、日本の商品やサービスの魅力が、適切なリブランディングを経て新しい市場での需要に応えられると判断している。この価値判断から、「SHOJIN MANIA」というブランドを立ち上げた。新しい市場への進出を検討している日本企業に対して、自らが市場での実際の反応やニーズを体感しながらのアドバイスを提供するこの取組みを通じて、彼女は日本の商品が持つ新たな可能性や異文化へのアピール方法を、異なる文化背景を持つ消費者にも伝えている。もちろん、同じ伝統的な日本商材を海外で普及するためのビジネススキームは他にも存在する。彼女の価値基準によって演出される体感的アプローチはユニークである。違った価値判断による違ったアプローチは多々実在するし、どれが正解かは言い切れる問題ではない。

　もちろん、H氏もC氏のケースも違った価値判断をしていたら、また違った

---

[38] H氏は会社経営の考え方を次の通り述べている。「従業員は極めて大事で彼らのモチベーションを高く保つことは何にも代え難いものです。会社は株主と、顧客、サプライヤーに従業員というステークホルダーで成り立っています。それぞれが同様に重要という考え方が一般的ですが、私はその当時から株主を一番低位に置いて考えていました。顧客、従業員が最重要で、その後にサプライヤーが続き、株主は最後に来るべきと考えたからです。これは建前ではなく、そうならなければ会社は健全に続けていけないと真剣に思っていました。声を大にしていっていたわけではありませんが、従業員はそういう姿勢は評価してくれていたと思っています。」H氏インタビュー調査記録参照。

成功があったのかもしれないし、失敗に終わったかもしれない。重要なのは、価値判断が伴う意思決定によって、異なる結果をもたらすということである。そして、そこには人間の感情と矛盾が織り成す価値判断が入り込むことで、AIですら「正解」を法則的に導くことができない結果を生み出すということである。

このように、H氏とC氏が起してきたイノベーション創出には、企業家自身の「意志」、「体験」、「価値判断」が大きく影響していることが分かる。

次節では、これらの行動特性の基軸要素が過去 / 現在のどのような環境 / 体験（起業学習）と関連しているのか考察する。

(5) 過去 / 現在の経験における起業学習とアントレプレナーシップとの関係性

H氏が手掛けてきたビジネスは、当時の英国では、まだ誰も手をつけていないニッチな市場だった。カジュアルなレストラン、カスタム欧州車の日本への輸出販売、トヨタ自動車ディーラーの英国市場の開拓、日本食文化を英国市場に普及するビジネスの開拓、ロンドン市場の日本人マーケットのシェアリングビジネスの開拓などである。C氏の手がけてきたビジネスも同様にニッチであり、体感的アプローチによるデザインを活用した視覚と体験で日本文化の魅力を五感に訴えかけていく販路開拓の方法で、先駆的挑戦であった。

H氏はインタビューの中で「既存の定型化された考えには反発する方で、少しでも斬新な、他の人がやっていないようなやり方を目指すという気概を持つようにしていた」[39]と語った。C氏は「常に新しい方法やアプローチが求められる時代に小さな企業としての柔軟性を生かして新たな発見が見えるまでトライアンドエラーを繰り返す気概は弊社の強みだと思っている」と語った。ここで述べた両氏が実際に実現した事業は、このような「気概」を持っていたから発見できた事業機会であったといえる。いずれのケースも強い「意志」が、イノベーションに繋がる最初の行動を起こしているといえる。

---

[39] H氏インタビュー調査記録参照。

では、最初の意志は過去のどのような経験や起業学習からもたらされたものなのであろうか。H氏は、前掲で述べたように海外（満州）で事業を興し活躍していた父親からの強い影響があった。父親はあこがれの存在となり、よき助言者だった。親戚には地元長野の伝統的な地場企業を代々引き継ぎ経営している者がいた。大学時代には、自己資金を貯める目的でその叔父の会社（東京支店の営業と管理）を手伝ったこともその後の起業に影響を与えている。大学3年生のときに訪問したヨーロッパ旅行でビジネスチャンスを感じたことが決定打となり、ロンドンでの創業の動機（つまり起業意志）となっていた。

　一方でC氏も前掲で述べたように、デザイン会社を経営する両親や学生時代の共同経営者からの強い影響を受けている。両親からは好きな仕事を生業として生きていく生き方そのものに影響を受けた。地元愛媛ではじめて創業したときの共同経営者M氏からは、事業創造していく達成感と体力的な限界を経験から教えてもらった。共同創業者でありメンターでもあったM氏には、失敗を恐れず果敢にチャレンジすることで何を得られるのか、そこにいかなる「企業家精神」が必要とされ発揮されるものなのかを身をもって体現して教え込まれてきた。このときに現場に内在する課題から事業機会を見つけ出し事業創造していくことを疑似体験している。こうした一連の「体験」が血肉となり、C氏がロンドンで「現地化」問題に直面した際に（雇われの身では解決できないのであれば）、自ら創業してこの問題を解決してみたいというモチベーション（起業動機）となっている。このことから、過去の経験がアントレプレナーの現在の「意志」と深い関連があることを指摘できる。このように、過去の体験と（アントレプレナーとしての）現在の行動特性との接点を紐解いていくと、過去の経験と最初の起業意志との関係性に因果関係があることが理解できよう。

　「体験」と「価値基準」という点では、家庭環境、父親からの教え、幼少期や青年期の経験、日本での社会経験などの実体験から得られた「体験知」が、物事を常識に縛りつけて決めつけることはせず、様々な視点から柔軟に対処する思考を持たせた[40]と考えられる。これも両氏の上掲の「経験」から得られた

体験知（起業学習）がなんらかの「価値基準」を形成（醸成）するとともに、最初の行動を起こす「意志」と深く関連しているからだと考えられる。「最初の行動」に限らず、一連の事業創造プロセスには常に「意思決定」は付き物であるから、イノベーション創出（特にプロダクトイノベーション）には、意志、体験、価値基準が関連する。

　こうした体験や意志、価値判断から絞り出される人間の「知恵」は、情報量や知識レベルの高低で決定される「正解」はなく、極めて創造的で、感情的で、ときに献身的かつ矛盾を伴うものである。だからこそ、模倣が困難という意味で差別化された優位性を持つのである。この優位性は、AIのようなテクノロジーをもってしても、模してできるものではない。なぜならば、個々の人間の個別的で変則的な体験的学習に基づく行動特性だからである。それゆえ、「意志、体験、価値基準」がどのようにアントレプレナーに形成・習得されるのかという視点が重要になるのである。

5．むすびにかえて

　ケーススタディでみてきたように、H氏が創出したイノベーションは、最初の日本食レストランから自動車ディーラーへの多角化経営による新市場開拓である。C氏が創出したイノベーションは、デザインをベースに視覚的かつ感覚的に商材のプロモーションを行う新ビジネスモデルによる新市場開拓である。イノベーションは、Drori et al.（2009）、Saxenian（2002）、播磨（2019）などの先行研究が示すように、両国の資源を融合することで新たな価値を創出していることを確認できた。また、成長産業への多角化を契機に、同胞のみのターゲットからローカルへ範疇も広げることで、組織経営や販売促進等の刷新が行われ、ビジネスの規模も生産性も向上させた実態を確認できた。加えて、企業家が海外市場で現地発のイノベーションに関わる知恵、そして、その知恵を生

---

[40] 同上・調査記録参照。

み出す土壌（生態系）となる起業学習とコミュニティと関わり、過去の起業学習と現在のグローバルイノベーション活動との関係性についても、些かなりとも実態における事実発見を示すことができたものと考える。

〔謝辞〕

　浜哲郎社長には長時間にわたるインタビュー調査へのご協力と膨大な資料の提供を頂いた。同氏にはインタビュー記録をもとに書き下ろした本稿の内容の確認にもご協力頂いた。

　クラウリー利恵氏には、本稿の共同執筆者として研究内容の議論および執筆にもご協力頂いた。ここに記して感謝申し上げます。

※本稿は令和5年/6年度駒澤大学在外研究制度を利用した研究成果の一部である。

【参考文献】

[日本語文献]

大鹿隆（2015）「グローバル製品・市場戦略論：日本自動車産業のケース研究」Manufacturing Management Research Center（MMRC），Discussion Paper Series No.470、東京大学ものづくり研究センター、pp.1-33.

川名和美（2014）「我が国の起業家教育の意義と課題 ―「起業教育」と「起業家学習」のための「地域つながりづくり」―」日本政策金融公庫論集／日本政策金融公庫総合研究所 編（25）、pp.59-80

清水洋（2022）『アントレプレナーシップ』有斐閣.

J. A. シュンペーター著、清成忠男編訳（1998）『企業家とは何か』東洋経済新報社.

高橋德行（2013）「起業家教育のスペクトラム ―「活動」の支援か「態度」の形成か―」『ビジネスクリエーター研究』立教大学ビジネスクリエーター創出センター第5号、pp.97-112.

中小企業庁（2017）『中小企業白書　2017年版』日経印刷.

播磨亜希（2019）「トランスナショナル創業 ―国境を越える起業家の役割と課題―」

『日本政策金融公庫論集』第45号、日本政策金融公庫。

樋口直人編（2012）『日本のエスニック・ビジネス』、世界思想社。

吉田健太郎（2020）『中小企業の国際化と現地発イノベーション』同友館。

［英語文献］

Arvey, R. D., Rotundo, M., Johnson, W., Zhang, Z., & McGue, M.(2006), "The Determinants of Leadership Role Occupancy: Genetic and Personality Factors.", *The Leadership Quarterly*, 17, pp.1-20.

Aldrich, H. E., & Waldinger, R.(1990), "Ethnicity and Entrepreneurship.", Annual Review of Sociology, Vol.16-1: pp.111-135.

Castillo, E. A., & Trinh, M. P.(2018), "In search of missing time: A review of the study of time in leadership research.", *The Leadership Quarterly*, 29(1), pp.165-178.

Drori, Israel, Benson Honig, and Mike Wright(2009), "Transnational Entrepreneurship: An Emergent Field of Study.", Entrepreneurship Theory and Practice, Vol. 33(5), pp.1001-1022.

Drucker ,F. Peter(1985), *Innovation and Entrepreneurship*, Harper & Row, pp.1-293.

Israel, M. Kirzner(1997), *How Markets Work: disequilibrium, entrepreneurship and discovery*, the Institute of Economic Affairs.

McKee, R., & Fryer, B.(2003), Storytelling that moves people. Harvard Business Review, 81(6), pp.51-55.

Portes, Alejandro, William J. Haller, and Luis Eduardo Guarnizo(2002). "Transnational Entrepreneurs: An Alternative Form of Immigrant Economic Adaptation.", *American Sociological Review*, Vol. 67(2), pp.278-298.

Saxenian, AnnaLee(2002), "Silicon Valley's New Immigrant High-Growth Entrepreneurs." *Economic Development Quarterly*, Vol. 16(1), pp.20-31.

Schumpeter, Joseph(1942), *Capitalism, Socialism and Democracy*. Hyper & Brother.

Tanimura, Shin and Yoshida, Kentaro(2024), "Global Innovation Driven by Japanese Entrepreneurs: Lessons from he U.S. and U.K Ecosystems", SOAS Japan Research Centre Discussion Paper Series No.4, SOAS JRC, University of

London, pp.1-11.

Yoshida, Kentaro (2023), "Examining Global Innovation Creation and Entrepreneurship in Migrant Entrepreneurs: The case of the Jem Group Founder.", SOAS Japan Research Centre Discussion Paper Series No.2, SOAS JRC, University of London, pp.1-19.

第6章
ベトナムのアグリビジネスにおける日本人トランスナショナル企業家のグローバルイノベーション
― NICO NICO YASAI 社の事例 ―

大久保文博

1．はじめに

　様々な業種の日本企業がその時代のニーズに応じて、安価な労働力の確保、魅力的な消費市場の開拓、天然資源の獲得などを目的に世界各国に展開している。東南アジア各国においても同様である。外務省（2022）によると、日本の対世界の直接投資残高の総額（2022年末時点）は274兆7,489億円で、そのうちASEAN 向けは米国（33.5％）、EU（16.4％）に次ぐ約38兆円に達している。これに紐づき海外進出日系企業拠点[1]は ASEAN 域内に15,887拠点にまで増加している。また、こうした日本企業の海外展開は、日本人の海外在留邦人数[2]を後押ししている。海外在留邦人数は、1989年～2019年まで右肩上がり、2020年～2023年にコロナ禍の影響等もあり減少したものの、概ね増加基調にある。2023年10月１日時点で海外在留邦人は約130万人となり、そのうち約18万人がASEAN 域内に在住している。こうした日本人の海外の移動は、企業単位だけではなく、個人単位による現地発の創業、起業による新規ビジネスにも多く繋がっている。

　本章では外国人・外国資本の参入障壁が高いと考えられているベトナムでの

---

[1] 本調査は（１）本邦企業の海外支店等、（２）本邦企業が100％出資した現地法人及びその支店等、（３）合弁企業（本邦企業による直接・間接の出資比率が10％以上の現地法人）及びその支店等並びに（４）日本人が海外に渡って興した企業（日本人の出資比率10％以上）を対象としている。
[2] 旅券法の定めにより在外公館（日本国大使館、総領事館）に届け出されている在留届を提出した日本人の数。

アグリビジネスで成功を収めた NICO NICO YASAI 社の事例（以下 N 社）からどのような日本人発のグローバルイノベーションがあったのかを考察する。また、（1）それらのイノベーションはなぜ生み出すことが出来たのか、（2）日本では起こらず、なぜ海外（ベトナム）で起きたのか、（3）それを生み出す能力や経験、背景を探ることをリサーチクエスチョンとして、ベトナムにおける日本人発グローバルイノベーション創出の事例を紐解くこととする。

　第3章で論じられたように、ハワイでの錦鯉ビジネスのケーススタディにおけるトランスナショナル企業家の現地発イノベーション創出の分析で、「トランスナショナル企業家は、それぞれのコミュニティに強い紐帯の中に完全に埋め込まれてしまうのではなく、緩やかな弱い紐帯の中で互いのネットワークを結節し、互いの情報／知識を円滑に移転／融合していくコミュニケーションチャネルとしての役割を果たすことが肝要」と指摘している。今回の N 社のケースでは外国資本に対する出資規制でマジョリティ出資ができないアグリビジネスにおいて、日本とベトナムの資源の融合により生み出されたイノベーションを考察する。トランスナショナル企業家の議論は日本国内でまだまだ途上であり、CiNii Research での「トランスナショナル起業家」の検索においては、数本に限られている。2国間の資源を融合することでイノベーションを生み出すトランスナショナル企業家の事例を踏まえ、グローバルイノベーションを論じることは、有益な提言に繋がることであろう。

　なお、本章における「イノベーション」の定義は序章で論じられた定義に従い、「知識と知識を結合し（新結合を創り出し）、事業機会を新しいアイデアに転換し、さらにそれらが広く実用に供せられるように育てていく過程（プロセス）であり、新しい複雑な技術の開発を必要とせず、顧客や市場の直接的な課題解決に繋げる『ビジネスモデル』の創出のパターン」を前提とする。研究の方法論では、ベトナムのソンラ省ヴァンホー農場でのフィールドリサーチに加え、非構造化インタビュー方法を用いる。

2．ベトナムの経済と消費市場動向

　本章でN社のベトナムにおける創業、事業展開を考察するにあたり、背景となる進出先国の市場の成り立ち、経済状況も整理する必要がある。無農薬野菜の栽培には経験やノウハウはもちろんのこと、生産に必要な労力や出荷できない生産ロス等のリスクも発生する。さらに高度な生産技術、販売による難しさも前提になる。農薬を使用して生産効率を向上した野菜は、有機栽培や無農薬栽培に比べて、安定的かつ安価に供給することが可能となる。一方、有機栽培や無農薬栽培は労力や生産ロスなどもあるため、市場で高価な価格帯で取引される。裏を返せば、政府の安全基準を満たす農薬使用、農薬の残留基準の範囲内であれば、ボリュームゾーンの消費者達は消費者心理として、安価な商品を選択するだろう。さらに、商品の見た目も影響してくる。無農薬栽培の野菜を均一化した商品として生産するのは至難の業である。形は歪で不揃いになりがちである。購入後の使い勝手や用途を考えると、不揃いではなく、形が整い均一化された野菜を支持する消費者は多くなるだろう。変色等の不具合もある。こうしたことから、ボリュームゾーンの所得が低いベトナム市場においては、有機栽培や無農薬栽培の生産の難しさだけでなく、販売のターゲットが限定されることも考慮する必要がある。また、進出先国における経済と背景、さらにいえば消費市場の動向も丁寧に理解することが大切になる。

　ベトナム戦争終結による南北統一以降、ベトナムでは「貧しさをわかちあう社会主義」を推し進めた（古田（2017））。しかし、当初の思惑通りの国家運営は進まず、次第に綻びが生じてくる。とりわけ、国営企業の非効率と不採算、労働者の勤労意欲低下、外国援助の減少等の影響により八方塞がりの国家運営を迫られていた。そんな中でのドイモイ（刷新）政策により、対外開放を進めたベトナムは、経済発展に望みを繋いだのである。本格的に市場経済化を導入した1989年は、人口6,547万人、1人あたり名目GDPが89USDであった（江橋（1998））。ベトナム人にとってこの当時は、「あの頃に戻りたいと思うような古き良き時代」ではなく、「配給で生き抜いた、物がない混沌とした時代」

図表 6 − 1　実質 GDP 成長率と一人当たり名目 GDP の推移（1989年〜2023年）

（出典）1989年〜2022年世界銀行 2023年ベトナム統計総局（GSO）

と振り返ることだろう。マズローの欲求 5 段階説であれば最低位の「生理的欲求」を満たすことで精一杯の時代であった。

　一方、バブル経済で賑わい絶頂期を迎えていた日本は1989年、人口が約 1 億2,300万人、1 人あたり名目 GDP が 2 万5,266USD となり、ベトナムとは約283倍の経済格差があった。その後、ベトナムは豊富で低廉な労働力に注目を受け、1994年の米国の対越経済制裁解除、2007年の WTO 加盟のタイミング等で投資ブームが起こり、日本や世界各国から外国直接投資（FDI）が集中した。図表 6 − 1 の通り、1 人あたり名目 GDP は2007年の WTO 加盟のタイミングで、大きく右肩上がりに上昇を始めている。1991年〜2000年、2001年〜2010年、2011年〜2020年の各10年間の実質 GDP 成長率の平均はそれぞれ7.6％、6.6％、6.2％であった。また、この30年の実質 GDP 成長率は平均6.8％を記録して、安定した経済成長を遂げてきた。

3．ベトナムにおけるスタートアップビジネスの勃興

　ベトナムでの経済、ビジネスを考える上で、特徴となるのがスタートアップビジネスの勃興である。日本とベトナムは人口でそれぞれ約1億2,500万人、約1億人おり、経済規模（2022年の名目GDP）で約10倍の差がある。人口、経済規模共に日本が勝っているが、新規設立企業数（2022年）では日本とベトナムは同水準である。なぜ、ベトナムでは、スタートアップビジネスが盛んなのだろうか。さらにいえば、ベトナム人は企業家精神に溢れているのだろうか。

　これらを考える上で重要になるのが、ベトナムは開発途上の段階であり、国内産業が成熟していない為、様々なビジネスチャンスに恵まれている点であろう。とりわけ、先進国などの海外で上手くいっているビジネスモデルを導入して、成功を収めるタイムマシン経営の手法が注目を浴びている。タイムマシン経営は、日本であればコンビニエンスストアが有名である。米国のコンビニエンスストアを日本に導入して、現地化することで独自の発展を遂げ、親子関係が逆転するまでに至った。ベトナムにおいても、日本や海外で成功している大手チェーンのビジネスが独資での投資を行うケースもあるが、フランチャイズ展開のケースも多く見られる。そして、フランチャイジー契約で成功を収めるベトナム人企業家、ベトナム企業が後を絶たない。

　また、ネガティブな社会背景から、スタートアップビジネスに関心が高まる理由も存在する。一般的にベトナムでは根強く縁故主義が残っており、そうした縁がなく、金銭的に恵まれた家庭で育っていない学生は、国内の難関有名大学、日欧米などの海外の大学を卒業していない限り、国内の大手地場企業、大手外資系企業の就職が難しい。そのため、経営者の優秀の有無を問わず、スタートアップビジネスに取り組む風潮がある。さらにいえば、そうした経営者と一緒に起業して共同経営者、その社員になることも、稀なケースではなく、身近で良く聞かれる一般的な話なのである。開発途上国における大小のビジネスチャンスの存在に加え、大企業の就職の選択が難しいからこそ、自分で起業

図表6－2　2023年の新規設立・休眠再開・休眠・解散企業における産業の割合

	農林水産業	工業・建設	サービス
新規設立企業数	1.1%	23.9%	75.0%
休眠再開企業数	1.4%	27.2%	71.4%
休眠企業数	1.3%	27.5%	71.3%
解散企業数	2.1%	20.5%	77.4%

（出典）ベトナム統計総局「2023年・第4四半期経済社会情勢レポート」

するという道に進むと考えられる。こうした背景があるからこそ、有機栽培、無農薬栽培に対する共感はもちろん、相対的に付加価値の高い産業とは言えないアグリビジネスにおいて、スタートアップビジネスであっても、スタッフとして社員が集まっているのだろう。

　なお、「ベトナム企業白書2023」によると、2022年は、設立社数・休眠再開社数それぞれ、今日のベトナムの産業構造を反映するように、サービス産業分野が7割強で、2割強が工業・建設分野を占める（図表6－2）。農林水産業はどちらも1％台である。N社の参入したアグリビジネスは、主流派ではない少数派の事例であることがわかる。

4．無農薬アグリビジネスに取り組む日本人企業家

　ベトナムは2030年の工業国入りを目指すと同時に、国内の食料安全保障、気候変動に適応できる品種改良などの観点から、農林水産業の高度化、農産物等の高付加価値化等に取り組んできた。社会経済発展5ヵ年計画2021～2025年においても、10ヵ年戦略をより具体的にする形で、農業再構築、高い効率での農業と農村の経済開発と共に新しい農村建設を推し進めることが掲げられている。ポイントになるのは、安価で低品質の農産物の生産から脱却するため、そして年々洗練される消費者のニーズを満たすためにも、農業分野の高度化が重要になる点だろう。そのため、同計画においても、グリーン、クリーン、エコ

ロジー、オーガニック、ハイテク、スマート農業の発展を奨励している。ただし、N社はベトナム政府からの要請を受けるわけでもなく、補助金等の支援を利用するわけでもなく、自己資金により、創業者である塩川実氏（S氏）の強い意志で、農業の高付加価値化に地道に取り組んでいる。

鳥取環境大学（現在の公立鳥取環境大学）の学生だったS氏は、環境問題に興味があり、「自然と人間社会の調和の取れた社会」が重要であるとの認識から、その調和が何なのかを模索していた。ゼミナールでは恩師となる農林水産省OBの中川聰七朗教授の下、日本の農業をどのように保護していくのかについて学びを深めた。そして、このゼミナールでの学びを通して、そもそも日本の農業が担い手不足の状況に陥っており、「若者が農業をやる気にならないといけない」という意識が芽生えたという。

大学での勉学に励むと同時に、海外での一人旅にも憧れた。当時は沢木耕太郎の『深夜特急』や『一号線を北上せよ』などに影響を受け、海外をバックパッカー旅行するのが人気であった。S氏もまた、バックパッカーとして一人旅をすることを決める。欧州や北米などの一人旅も検討したが、通学先の開発経済学の担当教員のアドバイスで、アジアのバックパッカー旅行に決める。そして、台湾、ベトナム、カンボジアを旅することで、アジアに対する関心を強めた。一方で、大学3年次に休学をして、日本国内において有機農業で有名な愛媛県の農家で修行を行う。現代風にいえば長期インターンシップである。そのご縁で2005年3月、ベトナムに有機農業を広めるプロジェクトにも参加した。アジアでの一人旅でベトナムを約3週間訪問して、現地での生活を想定内にすることができていたことが、プロジェクト参加に繋がっている。

S氏は当時を「ベトナムをバックパッカーで旅をして、そこでベトナム人のたくましさや、優しさに触れました。また当時、日本人はアジアの人々から嫌われているという固定観念を持っていました。実際は、ベトナムの方々はとても親日的で、中部のハイヴァントンネルを電車で通る時などは、『このトンネルは日本人が作ってくれたんだ。おかげで、とても便利になりました。』と、自分に教えてくれました。日本に帰国して、ベトナムで有機農業の学校をつく

図表 6 – 3　N 社の企業概要

創業年	2011年11月29日
代表者	塩川 実
Vision	ベトナムの有機農業の発展に貢献する。
Mission	私達、NICONICOYASAI は、 ・無農薬・無化学肥料、おいしいを原則に野菜を生産する。 ・生産者と消費者の顔と顔の見える関係つくり（Farm to tabel）
社員数	20名
本社	ダックラック省 13 Khoi 2 Ea Tam, Buon Me Thuot,Tinh Dak Lak, Vietnam
直営農場	バンメトート農場（5,000㎡）、クロムボン農場（7,000㎡）、マンデン農場（5,000㎡）、モクチャウ農場（2,500㎡）
事業内容	無農薬・無化学肥料・おいしいを原則としての農産物の生産・販売 生産した農作物の日本向け輸出、日本国内での加工・販売
年商	非公表

（出典）N 社ホームページ及び聞き取り調査を基に筆者作成

るプロジェクトに誘われた時は、1日考えたのですが、自分の気持ちは、もう一度、ベトナムに行ってみたいという気持ちが勝っていました。ボランティアで参加したときは、1年で帰国するつもりだったのですが、2年目、3年目とそのままずるずると、ベトナムでの活動を続けることとなりました。」と振り返っている。「人の認知には限界がある」を前提に考えれば、彼のバックパッカー旅行でのベトナム訪問が、新たな認知が広がり、その次の選択肢に繋がったといえるだろう。

（1）ベトナムにおけるアグリビジネスのスタート

S氏は2005年3月、ベトナムに有機農業を広めるプロジェクトに参加、2008年12月にはダクラク省に有機農業研修センターを設立して、マネージャーに就任した。同氏が「私がN社を立ち上げる前、このNPOで5年間、ダクラク省の省都であるバンメトート市（Thành phố）で働いていた。自分でも知らず

知らずの内に、現地のコミュニティとの信頼関係を構築していた。現地の言葉を初期の段階で習得したことも信頼される上で大切だった。」と振り返るように、この5年間が、ベトナム人との人間関係の構築、信頼関係を得る機会という意味で、N社での成功の土台となっている。その後、S氏は出資者との経営方針等の相違もあり、同センターを退職する。そして、ベトナムの有機農業の発展のため、生産者と消費者の顔と顔の見える関係づくりを目指して、2011年11月に有限責任会社N社を設立する。このVision、Missionは現在も色褪せることなく、経営に根付いている（図表6－3）。

ベトナムにおいては、農業分野に対して外資規制が適用されており、合弁会社の設立または事業協力契約の締結のみ可能である。また、外国側の出資比率が合弁会社の資本金の51％を超えてはならないと定められているため、N社では、出資者の代表者はS氏と共同代表を務めるNguyen Phuoc Thien氏としている。

N社は、ベトナムの中部高原地域のダクラク省バンメトート市で農場をつくり、農薬不使用・化学肥料不使用の農産物の生産と販売を開始した。地下60mからポンプで汲み上げた綺麗な地下水を使い、灌水や洗浄に利用している。また、化学物質や農薬で汚染されていない土での栽培にこだわり、農薬・化学肥料・除草剤が近隣から流入しないよう、生垣やビニールで壁を作って畑を保護している。そのため、ニーム、唐辛子、にんにく、焼酎、木酢液、竹酢液など自然由来の農薬や微生物資材を利用するこだわりぶりである。さらに、肥料は籾殻、籾殻燻炭、ピーナッツ粕、ワラ、植物残渣、鶏糞、豚糞、牛糞など自然素材のみで対応している。苗は自社で栽培、遺伝子組み換えの種子の不使用を徹底している。この現地の気候や水、土に適する苗の自社栽培に成功したことは、安定生産に向けた1歩として、イノベーション創出に繋がったということになるだろう。こうした生産のこだわりを踏まえ、事業開始の当初は自己資金による資本金5億VND（当時のレートで200万円程度）で、自社農場の3,000平米の栽培面積であった。ダクラク省は温度が安定していて、多品種生産に適していることから同地の進出を選んでいる。現在は自社農場の3.9ヘクタール、

図表６−４　ヴァンホー農場でのハウス栽培

（出典）筆者撮影

図表６−５　ハウス内でのフルーツトマト栽培

（出典）筆者撮影

関連農家の5.3ヘクタールで30〜40品種の野菜を栽培している。

　そして、2018年以降は、北部のソンラ省ヴァンホー県（huyện）で開拓を行い、2019年から生産を行っている。農場の面積は7,000平米で、このうち5,500平米で生産を行っている（図表６−４）。北部は四季があり、中部高原地域や南部地域に比べて気候の変動が激しい。現在は糖度の高いトマト（フルーツトマト）、じゃがいも、パプリカ、とうもろこし、たまねぎ、鶏卵を生産している（図表６−５、６−６参照）。トマトは１本の苗から５キロ程度を収穫でき

図表6-6　じゃがいもの保管方法を説明するS氏（右）

（出典）筆者撮影

る。トマトは寒いと病気になりやすく、栽培が難しい作物の一つである。日陰になると葉が枯れる。その上、無農薬栽培である。その為、病気の苗からは70％程度（3.5キロ）の収穫となり、3割が生産ロスとなるのである。

（2）どのようなマーケティング戦略から消費者の支持を得られたのか

　生産等のノウハウや技術的に優位性があるS氏にとって大きなハードルとなったのが販売戦略、マーケティング戦略であった。どのように販売すればよいのか、価格設定をどうすればよいか分からず悩んだそうだ。生産のプロではあるが、販売のプロでない。どの業界でもこの手の話は耳にする機会が多い。S氏はこれまで、生産現場が中心であったため、組織のリーダーとしてマネジメントの経験はあれど、販売、マーケティングの実務は未経験であった。そもそも、価格設定は生命線である。ビジネスの成功を左右する重要な判断と言っても過言ではない。価格設定の手法は、コストに利益を上乗せして算出するコストプライス価格設定や市場セグメント毎で価格を調整する需要価格設定など、専門性が高いマーケティング実務の一つである。このような中で重要なア

ドバイス、惜しみない協力をしてくれたのが、日本人の購買担当者（MD：Merchandiser）等である。ベトナムはWTO加盟時の合意に基づき、2009年1月1日より外資100％での小売業の参入を可能とした。このタイミングから外資系小売企業の参入が相次ぐのである。ファミリーマートは地場企業との合弁であるものの、日系コンビニエンスストアとしては初めて、ホーチミン市に2009年に進出した。その後、ミニストップが2011年、イオンも2014年に事業を展開している。N社の進出、事業開始は、消費市場の盛り上がりを見せる創成期の時期であった。N社の参入は絶好の時であったといえるだろう。

　N社のビジネスを成功に結び付ける上で重要になるのは、消費市場の成長の他に、日系小売業の進出により、日本人のMDが存在したことだろう。このMDの存在は、N社の商品の価値を評価する上で重要であった。一般的にベトナムの農産分野の流通では、「質」よりも「量」が評価対象であった。例えば、糖度が高いことよりも、大きく重たいものに価値が置かれていたのである。そのため、生産者はブローカーに購入してもらうため、大きく重たい商品作りに励んだ。その中で、日本人MDが無農薬栽培の野菜に対して、正当な評価ができることで、店内に陳列され、食品に対する安全意識の高いベトナム人やベトナム在住の日本人駐在員の家族に支持を得る形で浸透していったのである。この存在がN社の販路拡大に大きな役割を果たした。当時、日系小売MDの「オーガニック野菜を日本と同等価格の設定にすれば、消費者は購入する」の一言で、ホーチミン市内中心部に住む日本人向けに1パックの野菜の量を少なくして、20,000～30,000VND（当時100円～150円）で販売を行った（図表6－7）。日本の有機野菜、無農薬野菜に比べても安価であったが、ベトナム市場で扱われる農薬使用の野菜に対して約8倍もの価格差があった。

　そして、S氏が重要な成功要因として挙げているのが、駐在員の帯同で在住していた婦人達の存在である。婦人達が口コミで在住日本人達に商品紹介を行い、必要に応じて販売もサポートしてくれたそうだ。当時、農薬塗れの野菜、成長ホルモン剤を注入した豚肉等が市場に出回り、食の安全に対して不安を抱

図表6-7　ホーチミン市内で販売されているN社の商品

(出典) 筆者撮影

える時代であった。だからこそ、子供達には高価でも安心、安全な食べ物を食べさせたいという「安全欲求」の心理が働いたことも想定する必要がある。こうした背景に加え、S氏の人柄こそが、消費者の「共感」から「協力」に繋がったのだろう。S氏は謙譲の美徳を兼ね備えた青年である。これは今も昔も変わらない。謙虚で素朴なS氏に婦人達が協力を惜しまなかったのである。S氏はここまでのビジネスに成功をさせることができた要因に「ホーチミン市の日本人のお母さん方に味方になって頂いたこと」と振り返っている。この口コミによって、在住日本人ネットワーク内で評判となり、子どもが口にする安全な食材を入手したいニーズと合致することで、イノベーター理論におけるアーリーアダプター（初期採用層）を形成した。さらに彼らがインフルエンサーとなることで、善意による緩やかで弱い紐帯の関係が構築され、意図せずエコシステムに繋がったといえるだろう。そして、S氏の志の高さや素朴な人格も重要ではあるが、日本人コミュニティによる販売のプラットフォームが構築されたことが成功への礎となったのである。

また、マーケティング戦略でいえば、ロゴマークの特徴が消費者の記憶に残

図表6－8　N社のロゴマーク

（出典）N社より提供

るデザインになっている点が功を奏したともいえる（図表6－8）。S氏も「ロゴマークが秀逸だったのかもしれない。ニコニコのロゴマークが、ある意味では認証に近い存在感になったことで、他との差別化ができた」と評価する。みんなから愛される可愛いロゴマークを制作したわけだが、結果的にこれが商品の差別化に大きく貢献した。ベトナムでは2012年以降、通達「48/2012/TT-BNNPTNT」に従い、VietGAP認証を推し進めているが、当時は普及しておらず、現在においても同認証に対する信頼は賛否両論である。そうした中で、N社のロゴマークがそれに同等する、あるいはそれ以上の価値を提供しているという評価は重要な示唆である。

　なお、N社のビジネスモデルで目を見張るのが、長距離高速バス網を活用した物流網である。日本人が多く在住している商都ホーチミン市や首都ハノイ市は地方の各都市と長距離バスを網の目のように就航している。その物流網を利用して、長距離高速バスに商品を積み供給した。早朝に採れた新鮮な野菜を販売することで、N社のブランド価値を大きく引き上げることになる。当時、N社の人気はホーチミン市だけでなく、首都ハノイ市でも評判となっていた。既存のサービスを応用して、当時のベトナム市場にはそもそも概念として存在していなかった「早朝採れたて」を導入したことは、消費者に大きなインパクトを残した。

　そして現在、N社にとって新たな挑戦が始まっている。以前、S氏の地元の

第6章　ベトナムのアグリビジネスにおける日本人トランスナショナル企業家のグローバルイノベーション　195

図表6－9　ベトナムの有機農産物を加工輸入・販売プロジェクト

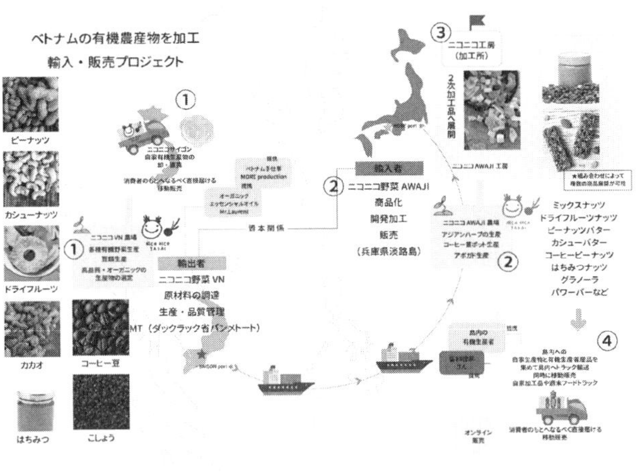

(出典) N社より提供

図表6－10　日本で販売している商品

(出典) N社より提供

淡路島で設立して、実質休眠していた合同会社ニコニコヤサイを再開した。これにより、ベトナムのN社から日本向けにピーナッツの輸出事業、そして日本国内の合同会社ニコニコヤサイでピーナッツバター等に加工生産を行い、国内販売を手掛けている（図表6－9）。コロナ禍で厳しい市況であった2021

年、2022年はそれぞれ200キロ、500キロで混載の輸出を行った。2023年は20フィートコンテナ1本分が、混載よりも物流コストが割安であることから、日本向けにピーナッツ4トン、400万円分の輸出を行っている。そして、日本政策金融公庫の融資を利用して、淡路島に加工場を借りて、ピーナッツバターの生産を行っている（図表6－10）。ベトナムでの成功から日本への投資、そして貿易を通して日越の市場を繋げることで、新たな可能性を見出した。これを起こせた要因は、第一にS氏の「ベトナムの生産者と国境を超えた消費者との顔と顔の見える関係は構築できるのか？信頼関係に基づいた食の繋がりを日本とベトナムで生み出せるのか？」という問題意識がきっかけであった。この問題意識に加え、日本に生まれ育ち、二十数年住んでいたことにより市場の想定が容易でネットワークを要していたこと、別業務で日本向けの花き輸出の実務経験を有していたこと等がポイントになるのだろう。ただし、S氏の見解は、コロナ禍のベトナムでのロックダウンで販路を失い、従業員の給与を確保する為にどうすればよいか考えた結果、日本向けの展開に繋がった。生産している農産物で日本向けに輸出可能な作物はピーナッツであった。このピーナッツは、大変優れた作物で、東南アジアの土壌に適している。そもそもベトナムに限らず東南アジアはスコールによる大雨で、土壌から窒素が流されやすい特徴がある。ピーナッツをはじめとするマメ科植物は空気中の窒素を固定して土に蓄える性質がある。それにより土壌が肥えて、美味しい農作物を生産することが可能である。また、雨季の時期でもピーナッツを生産することが出来る。ただし多くの農家が、雨季の時期になるとピーナッツを生産することから、市場での価格は安価になってしまう。その為、日本向けであれば市場で高く販売することができることから、日本向けのピーナッツ輸出に着目をした。マーケット・インではなく、プロダクト・アウトの発想である。このような発想に至った経緯についてS氏は「起業から一緒に頑張ってきたベトナム人にビジネスが成功した後、捨てられた日本人企業家を多く見てきた。何もしていないとベトナム人に見放される。何かしなければならないという思いが日本向けの新規ビジネスに繋がった」と分析する。様々な商品の多角化、南部だけではな

く北部にも生産拠点を有するなど、事業拡大を行ってきたことで、リスク分散を行いビジネスの安定化を図っている。

5．まとめ

「無農薬・無化学肥料・おいしい」の3原則にこだわり、ベトナムでアグリビジネスを創業した素朴で純粋な青年は、周りのベトナム人パートナー、従業員、そして日本人ネットワークに信頼され、社会企業家として成功を収めている。農業分野の高度化を図りたいベトナムにおいて、日本の生産技術やノウハウの知の移転だけでも価値があるが、S氏の取組みは今回のリサーチクエスチョンに対して様々な解を与えてくれた。

一つ目は現地の土壌や気候に適した種子の栽培による生産の安定であろう。日本の種子なども含め現地に適した種子からの栽培を行ったことは、既存に流通する商品との差別化を図ることに成功した。これは日本での栽培経験やノウハウが大きく影響している。

二つ目は既存のバス物流網を利用して、早朝採れたて商品の提供を行ったことである。日本人駐在員としての発想ではなく、現地密着型の生活を行い、安価な高速バスを普段から利用していたからこその気づきであった。生きる知恵とでも言うべきかもしれないが、恵まれた駐在員生活をしていると、このような逞しいビジネスモデルの発想に辿りつくことは難しかったことだろう。

そして最後の三つ目は地元淡路島への法人設立、日本向けのピーナッツの輸出、日本国内での加工、生産EC販売のビジネスモデルである。これは途上国での成功事例を先進国に展開する「リバース・イノベーション」の理論に該当する事例に該当するだろう。もし、ベトナムではなく日本での生産活動がスタートであれば、国内市場に供給することが精一杯となっていた。S氏は「日本で有機栽培をするには相当な資本金、事業資金を要しただろう。ベトナムの農村だからこそ、5億VND（当時のレートで200万円程度）で取り組むことができた。日本とベトナムの違いを考えれば、資金面での参入障壁の低さが挙げ

られる。初期投資が小さいからこそ失敗を恐れずに挑戦出来た」と語っている。そしてその挑戦がベトナムから日本にも展開することに繋がっている。

　そもそも日本から海外への生鮮食品の輸出は鮮度、関税や物流コストの関係で、不向きとされている。近年、日本政府は農林水産物・食品の輸出に力を注いでいるが、輸出される生鮮食品は高額で取引される水産物、和牛などの畜産物、高級フルーツなどが主である。有機野菜は地産地消を中心に取引されているのが現状であり、それらを輸出するのは参入障壁が高い。一方でS氏は、ベトナムで生産したからこそ、国際分業を構築して、貿易業務を含む高度なビジネスモデルを生み出した。先進国市場を有する日本、そして開発途上のベトナムというマーケットの違いを活かしたビジネスモデルに注目したのである。そして、日本で有機栽培によるピーナッツバターやカシューナッツバターの提供に需要があるという判断は、ベトナム国内に在住している日本人で一定の手応えもあったのだろうが、それ以上に日本に輸出が可能で、加工しやすい商品は何であろうという商品特性を熟知しているからこそ、考え付いたビジネスモデルである。これらは、ベトナム国内での生産から販売の一連の流れを経験することで、経験とノウハウの蓄積が行われたからこそ生まれた要素が強い。

　また、N社のアグリビジネスを通して、駐在員の帯同で在住していた婦人達がインフルエンサーとなりサポートしてくれることで、善意による緩やかで弱い紐帯の関係が構築された。この日本のアグリ分野の生産技術とベトナム側でのエコシステムの融合は、日本人が海外でスタートアップビジネスに取り組む際、重要な役割を担うことだろう。加えてこのエコシステムは、駐在員の帰任で新たな日本国内のマーケット、エコシステムの構築にも繋がっている。こうした背景には、純朴なS氏の人柄が多くのファンを生み、リピーターとして購買に繋がっている点も重要であろう。ベトナムや東南アジアで起業をする日本人は多くいるが、成功による自信で傲慢に振る舞い信頼を失う経営者も多くいる中で、昔も今も、変わらずN社のVisionとMissionを一貫するS氏だからこそ、ファンが離れないのだろう。自分の不得手とする部分を、周りの協力

を得て補う経営手腕は他の企業家にとって示唆を与える部分である。また、本章の執筆を通して、今後の課題も認識することができた。それは、S氏へのインタビュー及びソンラ省ヴァンホー農場の現地調査のみの考察となってしまった点である。本来であれば、ダクラク省バンメトート農場の現地調査、共同経営者である Nguyen Phuoc Thien 氏、ホーチミンやハノイでバイヤーや消費者の声も十分にヒアリングを行い、全体像を網羅した考察が必要であった。内外からN社、S氏の経営手腕を考察することで、様々な学び、気づきも得られることであろう。

〔謝辞〕
　塩川実社長には2023年8月1日と12月26日の2日間、長時間にわたるインタビューや現地調査にご協力を頂くと共に、貴重な会社資料を提供頂いた。また、インタビューや資料を元に執筆した本稿の内容の確認にもご協力を頂いた。この場を借りて心より感謝を申し上げる。

【参考文献】
［日本語文献・資料］
N社 ホームページ参照。 https://N社.com/ja/home-page/ 情報閲覧日2023年1月10日参照
江橋正彦編著（1998）『21世紀のベトナム〜離陸への条件〜』ジェトロ。
外務省（2022）「目で見るASEAN － ASEAN経済統計基礎資料－（令和5年12月）。アジア大洋州局地域政策参事官室 」https://www.mofa.go.jp/mofaj/files/000127169.pdf
塩川実「NICO NICO YASAIの歩みと コロナ後の2つのプロジェクト」県立広島大学講義発表用（2023年8月27日）
ジェトロ「厳格な社会隔離措置を市内全域で実施」。
　　https://www.jetro.go.jp/biz/areareports/2021/9268000ddd9a8f0b.html
―――「地域・分析レポート アンケート調査から読み解くベトナム・スタートアップの強みと課題」2023年12月27日

https://www.jetro.go.jp/biz/areareports/2023/9c85459d3e35e57a.html

―――「地域・分析レポート　新型コロナによるアジア・ビジネスの変化を読み解く外出制限下でオンラインサービスが加速、感染抑え込みで生産地として注目高まる（ベトナム）」

　　https://www.jetro.go.jp/biz/areareports/special/2021/0302/7b5fcce19ed65e2b.html

ビジャイ・コビンダラジャン、クリス・トリンプル著、渡部典子訳（2012）『リバース・イノベーション－新興国の名もない企業が世界市場を支配するとき』ダイヤモンド社。

東京商工リサーチ TSR データインサイト

　　「前年比1.6％減、新設法人は2年ぶり減少　新設法人率は沖縄県が13年連続でトップ」2023年5月16日　https://www.tsr-net.co.jp/data/detail/1197658_1527.html

古田元夫（2017）『ベトナムの基礎知識』めこん出版。

吉田健太郎（2023）「トランスナショナル起業家のアントレプレナーシップに関する予備的考察－ハワイ Kodama Koi Farm の事例－」駒澤大学経済学論集 54（3）pp.19-38.

［外国語文献］

ベトナム統計総局（2023）「BÁO CÁO TÌNH HÌNH KINH TẾ – XÃ HỘI QUÝ IV VÀ NĂM 2023」

ベトナム共産党「Chiến lược phát triển kinh tế - xã hội 10 năm 2021-2030 _ Ban Chấp hành Trung ương Đảng」

ベトナム政府「Kế hoạch phát triển kinh tế xã hội 5 năm 2021-2025」

第7章
日印協力によるイノベーション創出と現実的な協力関係に関する一考察

中山 幸英

1．はじめに

　近年、日本企業の中で、インド市場開拓およびインドの活用に対する関心はかつてないほど高まりを見せている。ジェトロが2024年度に実施した「日系企業実態調査」は、日系現地法人駐在員の声を国ごとにまとめ、比較したものだが、「今後1～2年のうちに進出国におけるビジネスを拡大したい」と回答した企業の割合は、インドは80.3％であり、この調査項目においてインドは主要国の中で1位となった。その背景として一般的に語られるのは、14.2億人という世界1位の人口を背景とした市場のポテンシャルであるが、それだけでは実ビジネスを行う観点からすると具体性が低い。一方、ジェトロの同調査における「（2024年度）営業黒字見込みの現地日系企業の比率」という項目においても、インドは77.7％と高く、現地における日系企業の利益が好調であることが、今後1～2年後のインドにおけるビジネス拡大意欲に繋がっていると見る方がより正確と言えよう。いずれにせよ、現在、日本企業のインドに対する関心が高いことは間違いない。また、そういったインドに対するビジネス上の関心の高まりに併せ、インドが豊富に擁するIT人材に代表されるようなイノベーション人材の活用にも、かつてないほど熱い視線が送られるようになってきている。
　現在、米国をはじめとした主要国から軒並み熱い視線を浴びているインドであるが、インド側が他国と比較して日本との協力関係構築にはメリットが無

く、消極的な姿勢を取っているかというと、そういうわけではない。コロナ禍後、インドは自国内におけるサプライチェーンの脆弱さに強い危機感を抱き、インドがこれまで設定したことがない規模の巨額の補助金枠を設定し、半導体をはじめとしたものづくり企業の国内誘致を図っているが、日本はインド側が誘致したいものづくり分野の幾つかにおいて高い技術を有しており、インド側からすると無視できない存在である。また、インドは農村人口が約64％と言われ、今後都市化のフェイズを迎えるが、都市整備に関する技術、都市化に伴い発生する課題の解決には、狭い国土の中でこれまで同様の課題に向き合ってきた日本には一日の長がある。このように、投資額という側面よりも、インドが現在および近い将来必要とする技術、課題解決能力を有しているという点で、インド政府およびインドの大企業側から見て、日本は関係協力を模索したい相手である。

　本章では、このような日印双方の置かれた現状、ニーズを分析することにより、求められるイノベーションの内容を考察する。その上で、これまでの日印企業間の協力事例を紐解きながら、どのような協力体制が現実的と考えられるかについて考察を加える。

2．リサーチクエスチョンと方法論

　播磨（2022）によれば、トランスナショナル起業とは、出身国以外でビジネスを行いながら、2ヶ国以上の社会構造に同時に組み込まれている創業の事を指す。また、播磨（2019）は、トランスナショナル企業家は、国境を越え、2ヵ国以上のリソースを動員し、特別な経済・社会的価値を生み出すと述べており、トランスナショナル創業の多様性、その企業家の強み、弱みについて論じているが、トランスナショナル起業のもたらすイノベーションについて包括的に触れているわけではない。また、第3章でも既述のように、高橋（2021）は、海外に移り住んだ者が事業を起こす「移民起業」に関連した研究動向を整理し、移民企業家のイノベーションの創出あるいは移転を対象とした支配的な

研究はまだないと論じている。そのため、範囲を特定国に限定した上でトランスナショナル起業をイノベーションの観点から扱うことは意味があると考える。

今回は範囲をインドに限定し、日印双方の置かれた状況、ニーズ、双方の強み、期待される成果を踏まえ、イノベーション創出のために日印間でどのような関係を構築すべきかについて考察する。具体的には、これまで日本の企業ないしは日本人企業家がインドのイノベーション人材と協力した事例を分析することで、日本企業および日本人企業家がインドの高い技術を持ったイノベーション人材とどのようにかかわっていけばお互いのニーズを満たし、Win-winの関係を築きながらイノベーションを創出できるかについて考察していく。加えて、日印協力により創出されるイノベーションが今後、どの分野で特に期待されているかについても、併せて考察を加える。

なお、本章で言うイノベーションとは、知識と知識を結合することで、新たなアイデアを創出し、それが実用化されるプロセスのことを指すものとする。序章でも論じたように、イノベーションは、主に先進国における大規模資本投下により行われる研究開発等の結果としての技術革新を指すことがあるが、本章におけるイノベーションはそういった狭義のイノベーションのみには限定しない。

3．インドで進むイノベーション技術の活用とそれを担う人材の育成、活用

インドは、他のアジア諸国と比較しても、高度IT人材をはじめとするイノベーション人材を多く擁する国である。そのため、社会におけるイノベーション技術の活用も、日本をはじめとするアジア諸国と比較して進んでいると言えよう。以下、インドにおけるイノベーション技術の活用例について紹介するとともに、イノベーション技術を生み出すインドの社会的要因について分析する。

（1）社会インフラとして活用が進むインディア・スタック

　インド社会における IT イノベーション技術の活用例として、まずインディア・スタックを取り上げたい。そもそも、インドでは人口約13億人がインド版マイナンバーカードであるアダール（Adhaar）を取得しており、その過程でインド政府は国民の個人情報（顔写真だけでなく指紋、虹彩等の生体情報も含む）を取得している。インディア・スタックは、その情報を基盤として作成された、個人認証やペーパーレス、キャッシュレス、個人情報に係る利用の同意・流通の管理に関する一連のオープン API（アプリ・プログラミング・インターフェース）を束ねた公共のデジタルインフラである。インディア・スタックの API に接続する形で、モバイルペイメント、デジタル本人確認、健康情報管理・流通、マイクロレンディング等の多様なアプリケーションが開発・運用されている。EC ビジネスは個人情報の取り扱いが必ず発生する。個人認証、モバイル決済をはじめとしたデジタルインフラを政府主導で整備・オープン化したことにより、各 EC ビジネスの主体がそうした機能を開発する手間を省き、物流や品ぞろえ、ユーザ・インターフェースの使いやすさ等に競走要素をフォーカスさせることが可能となった。

　当初、インド政府は、貧困層向け補助金の直接給付を目的としてインディア・スタックを誕生させた。貧困層を多く抱えるインドでは、補助金の受給資格がある貧困層自身に補助金が届かない問題や、大規模な不正受給の解決が長年の課題となっていた。プロジェクト開始当時、国民の8割が銀行口座を持たなかったため、執行コストや汚職によって、実際に受給者に届けられている金額は政府が当該分野に配分した予算額の45％に留まっていると試算されていた。

　そこで、2012年に UIDAI（固有識別番号庁）が、アダール登録時の生体情報を基に銀行等が口座開設のための本人認証を実施できる eKYC を導入することにより、銀行口座開設の手続きが大幅に簡素化されることとなった。貧困層の銀行口座開設を踏まえて、インド政府は2013年1月、直接便益移転（Direct Benefit Transfer）と呼ばれる、政府から貧困層の個人に対する現金給付のデ

ジタル化を実施した。これにより、失業給付金・燃料給付金等の補助金の直接交付、納税などのサービス実施が可能となった。

　また、こうしたインフラを活用することにより、貧困層の本人証明のコストが低下した。銀行口座開設とあいまって貧困層にアクセスしやすくなったことで、Vodafoneなどの大企業やPaytmをはじめとするベンチャー企業がフィンテックサービスの提供を開始し、G to Cサービスだけではなく、B to Cの金融包摂が進んだ。特に、モバイルペイメントは急速に普及することとなった。

　2016年4月、インド決済公社NPCIは、UPI（Unified Payments Interface／統合決済インターフェース）のサービスを開始した。これにより、異なる銀行の口座間で直接、即座に送金できるプラットフォームが実現した。VISAやMaster Cardは、100ドル未満の支払いに対して1.5％の手数料を徴収しているが、うち60％はカード会社、40％は銀行の取り分である。そこで、対外サービス収支改善を狙うインド政府主導で、40ドル以下の送金手数料は無料に、40ドル以上の手数料は0.3％を上限とする電子決済プラットフォーム（UPI）が構築された。手数料の安さはインドの消費者、事業者に歓迎され、Paytm、WhatsApp Pay、Google Pay、Flipkart、地場銀行等がUPIを利用した送金サービスの展開を開始した。特にインドの低所得層・農村地帯の人々の間で急速に広がりを見せた（ジェトロ（2019））。

（2）農村におけるイノベーション技術の活用

　アグリテックスタートアップによるインドの農村におけるイノベーションと聞くと、AIやドローン等を駆使し広大な農地の生産を自動化するというイメージを持つ人も多いだろう。実際に、世界に目を向けると、農業用ロボットやドローン、AI等を活用しこのようなサービスを提供するアグリテックベンチャーも存在感を強めている。一方、インドは「零細農家が多い（収入が少なく設備投資が難しい）」、「零細農家の借入が難しい」、「設備投資しても生産拡張できる土地が少ない」、「農村における労賃がまだまだ安い」といった特徴、課題を有するため、生産面積拡大による収入増加、ないしはAIやロボットに

より労働力を補完する類のアグリテックサービスの導入は現時点では適していない地域が多いと考えられる。それよりも、前述のようなインドの農家が抱える課題を解決する方がニーズが高いと考えられる。

2021年1月、コロナ禍にもかかわらず、インドのDeHaatというアグリテックスタートアップが1億5,000万ドル（131億円相当）の資金調達に成功し、話題を集めた。同社は、流通経路上で仲介を排し、農家と大口一括購入業者（Zomato等）とを繋ぐサービスを提供しており、農家の利益向上に一役買っている。他にも、インドではここ数年でアグリテックスタートアップが存在感を高めているが、提供しているサービスを見ると、仲介の排除以外にも、下記のようなサービスが提供されている。いずれも、農家の課題をIT等を活用したイノベーション技術により解決するものである。

①農家向け与信サポートサービス：
　農家の収入を予測することで、ノンバンク等の農家への融資を促進する。

②土壌分析サービス：
　土壌の状態を観察し、与える肥料の種類、量等を分析し、農家に教えるサービス。零細で土地が限られる農家であっても、今ある土地の生産性を高められる。

③水やり分析サービス：
　作物を育てる上で、水やりのタイミング、量は重要となる。AIが天候等を分析することで、いつ、どれくらい水やりを行うかのアドバイスを行う。こちらも、生産面積の拡張を行わずに生産性を高めることができる。

④農機シェアサービス：
　農機を独力で購入できない零細農家であっても、時間単位でレンタルできるサービス。アプリを活用して予約することが可能。

⑤農業資機材供給サービス：
　農家が必要とする種、肥料、資材等を適正な価格で供給するサービス。

⑥マーケット需給予測サービス：
　特定作物のマーケットにおける需給動向を農家に伝えるサービス。農家が収

穫量をコントロールし、損を少なくする上で役立つ。
⑦適正価格計算サービス：
　特定作物のマーケットにおける価格を分析し、適正価格を伝えるサービス。農家が損を少なくする上で役立つ。

　なお、2022年時点でインドにおける農村人口は9億880万人とされ、全人口14億1,717万人（当時）の64.1％が農村に居住していることになる[1]。インドではまだまだ人口の多くが農村に居住しており、農村におけるイノベーション技術の活用のインパクトは大きいと言える。

（３）イノベーション技術の活用が進む社会的要因
　次に、前述のようなIT等のイノベーション技術の活用が何故インドで進んだのかについて、社会的要因の観点から見ていきたい。主要因として①、②が挙げられるのに加え、補足的要因として③、④が考えられる。

①インフラの代替としてのIT等イノベーション技術の活用
　先に述べた通り、全人口の6割以上が農村に居住している。一方、インドは国土が広いため、農村地域をはじめとして移動手段、輸送網や衛生環境などの社会インフラが十分に整備されているとは言えない地域も多く、その課題解決のためにITイノベーション技術が活用され、スタートアップが活躍している。前述のアダールおよびインディア・スタックは、インド政府も関与し規模や社会的影響も大きなものであり、その最たる例と言えるだろう。それ以外にも、地下鉄などの大都市内交通システムが未整備であるため、Ola等の配車サービスがいち早く普及したり、農村において病院が無いがゆえにオンラインによる医師の問診システムが使用されたり、農村において銀行が無いため移動式銀行やそれに代わるITインフラを活用した送金、支払いシステムが発展し

---

[1] World Bankによる農村地域人口の算出調査（2022）

たりと、むしろインフラが未整備であるがゆえに、スタートアップが提供する新しいサービスがより利用されている。

② インド政府による社会的枠組み（社会システム）変更

　インド政府が大きな社会的枠組み（社会システム）の変更をしばしば行うことも、インドにおいてイノベーションが発生する要因の一つとなっている。つまり、社会システム変更に対応するためのソリューション構築が、スタートアップ企業にとって格好のビジネスチャンスとなっている。2016年11月、インド政府は突如、高額2紙幣の廃止を発表し、即日実施された。一時的に市場から高額紙幣が消え、現金による決済が難しくなる事態が発生した。この時、クレジットカードの普及率が低いインドで、所得の低い層を中心に多くの庶民が決済手段を失い途方に暮れる事態が発生したが、それを救ったのがペイティーエム（スマートフォンなどを活用した電子マネー）であった。当時は、道端の野菜売りなど零細個人事業者でさえも、ペイティーエム決済のためのQRコードを掲げていた。高額紙幣廃止を契機に、同社のサービスは一気に広がりを見せ、高額紙幣の流通が落ち着いた後も、インド国民に継続して使用されている。

③ IT技術者のレベルの高さ

　インドにおけるIT技術者のレベルは、他の主要国と比較して高く、これもインド国内でイノベーション技術の活用が進む補足的要因になっていると考えられる。図表7－1は各国のIT技術者のレベルを示したものであるが、これによるとインドのIT技術者の平均技術レベルは米国に次いで2位であり、中国やベトナムを上回っている。今後日本も含めた世界の大企業が必要とする人工知能（AI）、ビッグデータ等に関する高い技術を有した人材も多く、世界の大企業のニーズを満たす人材の多くがインドで排出されていると言える。また、これらの分野においては、技術力が高ければ高いほど高給で処遇される傾向が見られる。なお、インドでハイレベルのIT技術者が誕生する理由として

図表7－1　各国のITスキルレベル

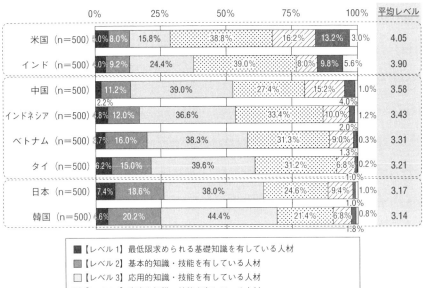

（出典）経済産業省「IT人材に関する各国比較調査」（2016年6月）

は、インドではIT技術者の給与が相対的に高いことが主要因として考えられる（図表7－2、7－3）。

④携帯電話の普及

インドにおけるスタートアップの躍進を支えているもう一つの補足的要因として挙げられるのが、携帯電話普及率の高さである。ITU（International Telecommunication Union）によると、2022年のインドにおける携帯電話契約数は11.4億人であり、かなりの割合で普及していることがうかがえる。背景には、中国、インド製の格安携帯電話の普及があり、農村の所得でも頑張れば手が届く水準にまで価格が下がってきていることがある。これにより、IT等ス

図表7-2 「IT分野は給与が高い」と考える国別割合

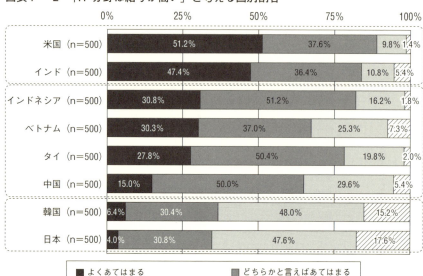

※「よくあてはまる」の割合順

(出典) 経済産業省「IT人材に関する各国比較調査」(2016年6月)

図表7-3 各国のIT人材年収比較

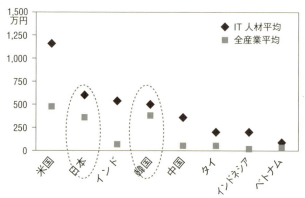

(出典) 経済産業省「IT人材に関する各国比較調査」(2016年6月)

図表 7 − 4　インドにおけるユニコーン企業誕生件数（年別）

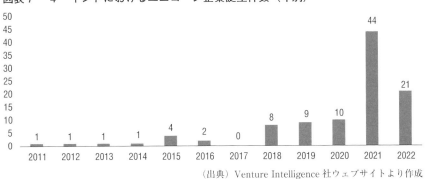

（出典）Venture Intelligence 社ウェブサイトより作成

タートアップが携帯電話をコンタクトポイントとしてインドの多くの世帯にサービスを提供することが可能になっている。実際、スマートフォンユーザー向けにサービスを提供するIT等のスタートアップの躍進は目覚ましいものがある。インドでは、銀行や病院、小売店等のインフラが無い地域であっても、スマートフォンは普及しており、それを活用することで代替サービスの提供が広がりをみせている。社会インフラが不足している部分を、携帯電話を通して利用できるサービスが補っている部分が大きい。

なお、図表7−4のように近年、インドでは多くのユニコーン企業が誕生しているが、2022年末時点のユニコーン企業数でみると、インドは米国、中国に次ぐ世界三番目となっている。一方、その内訳[2]を見ると、Eコマース、マーケットプレイス運営、支払ツール、ヘルスケア、人材育成、仮想通貨などであり、携帯電話を通じてサービスを提供することを前提としている事業が多く見られる。携帯電話普及率の高さが、これらのサービスの誕生に繋がっていることの証左と言えよう。

---

[2] Venture Intelligence 社ウェブサイトに掲載：https://www.ventureintelligence.com/Indian-Unicorn-Tracker.php

4．インドで求められるものづくり技術

　前述のように、インドは高いレベルのIT等イノベーション技術を有しており、日本をはじめとした主要国からの関心を集めているが、他方、それはインドが日本に対して関心を持つ理由とは言えない。インド側が日本に対し関心を持つ理由としては、半導体をはじめとした日本のものづくり技術が挙げられる。以下、インドがそれらを必要とする理由を、インドが置かれた状況も含め見ていくこととする。

（1）インドにおけるものづくり振興策
　インドはもともと社会主義国であったこともあり、かつては国内における製造業振興に積極的だったとは言えない。インドの産業割合を見てもその名残が残っており、現在でもサービス業の割合が大きい（図表7－5）。モディ首相就任後、2014年には「メーク・イン・インディア」スローガンを打ち出し、国内製造業振興を大々的に進めていく方向性を打ち出した。背景には、赤字が続

図表7－5　インドの2021年度産業部門別GDP（GVA）構成比

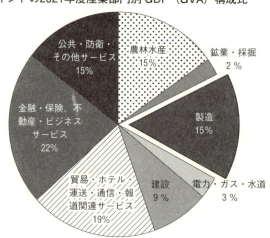

（出所）インド統計・計画実施省（MOSPI）（名目値）

くインドの貿易収支を改善する狙いがあった（図表7－6）。特に、機械部品や部材等において中国からの輸入額は大きく、それをインド国内の生産に転換したいという思いが強かった。ただし、この「メーク・イン・インディア」自体はあくまでスローガンに過ぎず、発表当初はインド中央政府から製造業誘致のための大規模な補助金給付は行われていなかった。

　一方、コロナ禍を経て、この状況に変化があった。半導体の国内生産を行っておらず、また機械や二輪車・四輪車等の部品の海外依存度が高いインドでは、コロナ禍の時分、物流の寸断により半導体や部品を海外から輸入することが困難になった結果、四輪車等の生産中止を招いた。それに伴う四輪車等の販売減により、インド経済は2020年度、一時的に大きく減速した（図表7－7）。この状況に危機感を抱いたインド中央政府は、インド国内での独自のサプライチェーン網構築を掲げ、製造業誘致を目的に、PLI（Product Linked Incentive）という大規模な補助金給付スキームを発表した（図表7－8）。この対象分野を見ると、インドがこれから必要としている製造技術、すなわち日本がこれまで育成に取り組んできた製造技術が多くリストアップされており、

図表7－6　インドの貿易収支

（出典）インド商工省データより作成

図表 7-7　各国の実質 GDP 成長率の推移

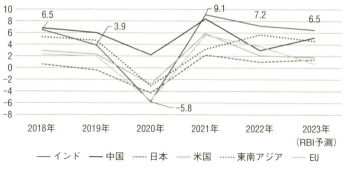

（出典）IMF "World Economic Outlook Database（2023年10月版）"より作成

日本の製造業の参入余地があると言えよう。

　また、コロナ禍後、インド政府は半導体の国内生産にも積極的に取り組んでいる。総額7,600億ルピー（約1兆1,400億円）というインド政府としてはこれまでに類を見ない額の補助金を設定し、半導体生産企業の国内誘致に尽力した結果、まず2023年6月には米マイクロン・テクノロジーがグジャラート州でDRAMおよびフラッシュメモリーの組み立て、テスト工場を設立することを発表した。この総事業費のうち、インド中央政府と地方政府の負担分は合計7割となる予定だ。その後、2024年2月末には、同分野で下記の通り3件のインド国内における半導体製造計画がインド政府に承認されている。

・タタ・エレクトロニクス（インド）と力晶積成電子製造（PSMC／台湾）の提携によるグジャラート州ドレラ特別投資地域における半導体工場設立。投資額は9,100億ルピー（約1兆6,380億円）。
・タタ・セミコンダクター・アセンブリー・アンド・テスト（TSAT／インド）によるアッサム州モリガオンにおける半導体製造のATMPを担う工場の設立。投資額は2,700億ルピー。
・CGパワー・アンド・インダストリアル・ソリューションズ（インド）は、ルネサスエレクトロニクス（日本）とスターズ・マイクロエレクトロニクス

figure 7－8　インドにおける PLI 分野一覧

	分野	所管省庁	補助金（単位：億ルピー）	認定企業数	日系企業数
1	エレクトロニクス（携帯電話・特定電子部品）	電子・情報技術省	4,095	16	1
2	重要な出発原料・薬剤中間体・医薬品有効成分	医薬品局	694	―	
3	医療機器製造	医薬品局	1,842	21	1
4	自動車（完成車）・自動車部品	重工業省	2,594	95	14
5	医薬品	医薬品局	1,500	55	
6	特殊鋼	鉄鋼省	632	30	5
7	通信ネットワーク機器	電信局	1,220	31	
8	ITハードウェア（PC、タブレット、サーバー等）	電子・情報技術省	2,433	14	
9	白物家電（エアコン、LED）	産業国内取引促進局	624	42	7
10	食品加工	食品加工業省	1,090	129	
11	繊維	繊維省	1,068	61	1
12	高効率太陽光発電モジュール	新・再生エネルギー省	2,400	16	
13	先端化学・セル電池	重工業省	1,810	4	
14	ドローンおよびドローン構成部品	民間航空省	12	―	

（出典）Invest India（National Investment Promotion & Facilitation Agency）などより作成

（タイ）とともに、グジャラート州のサナンド工業団地に半導体のATMP工場を設立する。投資額は760億ルピー。

このように、インド国内において近い将来、半導体の生産開始が発生すると思われる地合いとなっている。現在、半導体のチップの分野では、日本のプレ

ゼンスは高いとは言えないが、シリコンウエハーなどの素材や半導体製造設備では日本のプレゼンスは世界的に高い。前述のように既に関与を表明しているルネサスエレクトロニクスをはじめ、今後、同分野においても日印間の協力が進む可能性は高いと言える。

（2）インドにおける製造業躍進の可能性

補助金を投入し外資等の工場設立を進めても、製造された完成品の販売が進まなければ意味が無い。そのため、ここでは耐久消費財の代表としてエアコンを例にとり、インド市場のポテンシャルについて見ていきたい。

耐久消費財は、一人当たりGDPが3,000ドルを超えると売れ行きが加速するとされる。インドの世帯の所得別割合は図表7－9のようになっているが、世帯所得が5,000ドルを超える世帯が2020年に54.5％だったものが、2030年には82.7％と、10年間で30％ポイント近く増加すると予想されている。これに伴い耐久消費財の導入も加速すると見られるが、インドにおけるエアコンの使用台数予測を見ると、2016年から2050年の間で約42倍に増加すると予想されている

図表7－9　インドにおける所得別世帯割合の推移

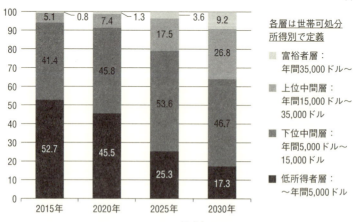

（出典）Euromonitor International データより作成

図表7-10　各国におけるエアコンの使用台数推移

(単位：100万台)

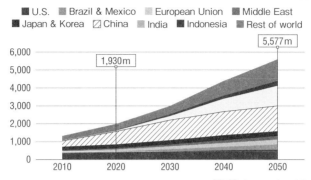

(出所) International Energy Agency

図表7-11　各国におけるエアコンの使用台数の伸び率

(出典) Times of India

(図表7-10、7-11)。このように、インドでは近い将来、中間層が増加し、それに伴いエアコンをはじめとした耐久消費財の導入も大きく進むことが予想されている。このように、インドにおける耐久消費財市場のポテンシャルは大きいといえる。

　日本勢としては、2022年4月にダイキン工業のインド子会社がインド2カ所

目となるエアコン製造工場を南部に設立することを発表したのに続き、2023年1月には三菱電機が同じくインド南部にエアコン製造工場を設立することを発表した。これらは、インドで今後、耐久消費財の導入が大きく伸長する状況を見込んで、進められていると見ることができる。

(3) 中国からの投資の冷え込み

耐久消費財の製造については、中国企業にも強みがあるが、現在、中国からインドへの投資は伸長しているとは言えない。その分、同分野における日本、韓国等の企業のインドでのビジネス可能性が高まっており、これも特筆すべき点である。その背景には、印中の国境紛争に端を発した中国からの投資に関する制限がある。

① インド政府の投資にかかるガイドライン変更

2020年4月18日、インド商工省は海外からの直接投資に関するガイドラインを変更し、インドと国境を接する国からの投資は業種にかかわらず全てインド当局の事前の個別認可を必要とする旨を発表した（投資主体がインドと国境を接する国に居住している場合、およびその国の市民である場合も含む）。インドへの投資については、業種によってはインド当局からの個別事前許可取得を必要としない自動認可ルートも存在するが、この変更により、中国からの投資についてはそれが使用できなくなった。本変更の理由について、インド当局は「外国企業からの日和見的な買収をけん制するため」としているが、パキスタンやバングラデシュからの投資については、本変更以前から自動認可ルートは使用できなかったため、実質的に中国からの投資をターゲットにしたものであると考えられる。

この流れの中で、米アップルのサプライヤーとして知られる電子機器受託製造サービス（EMS）大手「立訊精密工業（ラックスシェア）」は、2020年以降、インドへの投資拡大を試みるも一部、額の大きな投資がインド政府より承認されず、結局2023年11月にインドではなくベトナムへの新たな生産設備設立

を発表した。また、電気自動車（EV）分野で中国最大手の比亜迪（BYD）は2023年7月、インドでの合弁投資計画を棚上げすることを発表した。こちらも、インド政府の厳しい投資審査が原因とみられる。

②印中国境付近における紛争に端を発するアプリの使用禁止

　2020年6月16日、インド当局は中国との国境をめぐる係争地であるヒマラヤのラダック地方において両国軍の衝突が発生し、インド兵が少なくとも20人死亡したと発表した。そもそも新型コロナウイルス感染症の発生により中国に対してネガティブなイメージがあったところ、この事件によりインド国民の反中感情が一気に高まりを見せた。結果、インド各地において中国製品の不買運動や抗議デモが発生した。加えて、インド当局も政府調達から中国製品を排除する動きを見せたのに加え、インド通信省は国営通信事業者に対し、中国から4G向けの通信機器を購入しないよう指示している。

　このような流れの中、インド電子・情報技術省は、中国企業が提供する59のアプリのインドにおける使用を禁止する措置を打ち出した。これにはTikTokやWeChatなどが含まれていたが、その運営主体であるバイトダンスやテンセントは2019年度まではインドへ積極的に投資を進めていたため、この措置により大きな打撃を被ることになった。その後、バイトダンスはインド事業の終了、大規模な人員整理を発表した。

　インドへの投資統計を見ても、2019年度までは、デジタル分野において中国および米国大手が競い合うようにして対印投資を進めてきたが、2020年は同分野における中国からの投資が大きく落ち込み、その分米国大手の投資が伸長している。

　このように、2020年度以降、インド政府は中国からの投資を抑制する方向に動いているが、一方、米国、韓国、日本等からの投資はそういった影響を受けていない。国際社会に目を向けると、米中間の対立が深まる中、インドは中国との国境紛争を契機とし、民主主義陣営により接近してきている形だ。対印投資の観点から見ても、中国企業が選択肢となりづらい分、インドにおける日本

企業のプレゼンスは、とくにものづくり分野において高まっていると言える。

5．日印間協力によるイノベーション創出の事例分析

　前節までで、インドにおけるイノベーション技術の活用とそれを生み出す社会的要因に加え、インドで日本のものづくり技術の活用ニーズがあり、それを後押しする環境も存在することを述べたが、これらの状況を踏まえ、日印（企業）間で他方のニーズを満たし、Win-winの関係を築きながら協力してイノベーションを創出した事例を見ていきたい。

① NEC（生体認証技術活用）の事例
　第3節において、個人認証やペーパーレス、キャッシュレス、個人情報に係る利用の同意・流通の管理に関する一連のオープンAPI（アプリ・プログラミング・インターフェース）を束ねた公共のデジタルインフラであるインディア・スタックを取り上げたが、それを構成する元となる情報が、インドにおけるマイナンバーカードに相当するアダールである。そして、このアダールの胆となるのが、本人確認のための高い個人認証技術である。この個人認証技術を提供しているのは、日本のNECだ。

　そもそもアダールの情報は、銀行や公共サービスで活用されるため、個人認証で重複が発生するのは許されない。そのため、アダールでは、指紋、顔、虹彩を組み合わせた高精度のマルチモーダル生体認証が採用された。この生体認証を担うNECの技術は、インディア・スタックにおいて重要な役割を果たしている。

　インド政府がNECの技術を採用した理由は、同社が開発するそれぞれの生体認証技術が世界最高レベルにあるという点が大きい。NECは、米国国立標準技術研究所（NIST）が実施した指紋認証技術と顔認証技術のベンチマークテストで、世界1位の照合精度を有するとの評価を獲得している（顔認証技術は、2009年以来、4回連続1位を獲得）。虹彩認証においても、精度評価テス

ト（IREX IX）で第1位の照合精度であると評されている。そもそも、NECの生体認証分野における研究開発の歴史は古く、四半世紀前からこの分野に取り組んでおり、これまで選挙ID、犯罪捜査、出入国管理などの分野において70ヶ国以上で導入された実績がある。インドのアダールで採用されたのも何ら違和感は無い。

このように、近年インドにおける大きなイノベーション創出と言えるインディア・スタックにおいて、日本の先端技術が活用されている。

②マルチスズキ（アクセラレーション・プログラム活用）の事例

マルチスズキは、2019年に首都デリー近郊のハリヤナ州グルガオンでスタートアップ向けのアクセラレーション・プログラム「Mobility and Automobile Innovation Lab（MAIL）」（2024年に「Maruti Suzuki Accelerator」に改称）を立ち上げた。その理由を、同社担当者は「今後、コネクテッドやシェアリングエコノミーなどの新しい領域での開発が重要となってくるが、内部のリソースは限られているため、外部との連携が必須だ。その方法として、スタートアップのアクセラレーションという新たな方法を試している。」と述べている。つまり、スタートアップ企業しいてはインドにおける高度人材のスキルを活用することで、新規分野におけるイノベーション創出を目指している。

また、同社は本プログラム運営のために、提携先としてGHVアクセラレーターを選んだが、その理由として、スタートアップ関連メディアのInc42が毎年発表しているアクセラレーターランキングで、GHVアクセラレーターが2年連続1位を獲得している点、およびインド政府のスタートアップ振興機関であるスタートアップインディアが同社を活用している点を挙げている。

プログラムの内容は、マルチスズキが抱える課題を解決することを目的に、自動車・交通分野のスタートアップを中心に、年に2回インド全土から募集し、5社を選定し、アクセラレーション・プログラムを3ヶ月程度実施するという形を取っている。具体的な内容としては、マネジメント、財務、ソリューションテクノロジー、マーケットインに関するメンタリングとなっている。上

位に選ばれたスタートアップには、マルチスズキがファンドも提供している。インドにおける乗用車販売で4割以上のシェアを獲得しているマルチスズキの知名度の高さも作用し、プログラム開始初年度から、かなりの数のスタートアップから応募があったという。

　具体的な連携事例としては、例えばコールセンター業務の分析がある。同社のコールセンターでは何百人ものオペレーターが働いており、顧客との通話は全て録音されている。これらの通話データを解析し、オペレーターの対応が適切であるか、また、通話中に販売のキーワードが出てきた場合にその顧客が見込み客としての可能性があるか、などを分析したいと考えていたが、これを大手アメリカ企業等に委託するのはコスト面で厳しい。そこでアクセラレーション・プログラムを通じ、該当する技術を持ったスタートアップを探し、協力してソリューションを構築することで、全ての通話データの分析が可能になったという。

　これまでであれば、マルチスズキのような大企業がインドで新規分野における開発を行う際には、「自社による投資」、「現地インド企業の買収」などの手法を取ったと考えられるが、今回、インドのスタートアップと協力することでイノベーション創出を目指すアクセラレーション・プログラムの活用という新しい手法を用いている点は非常に興味深い。

　以上のように、これまでの事例を分析すると、日印協力によるイノベーションの在り方としては、インディア・スタッグのような（一）インドにおけるイノベーション創出ツールを生み出す際、日本企業がこれまで開発してきた先端技術を提供するという形態に加え、マルチスズキのように、（二）インドで求められる日系製造業が、新規領域における事業創出、自社業務の効率化、経費削減のためにインド系スタートアップが有するイノベーション技術を活用するという形態も見られる。いずれも、前節までで述べたインドが求めるニーズを日本企業が満たしたり、逆にインドが強い分野を日本企業が活用したりするという形で、日印間でWin-winの関係を築いているものであり、相互補完的であるがゆえに現実的な協力形態であると言えよう。

前節で述べたように、現在の国際情勢を見ても日印間の協力が阻害される要因は無いどころか、逆に印中関係の冷え込みを受け、中国がインドにおいて市場開拓可能性があるものづくり分野において、日本がそれを取り込めるチャンスが到来しており、日印関係進展には追い風が吹いている。今後、前述のように特に半導体分野をはじめとするものづくり分野において日印協力のポテンシャルは高いと考えられることから、同分野において（一）、（二）のような形態で日印協力によるイノベーションが創出される可能性は高いと考えられる。

現に、こういった動きは日本企業の中で拡大している。パナソニックは2023年10月より地場ベンチャーキャピタルの協力も得ながら「パナソニック・イグニション」というアクセラレーション・プログラムを実施している。オフィスビル向けエネルギーマネージメントに関する課題解決に取り組むスタートアップ企業を募集したところ、140社以上から応募があり、12社がファイナリストに選出され、2024年3月の成果発表を経て最終的に6社が入賞した。入賞したスタートアップの業態を見ると、クラウドベースのビル管理システム販売、IoTベースのスマート空気清浄デバイス開発などであった。これらのスタートアップ企業は、今後パナソニックのファンドの出資先候補となるのに加えて、同社インド事業部と協業に向けた議論も行う予定となっている。

6．日印協力における課題とソリューション

前節までで、日印間ではお互いの強みを活かす形で補完的な協力関係を築くことでイノベーションを創出できることを述べたが、一方、日印（企業）間の協力を考える上では課題も見られる。どのような課題があり、それを乗り越えるためにどのようなソリューションがあるかを考えたい。

（1）インド人の日本居住型の協力はハードルが高い

インドは世界一の人口を擁する人口大国であるが、日本での居住者数を見るとそこまで多くは無い。まずはその理由を、日本に居住するインド人へのヒア

リング等を基に考察する。

①インド人は英語圏での生活の方が快適

22の公用語があるインドでは、英語が共通言語の役割も兼ねており、学校における英語教育は進んでいる。結果、中級クラス以上のインド人はほぼ英語が話せる。その結果、インド人は留学先や就労先として英語が通じる国際都市を選択するケースが多い。すなわち、多くのインド人は米国、欧州、豪州などを目指す。留学等を経て現地での就業を目指す医者やエンジニアなどの高度人材の場合、学位の取得も絡み、英語以外を使用する地域だと、その達成ハードルが上がるため、この傾向はより一層顕著となる。

すなわち、インド人が留学先、海外就業先として国を選択する際、「英語で生活できない不便さを上回るメリット」が無ければ、通常は日本を選ばないと考えられる。昨今の円安の状況下、日本の給与は他国比較そう高くない状況が発生しており、金銭的メリットにより日本を選択するケースは減少傾向にあると考えられる。

②年功序列の文化

日本の大企業で就労するインド人エンジニアによると、日本の大企業における就労に関する文化もインド人には合わない部分が見られるとのことだ。例えば、若年層でも高いスキルを有したエンジニアに対し、高い報酬を払う動きも、最近日本のIT大手で見られるようになってきたが、これはまだ一般的ではない。多くの日本の大企業では、まだまだ年功序列の文化が根強く残っており、高いITスキルを有したエンジニアでも、若い時は一定程度、汎用的な業務への従事を求められるケースが多いとのことだ。IIT（インド工科大学）など、インド最高峰の大学を卒業し高いスキルを持つエンジニアになればなるほど、こういった日本的な「横並び」、「年功序列」を反映した業務に違和感を抱く傾向があり、それがインドの高度人材の日本の大企業への定着率低下（すなわち早期離職）に繋がっている可能性がある。インドの若い、ハイレベルの

エンジニアは、自己実現、すなわち自分がどれだけ活躍できているのかを重視する傾向が強いという。

③行間を読む文化

多民族が暮らすインドでは、文化や宗教が異なる、すなわち、前提となる常識が異なることがあるため、日常生活や仕事において、希望や要求を割とフランクに伝えるが、日本ではそれは失礼なこととして敢えて曖昧に伝えることも多い。「言いにくいことは言わず、察してほしい」という文化であるが、これは文化的バックグラウンドが同じであるからこそ成立する。同時に、これは物事をはっきり伝える事が当たり前になっているインド人とは相性が悪い。日本語一つとっても同様の傾向がある。先の日本企業で就労するインド人によると、日本語をある程度学んだインド人が日本で暮らしはじめ、「大丈夫」という言葉が、状況によって否定にも肯定にもなることに戸惑っていたことがあった。確かに、「大丈夫」と言って何かを断っているのか、相手の意見を了承しているのかは、文脈によって判断しなければならない。こういった行間を読むことが苦手なインド人は多く、日本で居住する上でマイナスの要素と感じられているケースは一定程度発生している。

(2) 現地でイノベーションを担う人材を活用する協力形態

前述のように、英語圏の他の国際都市と比較して、インド人が日本に暮らす上でハードルとなる要素は多い。インド人エンジニアを採用し日本に赴任させた場合、早期の退職に繋がるケースも多い。では、エンジニアをはじめとするインド人高度人材はどういう形で活用するのが適切かつ現実的なのだろうか。

その一つの解と言えるのが、インド人高度人材をインド内で活用するオフショア活用である。近年、インド人エンジニアを採用しても日本に居住させず、現地法人の開発業務に従事させたり、日本企業の一部業務をインド現地のスタートアップに委託し、現地の高度人材により遂行させる例が出てきている。これにより、前述のようなインド人が日本に居住するためにクリアすべき

図表7－12　インドで研究開発を行う日系企業の例

企業ロゴ	概要
Panasonic SONY TOSHIBA NEC HITACHI FUJITSU	2011年　パナソニックR&Dセンター設立、日立R&Dセンターインド設立。 2013年　東芝ソフトウェアインドR&Dセンター設立。 2018年　NECインド研究所設立。 2020年　ソニーR&Dセンター設立。 2021年　富士通R&D拠点設立。
Rakuten	2014年にベンガルールへ開発拠点設立。2022年8月に同市内中心地に自社ビルオープン、1,700人以上のエンジニアを雇用。現在はグローバル向けの開発もベンガルール拠点で行っている。
NTT DaTa	NTTデータは2022年8月に世界6拠点に「イノベーションセンター」を設立し、活動を開始することを発表。日本・北米・イタリア・ドイツ・中国・インドの6カ国にローカルセンターを設置。
mercari	メルカリは2022年5月11日、インドのベンガルールに技術開発拠点を設立することを発表。日本とインドを横断した国際的な躍進を支える組織づくりを行う。資本金は3,000万ルピー（約5,000万円）。
DAIKIN	ダイキンインドは、今後3年間で50億ルピー（約85億円）を投じ、西部ラジャスタン州ニムラナに研究開発センター（R&Dセンター）を設立すると発表。インド向けおよび輸出向けエアコンの研究開発を行う。2023年12月の稼働を目指す（2022年8月報道）。
SUZUKI	デリーに同社が100％出資する研究開発センター「Suzuki R&D Center India Private Limited（SRDI）」を設立。日印の研究開発部門が効率的に連携することで、インドにおける競争力の強化を目指す（2022年8月報道）。
Pioneer	グルグラムにあるインド現地法人 Pioneer India 内と、ベンガルールの2カ所に研究開発拠点を設置し、R&Dの強化を目的にエンジニアの採用に注力するとともにイノベーションの創出を加速させ、モビリティ領域における革新的な商品を開発・提供していく（2023年7月同社プレス発表）。

（出典）各種報道資料、各企業プレスリリースより作成

ハードルを考慮することなく、インド人高度人材の能力を活用し、日印間でイノベーションを創出することが可能となる。現に、図表7－12のように、インド現地で開発を行う例は近年、増加傾向にある。日本企業が現地でインド人材を活用する事例は近年増加傾向にあり、日印協力における課題を乗り越える一つの方法であると考えられる。

　加えて、先に述べたマルチスズキ、パナソニックの例のようなアクセラレーターの活用も今後更に進むと考えられる。背景には欧米企業と比較して、日本企業がインドをオフショア開発拠点等として活用する歴史が浅いことがある。米国やヨーロッパ諸国などは、同じ英語通用国であるインドのIT人材を活用しやすかったため、これまで着々とインドに開発拠点の設置を進めてきた歴史がある。一方、日本企業はこれまで、同じ漢字文化圏であり仕様書等も英語圏よりは共有しやすく、日本語学習者も比較的多い中国をオフショア開発拠点として活用してきた企業が多い。（インドに長く取り組んできた一部の大企業は別として、）突然インドの活用と言われても、開発拠点設置の場合、優秀な現地の人材確保、インド人マネジメントの経験が無く戸惑う日本企業担当者は多い。また、開発拠点設置の場合、初期投資もそれなりに必要なためそれなりにリスクも存在する。それに対し、アクセラレーター活用は外部のリソース活用となるため、社内での人材マネジメント等を考える必要もなく、資金投下もより少なくて済む。幸い、現時点では日本企業がこうしたアクセラレーション・プログラムを実施した場合、多くのスタートアップ企業から応募があり、中には優秀な企業も含まれている。日本企業がインドの活用を始める際、アクセラレーション・プログラムは取り組みやすい方法であると言えよう。

7．むすびにかえて

　前節までで述べた通り、インドはまだまだ農村人口が多いため、期待されるイノベーションとしては農業やその収入向上に資するものが脚光を浴びているが、それに加えて、農村の物流（EC等も含む）の助けとなったりやインフラ

の代替となる技術やサービスにもニーズがある。加えて、インドは今後、中間層の急速な増加に伴い、耐久消費財の購入も急速に進むと見られるが、インド政府はそれらをできるだけインド国内で生産し、貿易赤字拡大を防ぎたい考えだ。そのために多額の補助金を設け、インド国内における電気電子部品、自動車部品、EV関連、半導体等の生産ハブの誘致を進めている。このような状況下、インド国内で見られる日本企業のイノベーションの例では、農村に資するタイプのものとしてはNECの認証技術、インドにおけるものづくりに貢献するタイプのものとしてはパナソニック、ダイキン、マルチスズキの研究開発などがある。中でも、インド政府が国策として進めており、日本企業が強い分野でもあることから、今後、後者のタイプが特に増加すると考えられる。2020年以降の印中関係の後退に伴い、ものづくり分野に強みを持つ中国のインドへの投資が現在、実質制限されていることも日本企業にとっては追い風と言える。

　後者のタイプにおいて、これまでは研究開発拠点の設置が多くみられたが、マルチスズキやパナソニックのような大手企業がアクセラレーション・プログラムの導入に踏み切ったことから、今後はアクセラレーション・プログラムを活用する日本企業も増えることが予想される。これにより、これまでインドに縁が無く、インド人の人材確保や管理のつて、ノウハウが無い日本企業であってもインドの活用が進むことが期待される。

　インド政府が後押しするものづくり分野であることもあり、マルチスズキやパナソニックのアクセラレーション・プログラムには多くのスタートアップの応募が見られた。これは、現時点で、インドにおいて日本のものづくり企業のニーズがあることを意味しているとともに、インドのスタートアップ企業の歴史がまだ浅いこともあり、比較的オープンなコミュニティーであることも示していると考えられる。これは日本企業にとってプラスに働く。

　現在、イノベーションは世界のどこで発生させようともその成果は世界中で共有できるようになり、場所を選ばなくなった。インドのようにスタートアップ企業が多く、技術者のレベルが高い国は、研究開発拠点等として特に注目を浴びるようになってきている。一方、今回、インドのスタートアップ企業の創

業者と話したり、ユニコーン企業創業者のインタビュー等を見て感じたのは、インドの現状を反映してか、インドのスタートアップ企業創業者が、その事業を始めた明確な理由、使命感、特定の社会問題解決への強い意欲を持っている点であった。インドのスタートアップ企業はまだまだ玉石混合の状態であり、全てのスタートアップ企業に当てはまるとは言えないが、明確な使命感を持った企業（経営者）が多いのがその特徴と言えるだろう。アクセラレーション・プログラムの活用により、できるだけ多くのインドのスタートアップ企業と接点を持つのは意味があるが、その際、日本企業側も利益以外に彼らの強い思いに応える用意が無いと、中長期的な関係維持が難しい点は、インドのスタートアップと連携する際の特徴と言えるだろう。裏を返せば、その条件を満たし、かつ（英語話者で日本の生活環境に適応しにくい）インド人エンジニアをインドで活用することさえできれば、印中間の経済協力において課題が無いとは言えない現状を鑑みるに、ものづくり分野で日本企業がインド人人材とより協働しやすい状況が今、まさに生まれているということに他ならない。より多くの日本企業がこの状況をチャンスとして認識、活用し、また自己実現を重んじるインド人エンジニアの希望もある程度尊重するなど、インド人側の希望・考え方もある程度尊重しながら付き合うことで、近い将来、日印間の協働事例がますます増加することを期待し、結びとする。

【参考文献】

［日本語文献］

NTTデータ「グローバル6カ国に「イノベーションセンタ」を設立」2022年8月19日。
　https://www.nttdata.com/global/ja/news/release/2022/081900　情報閲覧日2024年3月30日

ジェトロ調査部（2024）「2024年度海外進出日系企業実態調査（全世界編）」pp.6-13.
　https://www.jetro.go.jp/world/reports/2024/01/9414c66608fc05a1.html　情報閲覧日2024年3月30日

商務情報政策局情報処理振興課（2016）「IT 人材に関する各国比較調査結果報告書」経済産業省、pp.8-34.
https://warp.da.ndl.go.jp/info:ndljp/pid/11457937/www.meti.go.jp/policy/it_policy/jinzai/27FY/ITjinzai_global.pdf　情報閲覧日2024年3月30日

スズキ「スズキ、インドにR&Dセンターを設立」2022年8月28日。
https://www.suzuki.co.jp/release/d/2022/0828b/index.html（参照2024-3-30）

高橋俊一（2021）「移民起業家によるグローバル・イノベーションに関する端緒的研究：概念整理と研究動向」立正経営論集. 53(2)、pp.51-72.

瀧幸乃（2019）「マルチ・スズキ、スタートアップアクセラレーションを開始（インド）」ジェトロ。
https://www.jetro.go.jp/biz/areareports/2019/2dbdff33c071a93c.html　情報閲覧日2024年3月30日

チェンナイ事務所等（2019）「インドEC市場調査報告書」ジェトロ、pp.57-64.
https://www.jetro.go.jp/world/reports/2023/01/20839957f6d40fe4.html（参照2024-3-30）

パイオニア「パイオニア、インドに研究開発拠点を新設」2023年7月18日。
https://jpn.pioneer/ja/corp/news/press/index/2785　情報閲覧日2024年3月30日

播磨亜希（2022）「コロナ禍のなかでのトランスナショナル創業－欧州の事例を中心に－」『日本政策金融公庫論集』第55号、日本政策金融公庫、pp.41-45.

―――（2019）「トランスナショナル創業－国境を越える起業家の役割と課題－」『日本政策金融公庫論集』第45号、日本政策金融公庫。

メルカリ「メルカリ、インド開発拠点設立のお知らせ」2022年5月11日。
https://about.mercari.com/press/news/articles/20220511_indiacenterofexcellence　情報閲覧日2024年3月30日

楽天グループ「楽天、インド・ベンガルールの新オフィスお披露目式典を開催」2022年11月7日。
https://rakuten.today/blog-ja/india-new-office-2022-j.html?lang=ja　情報閲覧日2024年3月30日

［英語文献］

"Daikin India sets up third R&D center with ₹ 500 crore investment," Daikin India, August 17, 2022. https://www.daikinindia.com/news/daikin-india-sets-third-rd-centre-%E2%82%B9-500-　crore-investment（参照2024-3-30）

Department for Promotion of Industry and Internal Trade.(2016～2022）"FDI Statistics". https://dpiit.gov.in/publications/fdi-statistics　情報閲覧日2024年3月30日

IMF.(2023）"World Economic Outlook Database". https://www.imf.org/en/Publications/WEO/weo-database/2023/October　情報閲覧日2024年3月30日

International Energy Agency."Global air conditioner stocker 1990-2050,". https://origin.iea.org/data-and-statistics/charts/global-air-conditioner-stock-1990-2050　情報閲覧日2024年3月30日

Invest India."Product Linked Incentive（PLI）Schemes in India". https://www.imf.org/en/Publications/WEO/weo-database/2023/October　情報閲覧日2024年3月30日

Ministry of Statistics and Programme Imprementation.(2022）"Percentage change in GVA by economic activity at current and constant prices". https://www.mospi.gov.in/sites/default/files/reports_and_publication/statistical_publication/National_Accounts/NAS2022/1.6B.xlsx　情報閲覧日2024年3月30日

Venture Intelligence.(2022）"Unicorn Tracker". https://www.ventureintelligence.com/Indian-Unicorn-Tracker.php　情報閲覧日2024年3月30日

第8章
日本におけるアントレプレナーシップの発揮とその成果の考察
－新商品開発5つの事例－

北村 森

1．はじめに

　本章では、アントレプレナーシップ、すなわち企業家精神が事業に国際化をもたらすための要素のなかでも、とりわけ新商品開発に求められる要素とは何かを探っていく。

　企業が海外進出する過程を説明する理論としては、1970年代に提唱されたウプサラ・モデルが知られている。企業の国際化にあたっては漸進的・段階的なプロセスのもとで進行するとの理論である。しかし近年、ボーングローバル企業と呼ばれる、創業時もしくは創業まもない時期から事業の国際化を果たす中小企業が我が国でも生まれている。つまりすでに、事業の国際化は大手企業によるものだけとは限らない。経営資源に乏しい中小企業であっても、創業直後から国際化に成功する事例が登場しているわけである。

　その背景として中村（2013）は、まず企業を取り巻く環境の変化を要因に挙げている。グローバル化の進展、世界市場経済の統合、ナレッジ・エコノミーの進展、ICTの発展、特にインターネットの登場、途上国の市場化や技術力の向上、などである。そのうえで中村は、ボーングローバル企業の内的環境要因、希少な経営資源の有効利用や経営者による国際的企業家精神（志向）の台頭が、より本質的な理由としている。

　ボーングローバル企業の出現と同時に、ボーンアゲイングローバル企業の増加も注目されている。ボーンアゲイングローバル企業とは、長年国内で事業展

開していた企業が、あるきっかけを境に急速な海外進出を果たす企業を指す。井原（2023）は、模倣困難性を持った技術力により世界に通用する製品を創出することで新規市場創出の可能性が大きいと指摘したうえで、外部環境変化に対応すべく、自らの事業構造の変革を図りながら、危機感によって醸成された動機によって国際化を目指すことが成功につながるとしている。

　これらの先行研究が示しているのは、経営資源が潤沢ではない中小企業にとって、経営者の企業家精神が事業の国際化を成功させるために大切な要素となるという点である。では、そうした企業家精神によって、企業はまず具体的に何を創出すべきか。それを探るのが、本章の目的である。本章ではそれを、グローバルイノベーションを起こす可能性を有した新商品の開発と規定したい。ボーングローバル企業においてはどのような素材を起点に据えてグローバルイノベーションを創出するかが重要となり、またボーンアゲイングローバル企業では、すでにそこにある資源、すなわち新商品開発に不可欠な素材や技術を、いかにして事業の国際化に生かすかが求められる。

　本章では、ケーススタディを通してボーングローバル企業ならびにボーンアゲイングローバル企業に必要な新商品開発の要諦を明らかにするべく、業種の異なる5つの事例でのヒアリング調査を試みた（後述）。起業、社内スタートアップのほか、地域の事業者連携による国際化の事例も交えている。いずれも、地域に根づく産品あるいは産業の強みを起業もしくは社内スタートアップなどに生かし、地域活性化を果たしながら、同時に事業の国際化を意識し、成果を挙げている事例である。

　それらの事例から明らかにしたいのは、新商品開発におけるイノベーションをどのような経緯によって成就させ、イノベーションにより、それぞれの新商品に、国際化に耐えうる独自性をもたらすことに成功したのかである。

　そこで本章では、5つの事例のヒアリング調査を通して、具体的に次の3点について考察を試みた。

① 経営者の企業家精神を醸成しうる要素の一つに、経営者自身の経験が影

響をもたらしているとするならば、それはどのような経験であり、また、その経験が新商品開発のプロセスに何をもたらしたか。
② 新商品開発から国際化の成就に至るまで、どのようなマーケティング手法をもって、新商品の販売促進に成功したか。
③ そもそも、イノベーションを創出し、国際化を果たすうえで、内部要因である企業家精神のほか、外部要因をどのように活用したか。具体的には、新商品開発を進めるうえで、いかにして海外の市場や風土との融合を図り、トランスナショナルな企業活動を成就できたか。

企業活動において必要としばしば語られるイノベーションであるが、それは技術革新によってのみもたらされるものとは限らないというのが、近年の潮流と捉えることもできる。日本国内で地域活性化と国際化に関する数々の事例に携わる工業デザイナーの奥山清行は「まったく新しい技術を獲得しないとイノベーションは実現できないと諦める必要はない。すでにそこにある技術なりノウハウなり組織なりをうまく活用するだけでも、新商品開発においてイノベーションは起こせる」と指摘する[1]。

技術の獲得がイノベーション創出に必須と限らないとするならば、国際化へと進むプロセスで求められる新商品開発の要件とは他に何であるのかも考察していきたい。

2．事例選定理由

前項で記した①-③を考察するため、本章では5つの事例を調査対象として選定し、関係者へのヒアリングを実施した。

有限会社エニシング（東京・新宿区）は2000年創業。日本古来の前掛けを製

---

[1] みずほ総合研究所（現・みずほリサーチ＆テクノロジーズ）奥山・北村（筆者）対談講演「みずほFORUM-M定例講演会　日本のものづくり、ここが足りない！」(2027年2月6日東京・一ツ橋ホール)。筆者による対談録より抜粋。

造・販売し、現在では60の国・地域から購入されている企業である。同社は前掛けの可能性に着目し、豊橋市の町工場から仕入れを始め、2019年には自社工場を設立。その後、積極的な姿勢で欧米への輸出を進め、現在では売上高の約3割が海外向けとなっている。

　浅野撚糸株式会社（岐阜・安八町）は1967年創業。長年、撚糸の製造に携わっていたが、2000年代に入り、取引先であった大手企業が撚糸調達先を海外に求めたために業績は急激に悪化。経営危機に陥った局面で自己破産を選ばず、新しい撚糸の開発にあえて挑み、新製品を完成させた。その撚糸を用いたタオル「エアーかおる」が累計販売数1,800万枚を超え、業績は急回復した。さらに2023年に福島県双葉町に新工場を設立し、海外5社との契約を締結。国際化を進めている企業である。

　上記2社は、前者が起業、後者は父親からの事業継承を機に経営刷新を遂げたという違いはあるが、いずれも我が国における斜陽産業を立て直すという目標を掲げ、それぞれに成果を収めているという点が共通している。

　次に、カモ井加工紙株式会社（岡山・倉敷市）の事例を取り上げる。1923年設立の同社は長年、ハエトリ紙や工業用マスキングテープの製造・販売に従事していたが、2008年、文具用マスキングテープ「mtシリーズ」というまったく新しい用途の商品を発売。後続メーカーが参入を重ねる状況下にあっても国内シェア7割を占めると同時に、「mtシリーズ」は売上の1割を輸出によって得ている。

　ハワイアン焼酎カンパニー（米国・ハワイ）は、オアフ島の北西部であるノースショアに日本人夫婦が移住して2012年に立ち上げた焼酎蔵である。小規模な蔵であり、春と秋にわずか約3,000本ずつの生産のみという事業展開ではあるが、第1号焼酎の完成以来、完売を続け、2020年春に見舞われた新型コロナウイルス禍の状況下を乗り越え、現在も好業績を上げている。

　最後に取り上げるのは、伝統産業におけるリブランディングと国際化の案件である。有田焼の産地8事業者と佐賀県は、「有田焼創業400年事業」として2014年以来、世界最大級のインテリア＆デザイン国際見本市「メゾン・エ・オ

ブジェ」(フランス・パリ)への出展を通じて、欧州の市場開拓を進めた。この事業のプロデューサーを前述の奥山清行が務めている。

ハワイアン焼酎カンパニーと有田焼創業400年事業は、それぞれのアプローチは異なるものの、いずれも地域産品の国際化を目指した事例である。

別の観点から整理すると、ハワイアン焼酎カンパニーはボーングローバル企業、有限会社エニシングは創業から7年を経ての国際化であることからボーングローバル企業に準じる存在と位置付けられる。浅野撚糸株式会社、カモ井加工紙株式会社はボーンアゲイングローバル企業としての好事例と考えられ、有田焼の国際化は地域の複数事業者と県によるプロジェクトであり、ボーンアゲイングローバル企業事例に準じるものと捉えることができる。

3. ケーススタディ 有限会社エニシングの事例[2]

有限会社エニシング(E社)は代表取締役の西村和弘氏(N氏)が、前職の大手食品会社を退職後、2000年に創業した。

創業当初はオリジナルTシャツの販売を手掛けていたが、2004年に東京・日本橋の問屋に前掛けが陳列されているのを見かけ、興味を抱く。しかし、その製造元が不明で、N氏自身が調べ、探り当てるまでに約2年を要した。

2006年、製造元が愛知県豊橋市にある町工場であると判明する。京都の染物業者から、現在は豊橋が唯一の生産地として残っているとの情報を得る。

N氏はその情報を手がかりに豊橋へ赴き、仕入れ交渉を試みるが、町工場の職人は反対した。「見てのとおり、俺たちはもう高齢化している」「この代で、前掛けづくりは終わりにしたいと思う」というのが理由だった。

N氏は「そうなったら、前掛けは日本からなくなってしまいます」と反論

---

[2] 筆者によるインタビュー調査に基づく。〈調査項目〉・基本属性・創業のきっかけ・事業概要・新規事業のきっかけ・海外展開のきっかけ、成功要因。本事例は拙稿・北村(2021)「実践 中小企業マーケティング」アリババ・ジャパンプレスを基に本書掲載のために大幅に加筆修正を行ったものである。

し、Tシャツ販売からの完全な業態転換を決意する。日本で唯一の前掛け専門店と謳おうと判断した。「こんな古いもの、売れるはずがない」との声が周囲からあがったが、N氏はセミオーダー方式のネット販売に活路を見いだした。対象顧客は個人の一般消費者とし、注文者が望むロゴや文字を印刷した前掛けを1枚単位で受付可能とした。販売価格は6,000円程度と設定した。豊橋の職人には理解してもらえず、「6,000円は高すぎる」と忠告を受けたが、N氏には、このセミオーダー方式であれば消費者をつかめるとの確信があった。業態転換の前から、少ない枚数ではあるが前掛けを扱っていた時期、購入者からの反響が予想外に高かったためだという。

　業態転換後、当初は月に10枚程度しか売れず、赤字経営が続いた。2007年、N氏は米国・ニューヨークへ商品売り込みに向かった。

　日本食を出しているマンハッタンのレストランなどに飛び込み営業をかけた。この渡航で、わずか6枚ではあったがN氏は受注を得る。売上は300ドルだったが、N氏は「のちのちにつながる300ドルだった」という。購入者がニューヨークで日本人向けのフリーペーパーを発行している出版社であり、フリーペーパーをレストランや食材販売店に配布しに行く場面で、E社の前掛けをまとってくれたことで、その後の受注獲得につながった。日本食を扱う大手専門商社やレストランからの注文、展示会へ出展依頼が届いた。

　月にわずか10枚しか捌けなかった当初に比べると、現在では1,000倍の売上、月に1万枚にまで伸長している。売上比率は国内7割、海外3割である。

　N氏は2019年、豊橋に前掛けづくりのための新工場を設立した。費用は1億円をかけた。豊橋市役所からは「繊維業で建築確認申請を出してきたのは、豊橋では55年ぶり」と驚かれたという。業績好調な背景がそこにあったほか、次世代を担う若年層を繊維業界で採用したいという狙いもN氏にはあった。

　真新しい建屋の中で稼働している織機はすべて年代物である。最も古いものは1917年製、新しいものでも1949年製と聞く。太い糸をやわらかな風合いに織り上げるには、古い織機のほうが向いているため、豊橋にあった工場などから譲り受けたとのことである。世界的に見ても、ここまで古い織機が現役で稼動

図表8−1　E社によるオリジナル前掛け、愛知県豊橋市に新設した製造工場

（出典）2021年 豊橋市　いずれも筆者による撮影

しているのは珍しく、前掛けづくり以外でも、織りの注文が北米などから得ることができた。そのため、2020年春以来の新型コロナウイルス禍においても操業を止めることなく、通常稼働を続けられたという。

N氏は国内外の展示会への出展を続け、2020年の「メゾン・エ・オブジェ」（フランス・パリ）ではニューヨーク近代美術館のスタッフの目に留まり、2020〜21年には同館のミュージアムショップで販売。また、欧州では約60店舗で扱われるほどになり、イギリスの店舗で偶然に前掛けを見た映画『007 No time to die』の制作スタッフが、2021年公開の同作のワンシーンにこの前掛けを登場させた。結果、E社のECサイトへは60を超える国から注文が届くまでとなった。

E社の事例から学べるのは、商品におけるイノベーションとは新技術の会得によるものとは限らないという教訓である。ではN氏は何によってイノベーションを創出したとみるべきか。

N氏は前掛けを素材にして、商品価値の再定義を二度試みている。まず国内では、前掛けを「仕事の道具」から「個人需要を喚起するギフト」と再定義した。ロゴや文字をあしらい、贈り物としての商品として光を当てている。海外においては「クールなキッチンウエア」と訴求し、受け入れられた。

前掛け自体の素材や製造法を大きく変えたのではなく、商品の定義を国内と海外でそれぞれに変え、訴求を続けて行ったことで業績を新調させた点が、大いに注目すべき部分である。

4．ケーススタディ　浅野撚糸株式会社の事例[3]

　長年経営を続けてきた企業の事例からも、起業に求められるイノベーションの源泉とは何かを考察できる要素を抽出することができる。

　浅野撚糸株式会社（Ａ社）は岐阜県安八町で1967年に創業し、糸をよって完成させる複合撚糸の生産を続けてきた。1999年には売上高が約7億3,000万円に達し、創業以来の最高水準に達するが、2000年代に入り、業績は急激に悪化し、2007年には約2億3,000万円にまで落ち込む。しかし、この年に発売した吸水性と触感に極めて優れたタオル「エアーかおる」が反響を呼び、売上高はＶ字回復を遂げた。「エアーかおる」は2024年に累計販売枚数が1,800万枚を超え、現在の同社売上高は年20億円前後となっている。2023年には、東日本大震災からの復興を期す福島県双葉町に新工場を設立、この工場で生産される撚糸は、海外大手5社との契約を果たし、輸出が進められている。

　1995年に創業者である父から事業継承した浅野雅己氏（Ａ氏）は、2000年代に入った直後、取引を続けていた大手企業が年始の調達先を海外に変更し始めたあおりを直接的に受ける格好となり、倒産の危機に直面する。いっときは自己破産を覚悟したが、経理を務めていた妻の支えにより、事業継続を決意する。

　かつての大手取引先から「もう日本では糸はつくらない時代だ」とまで告げられる状況下で、Ａ氏はあえて国内から技術力を背景にした高機能の撚糸を開発すべきであると判断する。経営環境が年々厳しさを増すなかで、5年間を費やし、糸と糸との間に空気を多量に含ませる撚糸「SUPER ZERO」を完成させる。この撚糸を用いてつくったタオルは、吸水性にも速乾性にも長け、柔らかな触感も持続するものとなった。

　しかし、タオルの卸業者に持ち込んでも価格が高すぎると仕入れを断られる時期が続いた。同社の資金繰りは極めて深刻な状況となったが、地元信用金庫

---

[3] 筆者によるインタビュー調査に基づく。調査項目は前掲脚注2と同じ。

が経営危機下での融資に応じてくれた。Ａ氏はここで、問屋任せにせず、自社ブランドとしてみずからタオルを販売することを決意する。そして2007年、「エアーかおる」と名づけたオリジナル商品の発売に乗り出した。

　高価格帯のタオル、それも当時は無名の商品であったにもかかわらず、「エアーかおる」はその高機能性が消費者に受け入れられ、売上を伸ばしていく。前述の通り、2024年には累計販売枚数が1,800万枚を突破するなど、ロングセラー商品として市場に定着するまでに育ち、2019年には売上高が約23億2,000万円と、最低迷期の2007年の約10倍を記録する。

　Ａ氏は、2010年代後半、経済産業省が立ち上げた勉強会に参加する。日本の繊維業が衰退の一途をたどっている実情に疑問を抱いた経済産業省の生活製品課の課長が立ち上げた勉強会であった。2019年、この勉強会を通してＡ氏は、経済産業省から福島県双葉町への工場新設を打診される。福島県の中でも双葉町が2011年の福島第一原子力発電所事故の影響により復興の糸口がみえない、との相談を受けてのことだったという。

　Ａ氏はこの打診に「ようやく利益が上がってきた状況で、再びイチから新事業を起こすのか」との逡巡があったと振り返る。しかしその一方で、Ａ氏自身が福島大学出身であり、2011年の東日本大震災の後、大学時代を過ごした福島になんら寄与できてこなかったことを思い起こす。

　2019年7月にＡ氏は双葉町を訪れ、双葉町長と面談をし、双葉町への工場新設を決断する。当時、同町で帰宅困難区域の避難指示は解除されておらず、旧市街地の状況にＡ氏は衝撃を禁じ得なかったと振り返る。

　Ａ氏は、双葉町を訪れた直後、新工場の設立を決断すると同時に、「双葉町を世界一の町にする」と内外に表明する。一つは避難解除後を見据えて、同町に住民の働き場所を創出することが目的であり、もう一つは福島復興の役目を果たすことと同時に撚糸技術を世界に発信できると踏まえたためだった。

　Ａ氏の判断に成功を危ぶむ反対の声はあったものの、家族からは賛同を得られ、新工場の建設に着手した。総工費は約30億円で、国の助成金を一部活用するなどして、資金調達を行った。ただし、Ａ氏にとって想定外の事態も起

こった。まず新型コロナウイルス禍による同社の売上高減少である。2019年の約23億2,000万円から、2022年には約19億3,000万円まで下降した。次に、2022年の双葉町の一部避難解除を経ても、同町に戻ってきた住民が少なかったこと。最後は近年の社会情勢の影響による建設費の高騰だった。

　それでもA氏は工場建設を中止せず、2023年4月、新工場である「フタバスーパーゼロミル」が稼働開始となる。工場にはカフェとファクトリーショップも併設され、撚糸の生産拠点であると同時に、双葉町の観光拠点としての位置づけも新工場に持たせた。新工場での撚糸の生産量は年間500トンとなり、その販売先として、ベトナムの最大手タオルメーカーをはじめ、ポルトガル、中国の企業とも契約を締結した。契約を果たした計5社の海外企業はいずれも、双葉町の経緯やA氏による新工場設立の背景を理解してのことだったという。

　さらにA氏は、2024年2月、海外からのインバウンドが多く訪れる東京・南青山に、ショールームと商談スペースを併設した「スーパーゼロラボ」をオープンさせた。この拠点を、同社の技術や双葉町の「フタバスーパーゼロミル」の存在を世界に発信するための空間としている。

　A社の事業伸長は、世界に類をみない高機能な撚糸である「SUPER ZERO」を開発でき、技術上のイノベーションを果たせたことによるものと結論づけるのは早計であると、筆者は考える。「SUPER ZERO」の開発成就の後も実際に業績が上向くことはまだなかった。その後、「SUPER ZERO」を用いた自社ブ

図表8−2　福島県双葉町に2023年新設されたA社の工場、撚糸製造技術を生かしたタオル「エアーかおる」

（出典）2023年 双葉町　いずれもA社提供

ランドを立ち上げる決断をし、既存の商流体制に依存せず、みずから販路を築いたことこそが、同社の業績復活と売上高の伸長を決定づけている。そして、日本の繊維業界の復活と被災地の復興を期し、東日本大震災の傷跡が癒えない地域に新工場建設を決断した経緯もまた重要なところである。

　双葉町への住民帰還はまだ途上であり、同町の新工場での人材新規採用にも困難が伴っているとA氏は話す。しかし、2023年度、2024年度ともに、新卒採用はそれぞれ5人以上果たせているという。A氏によると、新工場の視察に訪れた高校生から「復興とはなんですか」と問われた2023年度採用の新卒社員は、「私がここにいることです」と回答している。

5．ケーススタディ　カモ井加工紙株式会社の事例[4]

　既存企業が新領域に挑み、成功を収めた事例をここで取り上げたい。カモ井加工紙（K社）は1923年創業のいわゆる百年企業である。創業からの主力商品はハエトリ紙であったが、1970年前後から市場は縮小。その後は工業用マスキングテープへと軸足を移している。

　マスキングテープは長らく工業用としての位置づけの商品であり、一般消費者が手にするのはD.I.Y.用途にほぼ限られていた。その状況を一変させたのが同社だった。2008年に「mtシリーズ」と名づけた文具用マスキングテープ20色を、業界で初めて世に送り出し、翌2009年には「メゾン・エ・オブジェ」（フランス・パリ）に出展し、注目を浴びた。

　マスキングテープを、一般消費者がノートや手帳、あるいはギフトからインテリアの装飾にまで用いるようになったのは、この「mtシリーズ」の登場なくしてはなかったと表現できる。K社がマスキングテープ表面に装飾を施した商品を開発・発売して以降、国内外に後続メーカーが数多く生まれているが、それでも同社は文具用マスキングテープ市場の国内シェア7割を占めており、

---

[4] 本事例は、拙稿・北村（2022）「実践　中小企業マーケティング」アリババ・ジャパンプレスを基に本書掲載のために大幅に加筆修正を行ったものである。

図表8-3　K社の「mtシリーズ」と、同社が長年製造を手掛けてきたハエトリ紙の生産機

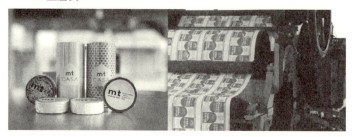

(出典) 2022年 倉敷市　いずれも筆者による撮影

また「mtシリーズ」の売上高における海外輸出比率は1割を保っている。

　K社において、文具用マスキングテープの開発は社内スタートアップの位置づけであった。同社にとって一般消費者に向けたブランド構築は事実上初めての事業であると同時に、そもそも文具用マスキングテープという領域自体が業界にまったく存在していなかった局面からの立ち上げである。同社によるこの新事業取組みの突端と、事業展開に向けた経緯はどのようなものであったのかを、現・専務である谷口幸生氏（T氏）と、現：取締役である高塚新氏（TK氏）にヒアリングした。

　文具用マスキングテープ「mtシリーズ」を発案する契機は、同社の内部から生まれたものではなく、偶然にもたらされたものだという。2006年、1通のメールがTK氏のもとに届いた。一般女性3人のグループからのメールであり、「工場見学させてもらえないか」という依頼だった。

　TK氏をはじめ、T氏も、同社の社員も戸惑ったという。ごく一般の消費者が、どうしてマスキングテープに興味を抱くのか、その真意をつかみかねたからだった。また、2006年当時、同社は工場見学を拒んでいた時期でもあったという。技術が盗まれるのではないかという懸念が拭えなかったのが理由だった。

　TK氏は「いったい、なにが狙いなのか。社員みんなで悩みました」と振り返る。社内の誰もが理由を理解できず、「どの部署が断りを入れるのか」とま

で議論した。

　しかしここで TK 氏は一つの判断をくだした。「むげに断るのもためらわれたので、工場見学を頼んできた女性にまずは尋ねてみることにした」。その結果、TK 氏の想定を超えた返答があった。その女性たちによると、マスキングテープを日常生活で楽しく使っているという。お菓子のラッピング、あるいは、コンサートのチケットを壁に飾るときなどに、とてもいいとの話だった。

　「マスキングテープの透け感が魅力。手で好きにちぎって貼れるし、そこに文字を書けるのも楽しい」という女性たちの話は、TK 氏をはじめ、同社の社員がこれまで考えたこともない視点にあふれていたという。

　T 氏と TK 氏は、女性たちの工場見学を受け入れた。女性たちと対面し、同社が意識していなかったマスキングテープの特性を再認識できた。マスキングテープは和紙でつくる粘着テープであり、手でちぎれるのは当たり前と思っていたが、女性たちはそこがいいと感動していた。同社はむしろ、和紙だけに手でちぎると切れ目が不規則に残ってしまうのがマスキングテープの難点と認識していた。しかし、女性たちはそれが魅力なのだという。

　工業用途の場合、マスキングテープを使う職人は色のことは気にせず、切れ目が不規則になるのはマイナス要素だった。それが、一般消費者である彼女たちにすれば、色の透け感こそが美点であるし、ギザギザになる風合いがいいという評価に変わることに驚かされた。TK 氏は「私たちの『当たり前』は、必ずしも『当たり前』ではなかったことに気づきました。そこに面白さを感じて、『新規事業としてやってみてもいいかな』と考えるに至った」という。

　問題はここからだった。文具用マスキングテープをつくろうという決断を下したものの、工業用のテープを生産するのとは開発手順が異なる。デザインは外部の専門家の力を得ることで解決するが、肝心の製造工程をどうするか。

　工業用の場合、少品種大量生産の態勢でなんら支障はない。色やデザインが問われるものではないので、サイズなどの設定だけで済む。だが、文具用をつくるとなると、色もデザインも様々取り揃える必要が生まれる。多品種少量生産への対応が不可欠となった。

マスキングテープの原材料は、色をはじめとして、すべて製紙会社任せにしていた。それを一部切り替えることで道がひらけたという。ベースとなる白い和紙を製紙会社から仕入れ、色やデザインはK社の工場内で印刷すればいい、と考えを改めた。同社にはない態勢ではあったが、機器の導入を決断した。

未知の領域といっていい文具用マスキングテープの開発に着手することには、社内から反対の声は意外なほどあがらなかったという。小さなチームを編成し、社として数値目標を掲げるのではなく、トライアル事業という位置づけで進めたのが功を奏した。

「mtシリーズ」の第1号商品は、工場見学に応じてから2年を経た2008年に発売となった。初期段階の営業活動では、卸業者や小売店から門前払いが相次いだという。風向きが一変したのは、2008年に生活雑貨の見本市「東京インターナショナル・ギフト・ショー」への出展であった。そこからの動きは極めて順調で、前述のように翌2009年には海外進出も果たすこととなる。

TK氏は、それまでまったく存在しない領域に挑んだ文具用マスキングテープがここまで国内外に定着するとは思っていなかったという。一過性のブームで終わるのではないかとの予想も立てていたと振り返る。ただし、「たとえ、いっときのブームが過ぎ去っても、一定のユーザーは残ってくれるはず。自分たち自身にそう言い聞かせながら、生産と営業を続けました」という。

K社はなぜ、新市場をゼロの状態から開拓できたのかを整理したい。

まず、一般消費者である女性たちからの工場見学依頼を断らなかったこと。なぜに工場見学を求めてきたのかを知ろうという意思を一貫して崩さなかった。次に、事業を小さな規模で始めたことである。多大な設備投資をせずとも、素材の調達と加工方法を精査することで生産に持ち込もうと方策を探った。

T氏とTK氏は、後日、女性たちの話を聞いた折、彼女たちが他の複数のマスキングテープメーカーにも工場見学の依頼をかけていたことを知る。他社からはすべて見学を断られ、なかには、返答すらなかったメーカーもあったと聞いた。メールの送受信を続け工場見学を受け入れたのは、K社1社だけだった。存在しなかった文具用マスキングテープの開発に着手し、先駆者として成

功を収める好機は、同業他社にもあったということにほかならない。K社だけが、その好機を生かすことができたわけである。

同社は今も工業用と文具用の売上比率は8：2程度であり、工業用が主軸であることに変わりはない。しかし、累計で4,000アイテムを超える「mtシリーズ」を展開することで、同社の売上高は2008年から現在まで伸長を続けるに至っている。

6．ケーススタディ　ハワイアン焼酎カンパニーの事例[5]

日本国内で地域産品の商品開発づくりのための技術を培い、海外で起業し、事業が評価されている事例を取り上げたい。

ハワイアン焼酎カンパニー（H社）は、2012年に米国ハワイのオアフ島北西部に位置するノースショアで創業、平田憲、由味子（H氏）夫妻が運営する芋焼酎蔵である。

夫婦が営む小規模な蔵であり、「波花」と名づけた芋焼酎を毎年の春と秋にわずか3,000本ずつ販売するのみという体制をとっている。このようなスモールビジネスながら事業は創業直後から順調に推移しており、春も秋も毎回の販売開始ごとに完売を続けている。新型コロナウイルス禍のもとでの2020年以降も、時間は多少かかるものの、やはりおおむね完売を記録しているという異例の実績をあげている。

異例であるのにはもう一つの理由がある。H社の「波花」を購入するのは、消費者にとって高いハードルが伴うからである。製造される8割が一般消費者向けで、2割がハワイの飲食店向けに出荷されている。また、消費者が購入するには原則として、メールで予約したうえでオアフ島のノースショアにある蔵まで行くしか手立てがない。ノースショアはホノルルの空港からレンタカーで

---

[5] 本事例は、拙稿・北村（2022）「実践　中小企業マーケティング」アリババ・ジャパンプレス　、および、拙稿・北村（2022）「中小企業の商機」TCG REVIEWを基に本書掲載のために大幅に加筆修正を行ったものである。

1時間以上かかる場所である。日本国内への取り寄せは不可で、かつノースショアまで赴くことが必須であるにもかかわらず、完売続きとなっているわけである。そのため、この芋焼酎「波花」は、日本人消費者からは「幻の」「焼酎マニア垂涎の」などと表現されている。

H氏によると、この販売手法は希少性を高めるための措置ではまったくなく、「致し方ないため」という。この少量生産の規模では、問屋などの中間流通を通すと極めて高価になってしまう。それを避けるためにノースショアでの直販に絞らざるを得ない判断をした結果だという。現在、「波花」の販売価格は税別で43.75ドルからとなっている。

H社の蔵の中には、木の桶、そして鹿児島から運んだという甕（かめ）がある。昔ながらの手法をオアフ島で貫くための設備かと聞くと、ここにもやむにやまれぬ事情があるという。起業時の設備投資に多額を投じる余裕がなく、そのため、修行先から譲り受けた桶や甕に頼るほかなかったからとのことである。

H氏は大阪の高校を卒業後、米国の大学で経営学を学んだ。大学を卒業してからは香港の金融系企業で働き、さらにオーストラリアの企業で商品開発に携わっている。焼酎づくりとは無縁であったが、30代でハワイでの焼酎づくりを決意し、2005年から鹿児島の焼酎蔵で3年間の修業を積む。修業のかたわら、ハワイでの起業を準備。2013年に初出荷を迎えた。

焼酎蔵の起業を目指した発端は、25歳の時にハワイで口にしたポイ（タロイモの発酵食品）であったという。「これは焼酎につながる素材ではないか」と思い立ったのが契機だった。30代で鹿児島の焼酎蔵に修業を申し出ると、蔵の主人は快く受け入れてくれた。焼酎蔵は家族経営が多く、新参者は受け入れられにくいとも思われるが、将来ハワイで起業することが目標と伝えたうえでも修業を認めてもらえたそうである。

鹿児島の焼酎蔵で修行を重ねながら、手持ち資金に余裕のなかったH氏は、ハワイの金融機関に融資のための事業計画書を提出するのと並行して、事業開始のために現地の農務省とも折衝を重ねたという。

図表8－4　米国ハワイ・オアフ島のH社の「波花」、焼酎蔵の外観と内部

（出典）2020年 オアフ島 いずれも筆者による撮影

　H氏の話に、金融機関も農務省も門戸を閉ざしはしなかった。ハワイでは農業が一大産業であり、農作物に付加価値をつけることに関心を示してくれた。

　ハワイにはそれまで焼酎蔵は存在せず、当然ながらハワイに暮らす人々が焼酎を飲む習慣もほぼなかった。そうした状況下でありながら、H氏には勝算があったという。焼酎づくりに向く温暖な気候であり、サツマ芋が豊富に獲れる風土も根づいているからだった。

　ノースショアに蔵を構えると、地元農家が積極的にサポートしてくれたとH氏は振り返る。一軒の農家がまた別の農家を紹介してくれたほか、どの地域でどのような品種が栽培されているかの情報も得られたという。

　2013年の第１号焼酎の出荷以来、品質の高い芋焼酎を完成させ続けているが、販売上の不安はなかったのか。H氏は「立地の妙はあったと思います」と語る。ノースショアは日本人旅行者にとってレンタカー利用必須の場所ではあるが、ホノルルから１時間強で着けると捉えれば、実は来訪するのに困難を窮めるとまではいえない。

　またなにより、「波花」を創業当初から購入している消費者層は、焼酎を普段から飲みつけている日本人だけではなかった。2013年に第一号商品を登場させた直後、最初に振り向いたのは、ハワイに住む地元の消費者だったという。日本からの購入客が殺到したのは、その後の話だった。日本人旅行客が途絶えることとなったコロナ禍直前の2019年の段階で、購入客の半数は地元の人々が占めている。つまり、１回限りの購入になるかもしれない旅行客だけではなく、地元の人気を着実につかめていた。焼酎になじみがなかったと想像できる

地元の住民が「波花」を買い求め続けたのは、蔵を立ち上げてから、地元に暮らす人のために、蔵の見学ツアーや焼酎そのものの説明を精力的に重ねてきたからだった。

その努力がコロナ禍のH社を救うかたちとなった。「波花」全体の2割程度であった飲食店向け販売相当分は落ち込んだものの、一般消費者向けの8割相当分に関しては、コロナ禍に見舞われる前と変わらずにさばけたという。日本人旅行者が購入していた数量分の落ち込みは、地元消費者が穴埋めしてくれた格好となったわけである。創業して以来、ターゲットの中心をローカルの人々に据えていたことで、H社は救われた。焼酎蔵の見学や説明を精力的に続けていたことが、ここにきて生きた。

また、この時期に飲食店向けの需要が落ちたことにより、H氏には余力が生じた。H氏はそれをむしろ好機と捉えて、新たな製品づくりに取り組む時間とした長く寝かせる熟成タイプの焼酎を造ったほか、焼酎に地元の7種のボタニカルを漬け込んだのち再蒸留をかけたジンも完成させた。つまり、コロナ禍による逆風状況をむしろチャンスとして前向きな姿勢を取った。

こうしてコロナ禍を乗り越えたH社であるが、生産体制増強による増産をH氏は選択肢としていないという。「波花」の味を保ち、改善することがあくまで優先であるとしている。また、「もし仮に今後、競合相手がハワイに現れても、競争しないようにすること。それが強いていえば、私たちの戦略です」とも語っている。

7．ケーススタディ　有田焼創業400年事業の事例

日本国内の地域に根づく産品を、どのように国際化へと導くか。ケーススタディの最後に、工業デザイナー奥山清行氏（O氏）の取り組みの例を取り上げる。

O氏は自動車デザインスタジオのピニンファリーナ（イタリア）のチーフデザイナーを日本人で初めて務め、「エンツォ・フェラーリ」のデザインを手が

けた人物として知られる。2006年にピニンファリーナ退職後は、日本を活動拠点の主軸とし、KEN OKUYAMA DESIGN（東京・港区）を設立し、プロダクトデザインの仕事に引き続き従事するほか、日本国内の地域産品のリブランド事業に参画を重ねている。

O氏は、地域産品を国際的な市場でも事業進展させるには3つの要素が不可欠と分析している[6]。①ものづくりに生かされるべき地域固有の風土、②ものづくりの技術、③それら両者を生かす企画・デザインの力。

これらの要素のうち、①と②は、日本各地にすでに存在している要素であると、O氏は指摘する。そのうえで、地域に不足しているのは③の企画・デザインの力、言い換えれば、「産品に十分反映されるべき地域固有の風土と、産品の完成や改良を支える技術の両者を生かすべきビジネススキルが圧倒的に足りない」と、O氏は国際化への課題をあげている。

O氏が参画した地域プロジェクトの一つが、「有田焼創業400年事業」である。佐賀県と有田焼事業者の協業によって2010年代に進められたプロジェクトであり、伝統産業である有田焼のリブランディングと海外に向けた販路開拓を目的とし、O氏はプロデューサーを務めている。

2014年から「メゾン・エ・オブジェ」（フランス・パリ）への出展に臨むなど、精力的な取り組みを続けた本事業であるが、O氏はその過程で、有田焼の生産に携わる作家・職人を伴ってフランスを訪れている。

O氏はその場面をこう振り返る。「一緒に現地とフランス料理を食べに行った折に、作家・職人たちに私は『もっと周りを見てみましょう』と強く伝えました」。そこに込めた狙いは次のようなものだったという。

まず、現地の人たちがどのような皿で、どのようなカトラリー（食卓用食器）で、どのように料理を口にしているかを観察しましょうとの意味がそこにあった。ややもすれば、有田焼の作家たちは高台のついた手の込んだステーキ

---

[6] みずほ総合研究所（現・みずほリサーチ＆テクノロジーズ）　奥山・北村（筆者）対談講演「みずほFORUM-M定例講演会　日本のものづくり、ここが足りない！」（2027年2月6日　東京・一ツ橋ホール）。筆者による対談録より抜粋。

図表 8 － 5　有田焼創業400年事業によって生まれた商品群、プロデュースを担当したO氏

（出典）2020年　東京都　いずれも筆者による撮影

皿をつくろうとするが、そのような皿を欧州に持ち込んでも、食べ手がカトラリーで料理に手を伸ばした場面で皿がひっくり返ってしまう。また、フランス料理には有田焼が得意をする絵柄がむしろ邪魔になるという事実を理解してほしい。

　すると、翌年、有賀焼の作家や職人は、見事に現地の食習慣や風習に合わせた作品を完成させ、フランスに携えたという。料理を邪魔せず、しかしながら、皿の裏面に有田焼ならではの絵柄をあしらったり、あるいは表面にワンポイントを施したりと、同時に自分たちの作風をいかに殺さずに訴求するかを考えに考えた作品が仕上がっていた。

　O氏は「このプロジェクトの場合、日本のフランス料理店に行くのではなく、現地のフランス料理店を訪れ、しかも漫然と料理を口にするのではなく、周囲の様子に仔細なまでに目を凝らす姿勢こそが問われた」と振り返る。

　その結果、プロジェクトは成功を収め、複数の商談を成立させるに至ったという。

　O氏の指摘は、単純なマーケットイン型の商品開発を提言しているのではなく、むしろプロダクトアウト型の思考が重要であると解釈できる点を見逃してはならないと筆者は考える。有田焼の案件では、一見すると現地のニーズに沿うような産品づくりをせよと進言しているかのようにも解釈できるが、実はそうではなく、正確には現地の食習慣や風習を産品の作り手みずからが察知して、そのうえで、産品のあるべき姿を自身の手でプロダクトアウトせよと進め

ているにほかならない。現地でニーズを尋ね、その通りに作品を製作したならば、あえて絵柄をあしらうという結論には至らなかったはずである。

もし、有田焼の作家や職人が、現地の顕在化ニーズであったかもしれない無地に近い皿を携えていったとしたならば、その皿は有田焼である必然性が削がれ、現地のバイヤーの関心を引き寄せることはできなかったと想像できる。

地域産品の国際化においては、現地の風習を踏まえることに注力しながら、同時に日本の地域産品ならではの持ち味や固有性を損なわない商品づくりが不可欠であり、その見極めこそが、前述したO氏が揚げる要素の③に当たると捉えることができる。

8．考察とまとめ

本章で取り上げた5つの事例を通し、本章冒頭で挙げた3点に関して、改めて考察を加えていきたい。

①経営者の企業家精神を醸成しうる要素の一つに、経営者自身の経験が影響をもたらしているとするならば、それはどのような経験であり、また、その経験が新商品開発のプロセスに何をもたらしたか。

5つのケーススタディで取り上げた経営者それぞれに固有の経験は当然存在する。E社ではN氏の大手食品会社時代の営業経験が起業後に生きており、また、H社ではH氏が金融会社時代に培った事業計画策定のスキルが役立っていた。しかし、本章でのケーススタディをいま一度見直すと、そうした経営者固有の経歴に基づくものとは限らない、一つの共通した経験がそこにあることを理解できる。ボーングローバル企業やボーンアゲイングローバル企業において新商品開発の突端となりうる共通経験とは何か。

筆者はそれを、違和感と表現したい。E社の場合、東京・日本橋で前掛けを発見し、それが一体どこで製造されているのかという疑問をそのままにしておかず、時間をかけてでも製造元を割り出している。A社は、「日本ではもう糸

をつくらない時代」との大手企業の強い言葉を鵜呑みにすることなく、あえて自社開発の道を探り始めた。K社では、当時もっぱら工業用として販売されていたマスキングテープになぜ一般の消費者が関心を示し、工場見学を申し出てきたのか、その理由を知ろうと対応を進めた。H社の起業は、ハワイで偶然にポイを食べた場面で感じたものを放っておかなかったことが発端である。有田焼の場合には、作家や職人に対して、欧州の現地で覚えた違和感をないがしろにするなと、外部から参画したO氏が刺激を与えることでプロジェクトが動き始めた。

いずれも、ふとした違和感こそがまさに国際化を成就する新商品開発の起点となっていることは見逃せない。違和感の源泉を掘り当てることが、その後の新商品開発に好影響をもたらすことは言うまでもない。例えばA社は、国際競争に勝てる撚糸を創出するには他社が追随できない技術の獲得と踏まえ、そのうえで原材料としての撚糸が販売不振を続けると見るや、自ら完成品であるタオルの開発にまで踏み込み、成果を上げている。

②新商品開発から国際化の成就に至るまで、どのようなマーケティング手法をもって、新商品の販売促進に成功したか。

本章で取り上げた5つのケーススタディにおける商品は、すべて「存在しなかったかもしれない」ことに着目したい。いずれも、顕在化した消費者ニーズに基づいて、それらに呼応するように開発を進められた商品ではないと考えることができるからである。

E社の前掛けは業界に長年携わる職人からでさえも「近い将来には消えてなくなるもの」と捉えられていた。A社の「エアーかおる」は、吸水性にも触感にも優れたタオルを購入したいという消費者ニーズの声をもとに開発された商品ではなく、活用法や売り先に苦心していた撚糸を生かすための方策として開発を進めたタオルであった。K社の「mtシリーズ」においては一般消費者の女性たちの声が商品開発の発端ではあったとはいえ、その女性たちが文具用マスキングテープの開発を望んだのでは決してなく、同社がそこに商品化の可

能性を見いだしたことで、その後の新事業展開となっている。H社の「波花」に至っては、ハワイに焼酎文化はそもそも存在せず、有田焼に関しても欧州での強い需要に応じてのプロジェクトではなく、有田からの売り込みによって事業が進んでいる。

　つまり、5つの事例いずれもがプロダクトアウト型のマーケティング手法によって生まれた新商品であることに注目したい。消費者のインサイト（顕在化していないが、消費者が意識下で求めている真の欲求）を喚起するには、プロダクトアウト型の商品開発が有効となる局面があるという事実を、今回の5つの事例が如実に示していると、筆者は考える。

　プロダクトアウト型の新商品開発はリスクを伴う反面、消費者のインサイトを発掘するには有効という側面を、5つの事例は明示していると分析できるからである。

　こうしたプロダクトアウト型の新商品開発が、国際化を目指すうえで有効と考えられるのは、ボーングローバル企業やボーンアゲイングローバル企業は必ずしもマスを狙ったメガヒット級の販売規模を狙わずとも、事業が成立する可能性が高いからである。H社の生産規模は先に述べた通り、年間6,000本程度ではあるが、日本の伝統的な焼酎づくりの文化とハワイ・オアフ島の芋づくり文化を融合させたトランスナショナルな事業として創業から10年を超えるに至っている。ハワイの地元民は、それまで島に存在していなかった地元産の芋焼酎「波花」を受け入れ、コロナ禍の時期にも買い支えた。

③**そもそも、イノベーションを創出し、国際化を果たすうえで、内部要因である企業家精神のほか、外部要因をどのように活用したか。具体的には、新商品開発を進めるうえで、いかにして海外の市場や風土との融合を図り、トランスナショナルな企業活動を成就できたか。**

　前述のO氏による指摘が重要となる。日本国内から事業の国際化を目指すにあたり、①ものづくりに生かされるべき地域固有の風土　②ものづくりの技術　③それら両者を生かす企画・デザインの力、の三要素が求められるとの分

析である。E社の前掛けは、この三要素が揃った好事例と解釈できる。愛知県豊橋市に根づいていた前掛けの製造文化、100年前後の歴史を刻む織機の存在、それらの要素に加え、前掛けという需要が消滅しかけていた産品のありようを再定義するという企画力をそこに投入することで、前掛けは見事に息を吹き返して、さらには海外での需要をも喚起できた。

　海外市場や風土との融合を期すうえでとりわけ重要なのは、上記の③、すなわち、企画・デザインの力と捉えることができる。それが企業のものづくりの力を国際化の場面でも伝える原動力となり、また、国内市場との差異を埋め、新たな価値を海外で創出できる源泉となりうるからである。E社の場合、前掛けを「クールなキッチンウエア」と訴求するという企画力により、国内でさえも厳しい状況にさらされていた前掛けが欧米市場で息を吹き返すに至っている。H社は、ハワイの金融機関や農務省に対して、この新たな事業は地元の有力な農作物である芋に付加価値をもたらすためのものだと説明を重ね、自らが会得した焼酎づくりと島の一次産品との融合を果たしている。

　この2つの事例が示唆するのは、海外の市場や風土との融合には、商品や素材の再定義がときに有効となるという点である。ここでいう再定義とは、取り扱う商品や素材はそもそもどのような存在でありうるかを見直し、言語化して第三者に伝える作業を指す。E社の場合、商品の使途提案を従来の前掛けと大きく変えたことによって欧州をはじめとする海外市場に受け入れられる結果につながり、H社は、芋という農作物を、それまでハワイでは存在しなかった焼酎の有力な原材料と位置付けたことで新事業を進展させた。

　最後に付記すると、以上のような国際化への取り組みは、事業のグローバル化を経て、それぞれの企業成長が国内での地域活性化にも寄与する側面があるとも考えられる。A社はいまも復興半ばである福島県双葉町から海外5社との取引を結実させ、現在では地元の若年層の新規採用を続けている。E社は海外展開に成功するのと前後して設立した愛知県豊橋市の新工場で、やはり20〜30代の新規採用に積極的である。

〔謝辞〕

　ヒアリングに対応してくださった5事業者の関係者各位に感謝申し上げます。

【参考文献】

石川秀樹（2017）「地域活性化の主体としてのアントレプレナーの内面的側面についての考察」『地域活性学会研究大会論文集』。

井原雅生（2023）「ボーンアゲイングローバル企業の成功要因について－地域の伝統産業企業の事例から－」『商大ビジネスレビュー』。

奥山清行（2012）『これからの100年をデザインする』日経研月報。

北村森（2021、2022）「実践 中小企業マーケティング」アリババ・ジャパンプレス

―――（2022）『中小企業の商機』TCG REVIEW。

中村久人（2013）『ボーングローバル企業の経営理論　新しい国際的ベンチャー・中小企業の出現』八千代出版。

西村和弘（2023）「日本文化で世界を魅了：中小企業の海外展開 伝統ある日本の前掛けを世界60カ国に」『日本政策金融公庫調査月報』。

堀口悟史（2012）「ビジネス・ケース（No.099）カモ井加工紙：ユーザーイノベーションの事業化」『一橋ビジネスレビュー』東洋経済新報社。

水野清文（2021）「有田焼の事例にみる事業承継の課題と今後：人材確保と人材育成に向けて」『東Asia企業経営研究』。

第9章
日本発スモールビジネスのグローバルイノベーション
－レグナテック株式会社の事例－

山口真知

1．はじめに

　本稿は、地域企業のグローバル経営者が地域を越えて海外市場で起こしたイノベーションをもたらした経営者の能力の取得の要因をケーススタディによって探索する。事業機会の探索から市場開拓、そして限られた海外経験でグローバル化を進めた実態を明らかにする。

　本書の事例で紹介してきたように、グローバルイノベーションは両国の資源を融合することで新たな価値を創出していることが確認されている。加えて、企業家が海外市場で現地発のイノベーションに関わる知恵、そして、その知恵を生み出す土壌（生態系）となる起業学習とコミュニティとの関わり、過去の起業学習とグローバルイノベーションとの関係性についても、実態における事実発見が示されている。これがシングルケースゆえの特異性なのか、一般的な移民企業家に拡張解釈できるのかについては、さらなる検証の必要性があるとしている。

　本章ではグローバルイノベーションが移民企業家に限られたものではなく、地域企業のグローバル経営者においても創出可能であることに加え、その要因としてグローバルイノベーションとアントレプレナーシップの行動特性、およびグローバルイノベーションに必要となる学習と知恵について検証する。

　具体的には①地域企業の経営者が、如何にしてその地域を越えて海外市場で優位性を構築し、どのようなイノベーションを起こすことができたのか。②そ

の際にどのような能力を発揮し、どのように資源を動員しイノベーション創出に結びつけたのか。③さらに、その能力はどのような経験と教育（起業学習）によって習得されたのか。以上３つのリサーチクエスチョンにおいて関係性を考察する。

2．事例選定理由

　佐賀県佐賀市諸富町に所在するレグナテック株式会社（L社）は、1964年に樺島金蔵氏が創業した。金蔵氏の父も隣町の福岡県大川市で家具を製造しており「ものづくり」のDNAは父から金蔵に受け継がれた。2代目樺島雄大氏への社長交代を機に、安価な大量生産品から素材とデザインにこだわった高付加価値品へコンセプトを180度変更した。また、同時期の平成元年に現在のL社に社名変更した。2代目の樺島雄大氏は周囲の環境や実務経験から学習を重ね、事業承継後の体験知を生かしグローバルに通用するイノベーションを起こせる企業家へと成長した特徴を持つ。

　同社は2015年に創業50周年を機に海外輸出への挑戦を始めた。輸入超過の日本の家具業界において、国産家具を海外に輸出している事例は極めて稀である。海外輸出をこれからの家具産地諸富の強みとすべく、諸富家具振興協同組合の役員仲間である有限会社平田椅子製作所（H社）に声をかけ、挑戦することとなった。海外展示会への挑戦中、樺島雄大氏はシンガポール人デザイナーG氏と出会う。G氏の呼びかけで世界から10名のデザイナーやアーティストが集い、グローバルブランドARIAKE COLLECTIONを2017年に立ち上げた。なお、L社が輸出事務全般を手掛けており、H社は基本的に輸出事務を手がけず、製品づくりに専念している。L社は同ブランドを中心に現在、世界15カ国に輸出している。輸出売上高は全社売上高の約20％を占めている。特筆すべきは現地コミュニティに飛び込み、新たな越境コミュニティを自ら立ち上げ、グローバルイノベーションを起こしている点である。

　本事例は先のリサーチクエスチョンを考察する上で必要な特徴を備えてい

図表 9 − 1　世界各国のデザイナーと諸富にてワークショップを実施

(出典) L 社提供

る。そのため、L 社の代表取締役社長樺島雄大氏（K 氏）を本章の調査対象として選定した。

3．ケーススタディ　レグナテック株式会社の事例[1]

(1) 地域企業のグローバル経営者の事業機会の探索から市場開拓

K 氏は27歳にして家業である家具製造会社を事業承継した。安価な大量生産品から素材とデザインにこだわった高付加価値商品へコンセプトを180度変更

---

[1] 筆者による半構造化インタビュー調査に基づく。
〈調査項目〉
・基本情報：属性（年齢、出身地、学歴、居住国）
・就業経験および起業経験：日本国内での就業経験年数、日本での起業経験、海外の就業経験年数、海外での起業経験、過去に起業した国・地域、海外起業直前の雇用形態、海外起業直前の就業先の就業期間
・海外事業のきっかけ：経営資源の取得有無、影響をけたものについて
・事業概要：事業の企業名、所在する国・地域、創業年・法人としての設立年、売上高/利益率、企業形態、事業所数
・事業内容：事業内容、過去の事業経験との関連性、事業内容詳細、経年による事業変化
・海外ビジネスの成功要因：新商品サービス開発、新規顧客開拓、人材育成、現地資源の活用

した。時はバブル崩壊後、ヨーロッパでデザインを学び、アメリカで木材の調達ルートを確保し、国内にとどまらず世界を見据えたバリューチェーンを構築した。

　これまでは量販店向けの大量生産がメインであり、いわゆる下請け工場の立場にあった。脱却を図り、高級路線にコンセプトを変更し、自社ブランド化を推し進めた。

　デザインはK氏の弟がイタリアに留学しており、弟を訪ねて渡航し、イタリアを中心とした欧米各地の家具工房やショールーム、見本市を行脚した。また、デザインの基礎スキルについては知人のデザイナー宅に住み込みで教えを請い、身につけた。さらには九州芸術工科大学（現、九州大学芸術工学部）の授業を聴講し、学術的な面からも貪欲に知識を吸収していった。

　デザインの他、設計に必要なCADのプログラミング、試作・生産ラインの構築、ブランドのネーミング、ロゴデザイン、販路開拓。まさに開発、製造、販売の一連のプロセスを自ら試行錯誤を重ね、現在の企業体制を構築した。現在も自社でデザイン・設計を行うCLASSEが同社の主力ブランドである。生産体制においては、木材の選別から組立までの一貫生産体制を構築し、定番品から特注品まで、異なる製造ロットに対応可能な多品種変量生産を実現している。販路開拓においては、当時は極めて珍しかった問屋を介さない小売店との直接取引を行っており、自らの足で都内の百貨店やインテリアショップなどの取引先を開拓した。

　2015年、創業50周年を機に海外市場への挑戦をはじめた。シンガポールの国際家具展示会に出展するも、海外販路開拓につながる出会いは無く、海外市場開拓の手がかりを掴めずにいた。それでも、同じ展示会に2回、3回と出展を続けていくにつれ、出展者同士のネットワークが形成され、シンガポール人デザイナーのG氏と出会う。K氏が次回の出展ではG氏にデザインをお願いできないかと提案したところ、G氏からは「仲間のデザイナーを10名ほど世界中から集める。仲間たちと一緒に新しいコレクションを立ち上げたい。」と想定外の返答があった。K氏はこの逆提案を受け入れ、佐賀市などに掛け合い、各

図表9－2　世界各国のデザイナーと開発したARIAKE COLLECTION

(出典) L社提供

国からデザイナーを招へいする予算を確保した。こうして、G氏を中心に世界7カ国からデザイナーたちが佐賀市諸富町に集い、佐賀での生活を体験しながら諸富家具職人たちとともにワークショップを実施し、海外の生活様式にあったデザインでありながら、佐賀の空気感をまとった新ブランド「ARIAKE」が立ち上がった。新型コロナ禍による中断を除き、以降年1回は世界中からデザイナーたちが佐賀市諸富町に集い、諸富家具職人たちともにワークショップを実施している。

　ワークショップでは家具デザインに関する職人たちとのコミュニケーションの他、うれしの茶や名尾手すき和紙など、佐賀の伝統産業についても体験する機会を設けるなど、佐賀の文化や生活様式を深く体感できるプログラムをK氏は提供している。このホスピタリティの積み重ねが、海外デザイナーたちとの信頼関係の源泉となり、日本の父と慕われる関係性を構築している。開発に携わったデザイナーたちが自ら販路開拓にも携わっており、デザイナーのネットワークにより現地家具小売店や超高級ブティックとの取引が実現している。現在は15カ国以上との輸出取引があり、2022年8月期決算にて輸出売上比率は17.4％であり、輸出売上高は前年比17.9％増と順調に推移している。

図表 9 − 3　ラオス産チーク材を使用した CLANTREE COLLECTION

(出典) L 社提供

(2) 海外生産拠点の模索

　ARIAKE の開発により東南アジアを中心とした市場開拓が進んだ一方で、国際協力機構（JICA）とともに「ラオス国本邦家具製造技術を活用した輸出促進に係る普及・実証事業」を2018年度および2019年度に実施した。

　本事業では世界的な森林資源の減少による原木・加工木材調達先の減少に備え、豊富な森林資源を有するラオスでのチーク材を中心とした木材の調達網を構築する狙いがあった。また、木材加工にとどまらず、家具製造技術の向上を通じてラオスの木材関連産業の近代化に寄与することで、ラオスの産業人材育成や製造業の発展をもたらす目的であった。成果として、ラオスの植林地や製材所との顔の見えるネットワークを構築し、良質なチーク材の調達網を確立した。また、ラオスの家具製造技能者に向けて職業訓練プログラムを開発し、さらには日本に招いて家具製作の技術指導を行った。そして、東南アジア諸国への販売促進を図り、ラオス産チーク材を使用した「CLANTREE」ブランドを開発した。

　東南アジア地域のみならず、欧米も順調に輸出実績を伸ばしていった。ARIAKE のデザイン料については、販売金額に応じたロイヤリティ契約をデ

ザイナーたちと結んでおり、デザイナー自身が自国の家具小売店等に営業活動を実施するなどして販路を開拓していった。そして、家具の本場、イタリアで開催されるミラノサローネへの出展の機会を得、満を持してARIAKEの新商品を披露する予定であったが、新型コロナ禍により国際物流が高騰し、輸送スケジュールも立てられない状況となった。日本で製造し、イタリアへ輸送することがコストやスケジュール面から実質不可能となった。

　K氏が事業承継当初から家具デザインをイタリアで学び、社名のLEGNATEC（レグナテック）はイタリア語で木材を表すLEGNOと英語のTECHNOLOGYとを組み合わせた造語である。憧れ続けたイタリアの夢舞台をそう簡単に諦めることはできなかった。コロナ禍の逆風が吹き荒れる中、欧州在住のデザイナーたちに連絡し、ミラノサローネ出展の糸口を探った。すでに設計図面は完成していたため、製造と輸送をどう実現するかが問題であった。そこで日本ではなく欧州で製造するアイデアが生まれ、欧州各地の家具生産拠点をあたった結果、高品質でデザイン性の高いARIAKEを生産可能な生産者をイタリア・ウディネで発見した。交渉の末、現地での家具生産が可能と

図表9－4　ミラノデザインウィーク2022（ミラノサローネ）出展

（出典）L社提供

なり、無事ミラノサローネへの出展を果たしたのである。

コロナ禍でのミラノサローネ出展を実現させることで、期せずして欧州での製造拠点を発掘し、製造実績を上げることができた。連携するデザイナーたちは欧州を中心に所在し、販路開拓も順調に進んでいる。さらなる欧州での販路拡大に向け、欧州市場への安定供給を考えれば、現地の製造拠点設置のフェーズに突入している。

(3) 高度外国人材の積極採用

K氏には3人の息子がいる。3人ともL社に入社しており、長男である樺島賢吾氏が専務取締役として、海外事業を掌握している。賢吾氏は大学を卒業後、ハウスメーカーに就職した後、佐賀に戻りL社に入社した。入社後すぐに家具製造に従事し、この時期にARIAKE COLLECTIONが立ち上がった。海外デザイナーたちとのワークショップを通じて、英語の必要性を痛感し、自ら志願して約3ヶ月間の語学留学を断行した。短い期間留学期間ではあったがビジネス英語を習得し、海外デザイナーたちとの英語でのミーティングをこなしている。

海外事業拡大に伴い、高度外国人材を積極採用している。これまで中国、香港、インド、スリランカ、メキシコから採用しており、貿易実務や海外営業に限らず、本人のスキルや意欲に応じて設計や製造にも配属している。現状の外国人比率は10％弱だが、今後は20％（約10名）を目指している。

(4) グローバルイノベーションの創出

デザイナーからの独創的な形状、カラーに対応する確かな技術力が口コミで広がり、ARIAKE COLLECTIONの発表以降、L社は国内外のデザイナーとのコラボが絶えない。

ARIAKEではデザイナーから墨汁のような黒を要求された。黒一色では無く、木目が生かされた自然な濃淡がある表情豊かな黒である。一般的に家具は油性コーティングをするため、塗料も油性を使用することが多い。この場合は

木目が消えてしまう。水性塗料を使用すれば木目は消えないが、水と油の関係から油性コーティングがうまくいかない。試行錯誤を重ね、水性塗料で木目を生かしつつ、油性コーティングを可能とする塗装技術を確立した。

2023年5月13日にオープンしたSAGAアリーナにはアリーナ建物の多面体の形状を模した椅子やベンチの製造依頼があった。多面体の形状は接合部分が斜めになることから、これを精密に仕上げなければ、わずかなズレが組み上げたときに大きなズレとなり、手作業で修正を行う必要があった。かかる製作にはものづくりマイスター（厚生労働省指定。家具製作では佐賀県に2名、内1名が同社に在籍）の称号を持つ職人を中心に木材加工技術を開発し、対応した。加工が煩雑であり、高い精度が求められるため、手作業では生産数量がごくわずかであったが、高精度斜面・曲面掘削加工が可能な最新鋭の5軸NCを導入することで、このような職人技をプログラムに落とし込み、生産性を大幅に向上させることに成功した。

このように国内外のデザイナーから半ば無謀な形状やカラーの要望に応えることで、革新的な塗装技術や加工技術を確立し、属人的だった加工工程の機械化にも成功した。

L社は、海外消費者にとって価値ある家具を納得できる価格で販売しているからこそ、順調に海外輸出額を伸ばしている。日本製の日本らしいデザインの商品を、輸送コストを上乗せした現地市場で受け入れがたい価格で販売してしまい、海外輸出が思うように伸びないケースが散見される。一方で、L社は海外デザイナーを迎え入れることで、海外市場で評価されるデザイン性を手に入れ、製造コストや輸送コストを踏まえた最適な製造拠点を選択することで現地消費者にとって納得感がある価格で販売している。ARIAKEの価値の源泉は日本製であることではなく、佐賀の文化や生活様式を体験した海外デザイナーたちが自国の生活様式と融合させ落とし込んだデザインにある。

また、海外デザイナーたちは販路開拓においても重要な機能を担っている。販売金額に応じたロイヤリティ契約を結んでおり、積極的に現地で営業活動を行っている。家具小売店の他、世界的にも有名なラグジュアリーブランドとの

取引実績を積み上げており、これらも海外デザイナーが仲介している。並行して社内の海外事業体制も強化しており、専務取締役が自ら語学力を高めて英語でのコミュニケーションに対応しているうえ、高度外国人材を積極的に採用し登用することで、海外からの引き合いに迅速かつ的確に対応出来る体制を整えている。

4．イノベーションの創出要因（行動特性）

（1）成長を阻害した要因

K氏が27歳で事業承継して以降、安価な大量生産品から素材とデザインにこだわった高付加価値商品へコンセプトを180度変更した。これに合わせ、開発、製造、販売の一連のプロセスを自ら試行錯誤を重ね、現在の企業体制を構築した。現在も自社でデザイン・設計を行うCLASSEが同社の主力ブランドであり、生産体制においては、木材の選別から組立までの一貫生産体制、販路開拓においては、問屋を介さない小売店との直接取引を行っており日本市場において着実に業績を伸ばしていった。この日本市場での成功体験が、海外事業開始時に思うように販路拡大につながらなかった一因であると考えられる。

デザイン・開発、製造、販売のすべてのプロセスを自社、すなわち地元である諸富で行うことが諸富家具のアイデンティティであると当時は考えており、これを前提とした海外展示会への出展や、商談を実施していた。日本製の日本らしいデザインの商品を、輸送コストを上乗せした現地市場で受け入れがたい価格で販売しようとしていたのである。

（2）成長の促進要因

異業種コミュニティに参入し、協働した経験が、自身の考え方に柔軟性をもたらし、他者からの提案を受け入れる素地を作った。K氏は現在、佐賀県中小企業団体中央会の副会長を務めているが、青年部時代に中小企業団体中央会の全国大会を佐賀で開催することとなり、責任者の役割を全うした。諸富家具、

有田焼、有明海苔など佐賀の逸品たちで全国大会のレセプションパーティーを設営し、好評を博した。自社、自産業のみならず、有田焼事業者、海苔事業者等の異業種と連携し大盛況に導いた。

以降も異業種との情報交換や切磋琢磨を続けていた。海外輸出に挑戦していく中、異業種との連携を模索していた同氏は、独立行政法人日本貿易振興機構（ジェトロ）を通じて海外輸出に取り組む異業種同士の意見交換会を開催し、これが、10業種11社が集うSAGA COLLECTIVE協同組合の設立につながった。現在は同協同組合の理事長を務めている。

異業種コミュニティへの参入と協働により、異業種との関係構築に成功し、さらには自ら新たな異業種コミュニティを立ち上げ、その代表職を務めている。

このような異業種連携の経験が、シンガポール人デザイナーG氏からの「仲間のデザイナーを10名ほど世界中から集める。仲間たちと一緒に新しいコレクションを立ち上げたい。」という提案を受け入れることができた一因である。そして海外デザイナーとのワークショップ、ARIAKE COLLECTIONの発表を通じ海外コミュニティとの関係性を構築していった。海外展示会の共同実施、海外販路の共同開拓を経てその関係性を深めていった。また、ラオスでは植林地、製材所のネットワークに飛び込み、家具製造技能の教育研修等を通じてその関係性を深めていった。

国内での異業種連携の経験が生き、海外においてもデザイナーや植林地、製材所といった現地コミュニティに飛び込み、関係性を構築し、深めることができている。

（3）どのような行動をしたか、何が変わったか

異業種や現地コミュニティでの経験を社内に浸透させること、すなわちK氏の暗黙知を従業員に移転させることが肝要である。

L社では毎日朝礼・昼礼・終礼を実施しており、部門を超えた情報交換を促している。毎週1回は全体朝礼を実施し、社長自ら全従業員に向けて語りかけ

る時間を設けている。さらには毎週管理職を中心に個別面談を実施し、従業員たちの考えや意見を聞き出しつつ、自らの経験を個別に直接伝える機会と工夫を重ねている。このほか、年1回の全体経営方針会議や四半期毎のBBQなどのレクリエーションを含む社員研修、全社員での清掃活動やカブトムシの配布などの地域貢献活動を通じ、全社の一体感の醸成を図っている。

対外的には工場やショールームの視察受け入れを積極的に行っている。小学生の社会科見学や国内異業種の視察や海外バイヤーの視察など幅広い年齢層や業種を受け入れ、自社の全てを見せることで新たな気付きを引き出している。視察受け入れの専任者はいないが、従業員たちが自分たちの仕事を嬉々として見学者に語ることが当たり前の光景となっており、従業員たちが生き生きと働く姿に見学者は感銘を受けることも多い。

(4) リーダーシップ

K氏は、できるまでやる。ARIAKEの特殊塗装やSAGAアリーナの特殊形状は職人泣かせのリクエストであったが、自ら新たな技術を探し、取り入れることで実現させてきた。

米国市場への輸出においては認証された木材を使用しなければならないが、日本国内に認証木材を製造する製材所はごく僅かである。自ら該当する製材所を探し当て、直接交渉し、認証木材の供給を取り付け、米国向け輸出を実現させている。

コロナ禍でのミラノサローネ出展においても、できるまでやる執念が実を結び、イタリア・ウディネでの製造、ミラノへの出展を実現させた。異業種や現地コミュニティと深い関係を築き、全国、全世界から「佐賀の父」と慕われる人徳もあり、窮地になれば救世主が現れる。自社や自産業ではどうにもならない事態であっても、異業種や現地のパートナーに相談すれば解決策を持つ新たなプレーヤーにつながる。出展は不可能であると思われたミラノサローネのケースにおいても、ARIAKEの海外デザイナーに連絡し、現地の製造拠点を紹介してもらい窮地を脱した。現地でもARIAKEはインパクトを与え、翌年

図表 9 − 5　エル・デコインターナショナルデザインアワード2023受賞

(出典) L 社提供

には世界的なデザイン賞「エル・デコインターナショナルデザインアワード2023」のベッド・寝具部門でグランプリを受賞し、ミラノの授賞式に樺島賢吾氏が出席した。

　いずれのケースも、塗装技術や精密加工技術、米国向け木材の確保、欧州の現地製造拠点といった他社との差別化要因となるリソースを獲得し、以降のビジネス拡大に多いに貢献している。初めこそ茨の道であるがこれを越えれば更なる成長につながることを確信しているかのように、「できるまでやる」姿勢はＫ氏のみならず社内にも浸透しており、今もなお挑戦と成長を続けている。

5．リサーチクエスチョンへのアンサー

(1) 地域企業の経営者が起こしたイノベーション

　海外事業のフェーズにあわせ、Ｌ社の事業モデルは遷移した。国際展示会に出展するも、海外販路開拓の糸口が掴めなかった初期は国内市場向け商品と同様に「デザイン・製造ともに日本」にて行っていた。シンガポール人デザイ

図表9−6　L社の事業モデルの遷移

海外事業の進展		Inspire	Design	Make
	国内市場	国内	国内	国内
	海外（輸出）	国内	海外	国内
	海外（製造）	国内	海外	海外

- ARIAKEのコアは諸富からのインスパイア
  - 諸富（佐賀）でのワークショップ
- デザイナーからの独創的な要望
  - 最新鋭の5軸NCの導入
  - 塗装技術の向上
  - デザイナーネットワークを活用した販路開拓
  - 超高級ブティックなど
- 高品質なモノをリーズナブルに、製造増販売業の原点
  - 材料原産地、製造地、市場の近接化

(出典) 筆者作成

ナーのG氏との出会いがきっかけでARIAKEが開発され海外市場開拓の機会を得たが、この時点では「デザインは海外、製造は日本」で行っている。さらに、コロナ禍により国際物流が混乱した時期のミラノサローネ出展においてはイタリアで製造したARIAKEを出展している。この頃は「デザイン・製造ともに海外」で行っている。

　共通しているのは、佐賀や諸富の文化・生活様式がデザインの根底にあることである。いずれのフェーズにおいても佐賀や諸富の文化・生活という原体験を海外デザイナーたちと共有することを欠かさなかった。世界各国のバックグラウンドが異なるデザイナーたちによる家具であっても、一堂に介せばこれらが同一のコレクションであることが一目瞭然となる。ARIAKE COLLECTIONどの家具も佐賀・諸富の空気感を纏っている。

　日本市場での成功体験から、「デザインも製造も諸富」で行うことが自社商品の強みであると考えていた。しかし、海外デザイナーのコミュニティに飛び込むことで、佐賀・諸富の生活様式とデザイナーたちの自国の生活様式との掛け算がARIAKEの唯一無二の存在感をもたらしていることに気付いた。カラーや形状の独創的な要望に応え続け技術力を獲得し、デザイナーを介してこ

れまでにない販路を獲得した、さらには材料原産地・製造地・市場の近接化を図ることで価格競争力も強化していくフェーズにある。この事業モデルの遷移こそが、地域企業の経営者、K氏が起こしたイノベーションの軌跡である。

(2) 経営者が発揮した能力と動員した資源

日本から動員した資源は、海外デザイナーたちに影響を与えた佐賀・諸富の土着の文化である。海外に持ち出すことは困難であることから、佐賀に招へいし、ワークショップを実施することで体験の共有を図った。デザインを具現化した製造技術もL社が保有し、日本および海外にて発揮した資源である。ラオスでの技術指導やイタリアでの製造委託に際しては、自社の技術力の海外移転を図った。

現地では、海外デザイナーのネットワークを獲得した。佐賀・諸富の生活様式と、海外現地の生活様式とが掛け合わさった唯一無二の世界観を手に入れた上、販路開拓においても家具小売店の他、超高級ブティックとの取引を実現した。また海外市場に近接する原料原産地や製造拠点を獲得した。

資金面は、佐賀県、佐賀市、JICA、日本政策金融公庫等の公的機関による

図表9−7　K氏がとった行動の分類と関連する能力

		指針1 変革ビジョンの発信と断行	指針2 経営の増築	指針3 価値起点の仕組み構築	指針4 挑戦の奨励	指針5 越境の奨励
海外事業の進展	国内市場	下請けからの脱却	一貫生産体制	オープンファクトリー	できるまでやる	一緒に仕事をする人は家族
	海外（輸出）	海外展示会出展	海外デザイナーとの連携	海外デザイナーとのワークショップ	塗装技術開発	異業種コミュニティへの参入
	海外（製造）	海外製造拠点の設置検討		海外事業部設置 外国人材登用	5軸NCの導入	現地コミュニティへの参入
関連する能力	価値発見力	・おかしいと思う力 ・観察する力（気づく力） ・捨てる力			・試す力 ・挑戦する力	・関連づける力 ・人とつながる力
	価値実現力		・計画力	・マネジメント力 ・関係構築力 ・巻き込み力	・達成への執念	・関係構築力 ・巻き込み力

(出典)　筆者作成

支援を活用した。各種補助事業の活用においては佐賀市南商工会に協力を依頼し、補助金の適切かつ効果的な活用に努めた。

K氏がとった行動を「イノベーションを興すための経営陣の5つの行動指針[2]」に沿って分類し、「価値発見力と価値実現力[3]」といった関連する能力を図表9-7のように抽出する。

特筆すべきは、「指針5 越境の奨励：組織内外の壁を越えた協働を推進する」能力である。

異業種コミュニティへの参入、現地コミュニティへの参入といった越境の経験から、自社や自産業にとどまらず複数のアイデンティティを獲得した。自分の考えややりたいことを自社や社会全体と結びつけ、自社や社会に価値があることとして言語化し、自信を持って社内で従業員に伝え、外部の知識を自組織内に浸透させている。

越境を経験して自社を省み、違和感・葛藤を抱えながら自社と向き合い、変革を少しずつでも粘り強く進めようとした。キーパーソンを巻き込み、社内外のネットワークを継続的に拡大していく行動が習慣化している。

（3）能力を習得した経験と教育

教育（人的資本）においては、家具製造のスキルセットを習得した。知人のデザイナー宅に住み込み勉強した他、九州芸術工科大学（現九州大学芸術工学部）の授業を聴講するなどして身につけた。

教育以外（社会関係資本）においては、イノベーション人材に必要な「価値

---

[2] イノベーション100委員会事務局（2016）
[3] 柳沢・山口・磯崎（2012）
　※イノベーション人材と上場企業のホワイトカラーとの比較調査を実施。能力・素養別のイノベーション人材とホワイトカラーの比較結果を示し、前者を特徴づける「価値発見力（挑戦する力、観察する力、関連づける力、人とつながる力、捨てる力、おかしいと思う力）」と、後者を特徴づける「価値実現力（関係構築力・巻き込み力、達成への執念、説得力、マネジメント力、自己管理力、定量志向、計画力）」と分類。
　※本稿は中小企業をケーススタディとしており、経営者自身がイノベーション人材の役割（価値発見）と上場企業のホワイトカラーの役割（価値実現）の両方を担っていることが示唆される。

発見力」と、上場企業のホワイトカラーの役割に必要な「価値実現力」を獲得した。本事例では、ホームとアウェイを往還することによる学び、いわゆる「越境学習[4]」により習得したと考えられる。欧州主要展示会の視察、出展、海外デザイナーとのワークショップを通じて、自社と異業種コミュニティや現地コミュニティを往還することで生まれる違和感、葛藤が、学習効果をもたらした。また、L社内に新たなブランドARIAKEやCLANTREEが誕生し、自社内に複数のブランドが同居する状態でそれぞれが海外デザイナーや製材所といった現地コミュニティと共同でビジネス活動が進行していく状況にあった。K氏という一人の個人の中に、複数のコミュニティの人らしい自分が同居する多重成員性が見られていた。このような自分自身のアイデンティティを再形成する過程そのものに学びがあったと考えられ、これはLave, J. & Wenger, E. (1991)の実践コミュニティ論[5]とも符合する。

6．おわりに

本事例にてK氏が発揮した能力のうち、特筆すべきは「指針5 越境の奨励：組織内外の壁を越えた協働を推進する」能力である。この能力は教育により習得したものではなく、教育以外（社会関係資本）から習得したもの。具体的には越境学習により習得した事実が発見された。

越境学習にもいくつかの段階があり、ホームとアウェイを渡り歩く状況間移動による学びを経て、境界外の実践コミュニティへの正統的周辺参加から十全（参加が深まった状態）への移行プロセスにおける学びに至っている。同氏は、越境学習により習得した外部の知識を自社に浸透させ、粘り強く変革を断行し、自社の範囲を拡張し、越境させたことでイノベーションを創出したと考えられる。

---

[4] 石山・伊達（2022）.
[5] Lave and Wenger（1991）.

図表9−8　本事例に見られた越境学習の過程

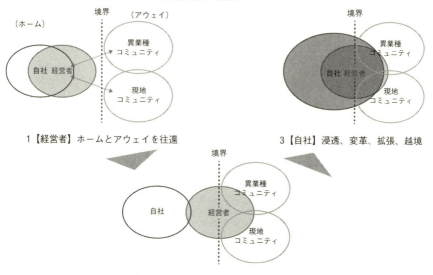

（出典）筆者作成

　本章は、地域企業のグローバル経営者が地域を越えて海外市場で起こしたイノベーションをもたらした経営者の能力の取得の要因をケーススタディによって探索し、事業機会の探索から市場開拓、そして限られた海外経験でグローバル化を進めた実態を明らかにした。加えて、グローバルイノベーションが移民企業家に限られたものではなく、地域企業のグローバル経営者においても創出可能であること、その要因としてグローバルイノベーションとアントレプレナーシップの行動特性、およびグローバルイノベーションに必要となる学習と知恵について実態における事実発見を示した。

　しかしこれがシングルケースゆえの特異性なのか、一般的な地域企業のグローバル経営者に拡張解釈できるのかについては、さらなる検証の必要性がある。

謝辞

K氏には長時間にわたるインタビュー調査へのご協力と膨大な資料の提供を頂いた。同氏にはインタビュー記録をもとに書き下ろした本稿の内容の確認にもご協力いただいた。ここに記して感謝を申し上げる。

【参考文献】

［日本語文献］

石山恒貴・伊達洋駆（2022）『越境学習入門』日本能率協会マネジメントセンター。

イノベーション100委員会事務局（2016）『企業にイノベーションを興すのは誰の仕事か？－イノベーションを推進する17人の経営者の言葉から導く5つの行動指針－』経済産業省。

中原淳（2012）『経営学習論－人材育成を科学する－』東京大学出版会。

柳沢樹里・山口高弘・磯崎彦次郎（2012）「イノベーションを創造する「人材」像および「組織」像－イノベーション人材に必要な7つの要件と組織に必要な5つの要素－」『知的資産創造』野村総合研究所。

吉田健太郎・山口真知（2021）「地域活性化と中小企業の国際化との関係性に関する一考察」『商工金融2021年4月号』商工総合研究所。

［英語文献］

Engestrom, Y., Engestrom, R. and Karkkainen, M.(1995). *Polycontextuality and boundary crossing in expert cognition: Learning and problem solving in complex work activities*, Learning and instruction.

Lave, J. and Wenger, E.(1991). *Situated Learning: Legitimate Peripheral Participation,* New York: Cambridge University Press.

Suchman, L.A.(1987). *Plans and situated actions: The problem of human-machine communication*, Cambridge University Press.

Vygotsky, L.S.(1962). *Thought and Language*, Cambridge, U.K.: The MIT Press.（柴田義松訳(1971)『思考と言語』明治図書）

Wenger, E.(1998). *Communities of Practice: Learning, Meaning, and Identity*, New York: Cambridge University Press.

終章

むすびにかえて

吉田健太郎　谷村真

　本章[1]では、日本を取り巻く起業環境の課題の本質を指摘し、日本人アントレプレナー発のグローバルイノベーションを起こしていくための課題を深堀する。その上で、序章で論じた問題意識のもとで掲げたリサーチクエスチョンに対して、各章のケーススタディが主張する論点を総括する形で応え、結論づけていく。具体的には、日本の課題や現状と対比しながら、海外の現場で日本人アントレプレナーが起こしてきたグローバルイノベーションの個別事例から浮かび上がる構成要素を整理し、日本発グローバルイノベーションを創出するための日本型エコシステム醸成のためのインプリケーションを示す。

1. 日本の起業環境が抱える課題の本質

　国際的にみて、日本の起業活動指数[2]は低い。しかも、その数字は失われた30年近くほとんど変わっていない。この順位の低さだけみていると、一見、日

---

[1] 本章は拙稿 Yoshida (2025), "Fostering Global Innovation: Strategy for Japanese Entrepreneurs and Business Ecosystems", SOAS Japan Research Centre Discussion Paper Series No.5 SOAS JRC, University of London, 1-18を基に本書掲載のために大幅に加筆修正を行ったものである。
[2] 総合起業活動指数 (Total Early-Stage Entrepreneurial Activity：TEA) とは、「誕生期」と「乳幼児期」の合計を各国の起業活動者としており、これらの起業家が成人人口に占める割合（％）がTEAです。「誕生期」は、独立・社内を問わず、新しいビジネスを始めるための準備を行っており、かつまだ給与を受け取っていないまたは受け取っている場合、その期間が3カ月未満である人、「乳幼児期」はすでに会社を所有している経営者で、当該事業からの報酬を受け取っている期間が3カ月以上3.5年未満の人と定義されている。日本は、主要先進国の中では最下位となっている。

本人には起業するための能力が相対的に低いと誤解を生んでしまうが、本質的な課題はそうではない。

例えば、起業の担い手の推移をみてみると「起業希望者」、「起業準備者」、「起業家（企業家）」の数はいずれも減少傾向にある一方で、「起業準備者」に対する企業家の割合は増加基調である（図表終−1参照）。また、起業関心者が起業活動を行う割合をみてみると、他の主要先進国との比較では、日本は米国に次ぐ高い割合を示している（図表終−2参照）。つまり、日本では起業に関心がある者が実際に企業家となる（起業活動を行う）者の割合は決して低くなく、起業する能力についても高いことが示唆される。本質的な課題は、むしろ、職業選択として起業を目指す人が圧倒的に少ないことにある。

長山（2020）は、そもそも日本では起業を意識しない人が際立って多く、起業が人生設計・キャリアの選択肢に入っていないことに問題の本質があることを指摘する。すなわち、わが国においては、大多数の起業無関心者に対し、起業に関心を持ってもらい「起業希望者」を増やすことが何よりも優先事項であると主張している。また、高橋（2013）は、グローバル・アントレプレナーシップ・モニター（Global Entrepreneurship Monitor：GEM）[3]のデータの個票を分析し、「起業活動」の説明変数として「起業態度」を使ったモデルによって、わが国の特徴を把握し、そこから起業プロセスのどこに働きかけるのが最も効果的な政策につながるのかを検討している。分析から、起業態度の違いが起業活動の違いを生み出しているという事実を発見し、結論として「起業態度への働きかけ」が有効な政策になりうることを強調している。なお、起業プロセスにおいては、いきなり起業活動が始まるのではなく、その前に「起業態度」の獲得があり、起業態度を有する起業活動予備軍から起業活動に従事する人が出現する。ここでいう「起業態度」とは、起業活動浸透、事業機会認

---

[3] Global Entrepreneurship Monitor 調査は、複数の多様な国々における起業家活動の実態を評価し、各国の起業政策に提言を行うものである。GEM調査は、1999年に日本を含めた10カ国からスタートし、現在、この研究には115か国の参加が数えられており、20年以上遡る長期的なデータが含まれている。毎年公表される信頼できるデータとして、各国の学術論文等でもしばしば引用されている。

図表終-1　起業の担い手の推移

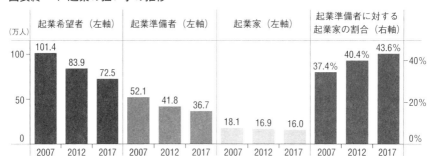

資料：総務省「就業構造基本調査」再編加工
(注) 1. ここでいう「起業家」とは、過去1年間に職を変えた又は新たに職についた者のうち、現在は「会社等の役員」又は「自営業主」と回答し、かつ「自分で事業を起こした」と回答した者をいう。なお、副業としての起業家は含まれていない。
2. ここでいう「起業希望者」とは、有業者のうち「他の仕事に変わりたい」かつ「自分で事業を起こしたい」と回答した者、又は無業者のうち「自分で事業を起こしたい」と回答した者をいう。なお、副業起業希望者は含まれていない。
3. ここでいう「起業準備者」とは、起業希望者のうち「(仕事を) 探している」、又は「開業の準備をしている」と回答した者をいう。なお、副業起業準備者は含まれていない。
(出典) 中小企業庁 (2020)

識、知識・経験、失敗脅威の4つ指標[4]を指す。すなわち、長山 (2020) も高橋 (2013) も共通して、起業活動前の段階での企業家を生み出す環境醸成を強調している。

　日本では、まずこの起業準備者になるための障壁として、会社勤めを好む慣習・文化上のバイアスがある (図表終-3)。続いて、次に立ちはだかる壁は日本でグローバルイノベーションを創出できるビジネスエコシステム環境が十分に備わっていないことがある。そのため本書の事例でもみてきたように、感

---

[4] 高橋 (2013) によれば、起業活動浸透 (ロールモデル) 指数 (KNOWENT)：「過去2年以内に新たにビジネスを始めた人を個人的に知っているか」という質問に「はい」と回答した人数を成人人口100人当たりの人数で示したもの。事業機会認識指数 (OPPORT)：「今後6ヶ月以内に、自分が住む地域に起業に有利なチャンスが訪れると思うか」という質問に「はい」と回答した人数を成人人口100人当たりの人数で示したもの。知識・能力・経験指数 (SUSKIL)：「新しいビジネスを始めるために必要な知識、能力、経験を持っているか」という質問に「はい」と回答した人数を成人人口100人当たりの人数で示したもの。失敗脅威指数 (FEARFAIL)：「失敗することに対する怖れがあり、起業を躊躇しているか」という質問に「はい」と回答した人数を成人人口100人当たりの人数で示したもの、と定義している。

図表終－2　起業関心者が起業活動を行う割合の国際比較

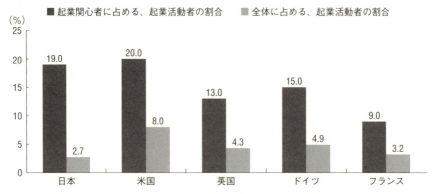

資料：「起業活動に影響を与える要因の国際比較分析」(平成24年3月（独）経済産業研究所）より中小企業庁作成

(注) 1. グローバル・アントレプレナーシップ・モニター（Global Entrepreneurship Monitor：GEM）調査の結果を表示している。
2. ここでいう「起業関心者に占める、起業活動者の割合」とは、「起業するために必要な知識・能力・経験がある」と回答した人のうち、起業活動者（起業のために具体的な準備をしている人と起業後3年半未満の人の合計）が占める割合のことをいう。
3. ここでいう「全体に占める、起業活動者の割合」とは、一般成人（18-64歳）のうち、起業活動者（起業のために具体的な準備をしている人と起業後3年半未満の人の合計）が占める割合のことをいう。
4. 起業活動者の割合は、2001年から2010年の個票データを集計した値である。

（出典）中小企業庁（2017）

度も能力も高い起業準備者は、日本よりも海外市場の方が起業しやすい環境であることに気付き、国外流出してしまっているという課題がある。海外進出が単に市場拡大ではなく、そもそも新たなビジネスを興す上で必要な資源を獲得しやすいがゆえにアントレプレナー自身が流出してしまうケースが存在していることに課題の本質を垣間見ることができよう。

　序章でも述べたように、これらの課題は短期的に解決することは困難である。もちろん、最終的には日本発のグローバルイノベーションが連鎖的に起こるビジネスエコシステムを日本各地に醸成していくことが望ましいが、現状の制度・文化・教育面、個々の地域特性などの課題を考慮すると、政策イニシアティブによって、全国画一的に推進することは現実的とはいえない。したがっ

図表終−3　日本で企業家を増やすには

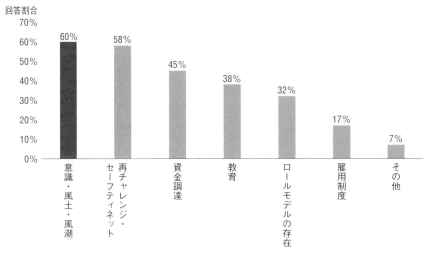

(注) 設立5年以内のベンチャー企業1,514社に対して、2021年5月11日-6月11日に実施したアンケート調査の結果（本設問への回答は130社）。

(出典) 内閣府（2022）

て、海外の日本人企業家が起こしたグローバルイノベーションの実例を通して、日本のコンテキストの中だけでは浮かび上がらないイノベーションを起こす上での構成要素、日本の強み、課題を掘り起こし、日本への示唆を得ることに意義がある。また、かかる分析を通じて、段階的に政策的インプリケーションを導出することが重要である。

　第一段階として、中長期的な視点に立ち日本型のビジネスエコシステムを醸成するための準備をはじめることが必要になる。そのために、日本人が海外市場において、どのように海外ビジネスエコシステムの中に根を張り、多様性の中で共存共栄し、イノベーションを起こしていくのか、そのメカニズム（構成条件）を理解する必要がある。その上で、日本経済社会の強みを十分活かす形で、日本型のビジネスエコシステム構築に適応していかなくてはならない。第二段階として、現在海外市場でグローバルイノベーションを起こしている日本人企業家たちが、「ウミガメ族」[5]のごとく、将来的に日本にイノベーションを

還流させ、日本を拠点に市場拡大を目指すことが必要になる。そのためには、海外で成功を収めた日本人トランスナショナル企業家が日本を開発拠点あるいはスタートアップ拠点としたくなるような環境を整備していく必要がある。また、それが呼び水となり、外国人アントレプレナーの参入も期待できる。イノベーティブな外国人材と日本企業家による多様性を前提とした「競争と協調」[6]が展開されるようになれば、日本発のグローバルイノベーションはより活性化する。Karr（2020）によれば、移民企業家は受入国における事業活動を通じ雇用とグローバルイノベーションをもたらし、米国シリコンバレーで創業された63％が外国にルーツのある企業家によって創業されているという[7]。したがって、日本発グローバルイノベーションを連鎖的に創出させていくためには、出発点において「日本型ビジネスエコシステム醸成」とともに「イノベーションを母国に還流するためのインセンティブ」を整備する戦略的視点を持つことが肝要となる。そうすることで、少しずつ日本発のロールモデルが生まれ起業準備者が増加していくことにつながっていくものと思われる。

2．グローバルイノベーション創出における「意欲」の重要性

　GME報告書の中では、企業家が将来的にグローバルイノベーションの創出をできるか、できないかに関わる重要な起業活動指標に「意欲」が挙げられて

---

[5] 海外で得たビジネス経験や技術、さらにはネットワークを駆使して自国の経済成長につなげる。生まれ故郷に戻ってくるウミガメにたとえ、中国では外国帰りの人材はウミガメ族と呼ばれる（日本経済新聞2013年12月17日付）。

[6] ビジネスエコシステムは、イノベーション活動を刺激するライバル企業との「競争」と、サプライチェーンにおいて補完し合う「協調」とを持った動態的なシステムである。したがって、ビジネスエコシステムの構成員は、競争相手と、協調相手の双方が同時に存在し、そこから新たな価値が生み出される。このイノベーション創出における「競争と協調」の重要性はポーター（1998）に詳しい。

[7] Karr（2020）、p.15参照。また、Vendor（2023）によれば、一般的に移民は現地人に比べ起業する傾向が強いという。Vendorに限らず、近年、国際的な学術研究において移民起業家を対象とした研究が散見されるようになったが、高木（2024）は移民起業家に関する注目が集まっている背景に、外国人起業家の活躍が当該国のグローバル化の進展への貢献とインクルーシブで豊かな社会になる一つのきっかけになることが期待できるからだと強調している。いずれの研究も国際的な多様性がグローバルイノベーションを促進させることを示唆している。

図表終-4 アーリーステージの起業活動（TEA）における海外の顧客を持つ割合

（出典）GEM（2023）

いる。一般に起業に関わる「意欲」とは、起業活動の目標や野心を指し、成長、海外展開、新製品の開発、社会的価値の創出などがこの意欲を示す物差しとなっている。アントレプレナーシップの潜在的な貢献には、アイデアを新製品・サービスに変えること、新しいテクノロジーやビジネスモデルを導入すること、組織変革などが含まれる。こうしたイノベーション活動に取り組むアントレプレナーシップは、成長企業の重要な特徴となる可能性があることをGEMは強調している[8]。

そのためGEMの調査では、新しいビジネスを開始または実行している人に、母国以外でも通用するグローバルイノベーション活動を行っているかどうかを尋ねている。図表終-4は、アーリーステージの起業活動（TEA）における海外の顧客を持つ割合を示したものである。

続いて図表終-5は、アーリーステージにおける収益の25％以上を国外から

---

[8] GME（2023）参照。

図表終-5　アーリーステージにおける収益の25％以上を国外から見込んでいる割合

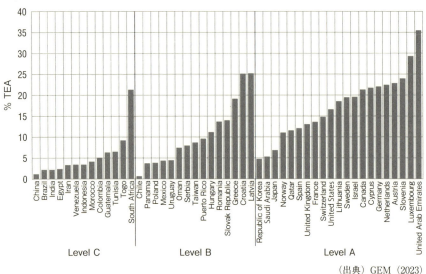

（出典）GEM（2023）

見込んでいる割合を示したものである。どちらも他の成長している先進国は、イノベーション活動に意欲的であり、それも海外で通用するグローバルイノベーション活動に積極的だということがわかる。これに対して、日本はイノベーション主導経済国の中で、かなり低い位置にある。グローバル経済の中で成長し続けるためには起業段階からグローバル化の視点を持ち、グローバルイノベーション活動に意欲的であることが肝要である。同報告書の中では、アイデアをグローバルイノベーションにつなげようとするアントレプレナーシップは、持続的に成長する可能性が高いことを示唆している[9]。

　このような最初からグローバル市場をターゲットとして創業した企業の中から、ユニコーン企業が生まれていることも事実である。ユニコーン企業は10年ほど前までは珍しい存在だったが、現在ではユニコーン企業は産業や経済全体をけん引するほどの成長性を持った企業であることが一般に認識されるように

---

[9] GME（2023）参照。

図表終−6　海外展開実施による売上高、経常利益への貢献度と労働生産性

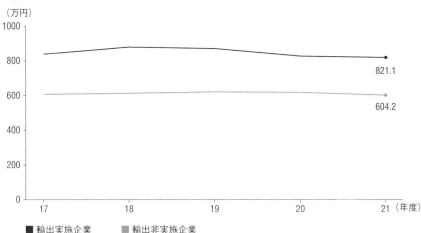

資料：経済産業省「企業活動基本調査」再編加工
(注) 1. 中小企業基本法の定義に基づく、中小企業のみを対象に集計している。
　　 2. 労働生産性＝国内の付加価値額／国内の従業員数で集計している。
　　 3. 2017年度から2021年度まで連続して回答している企業を集計している。
（出典）中小企業庁（2023）

なった。2024年7月時点では約1,200社（CB Insights）のユニコーン企業が存在するが、日本のユニコーン企業数はわずか8社にとどまっている[10]。

　ここで指摘しなくてはならない日本の重要な課題は、持続的な成長につながるような「グローバルイノベーション」に関わる活動の割合が圧倒的に低いことにある。グローバル化が進展し続ける中で、世界と伍して戦い持続的な成長を遂げていくためには、とりわけ少子高齢化に伴う労働人口減少に鑑みると、グローバルイノベーションによって生産性を高めていくことが不可欠である。実際に、マクロ的なデータでみても海外展開は企業の生産性向上に貢献することが示されているが（図表終−6）、本書で紹介してきた事例においても、海

---

[10] CB Insight 公式ホームページ参照（https://www.cbinsights.com/research-unicorn-companies）。情報閲覧日：2024年7月30日。

外展開（とりわけ顧客をグローバルに展開）し、外国人顧客の獲得につながったケースにおいては生産性を高め持続的な成長に結び付いている。

3．日本のグローバルイノベーション人材の流出と活躍

　繰り返し述べてきたように、日本で起業を望ましい職業選択と考える人の割合は、国際的にみて相対的に低い。一方で、国の政策支援の後押しや若者の柔軟な考え方が広がってきている効果もあり、優秀な人材が起業にチャレンジする事例も増えている。

　東京大学では創設から昭和の時代まで中央省庁の官僚を多数輩出してきたが、バブル期以降、東大生の進路は民間の大手企業へと多様化し、近年はコンサルティングファームやIT系が人気になっている。昨今の東大生の職業選択には、大きな変化が起きている。官僚を志望する学生は減り、起業する学生（あるいは企業で一定期間経験を積んだ後に起業したいと考えている学生）が増えている[11]。起業したいと考える理由としては、課題解決などを通じて社会を変えたい（約4割）が最も多くなっている。そのための手段として、アントレプレナーとしてイノベーションを起こすことが近道だと考えているのである。企業選びの際の基準と同様「課題解決」などを理由にあげる東大生が多く、彼らは課題解決の手段の一つとして「起業」を職業選択するようになってきていることは特筆に値する[12]。

　さて、コロナ禍において日本の企業の海外進出は大きく減少した一方で、海外移住者は増え続けている。海外移住者の数だけみれば、実はコロナ禍に限らず1990年代後半より徐々に日本人の海外流出が静かに進んでいる実態があ

---

[11] 東大といえば「官僚養成機関」、東大生といえば「安定志向」という日本国民の認識を根底から覆したのが、2022年の東大の入学式（2022年4月12日）での藤井輝夫総長の祝辞である。藤井総長は、祝辞の中で以下のように述べた。「東大関連ベンチャーの支援に向けた取組みを積極的に進め、2030年までにその数を700社にするという目標を掲げています」「東京大学は、社会が直面している課題の解決に貢献する新たな業（ぎょう）を起こすことを支援しています」と。過去数十年、東大総長が起業を鼓舞する発言をしたのははじめてのことだと言われている。東洋経済2023年8月30日付記事参照（https://toyokeizai.net/articles/-/697739?display=b）情報閲覧日：2024年5月6日

る[13]。外務省の海外在留邦人数調査統計によると、2023年10月1日現在で海外への永住者[14]は過去最高の約57万5千人になった（図表終－7参照）。ウィルス禍で留学や海外駐在などでの長期滞在者が減少する一方、より良い生活や仕事を海外に求めた人などの永住者がコロナ禍前の対2019年比で約5万6千人増えている。昨今の歴史的な円安による所得格差も、海外で就業機会を探す日本人の増加に拍車をかけていると思われる。

　本研究の観点から、特に注目したいのは日本人が海外で起業した数である。現時点で入手できた最新のデータである2021年度の時点で約4,500社ある（図表終－7）。日本国内で開業する数はおよそ9万社といわれている。日本人で起業する人が100人いるとすると、そのうちの4.5人が海外で起業していることになる。この数字をみると「国際起業」が進んできていることが伺える。先の東大生の進路の変化から、優秀な人材は日本で起業するより海外で起業した方が早い（あるいはチャンスがある、もしくはやりがいがある）と考えて、ダイレクトに海外で創業するケースが増えていると推測することも可能である。事実、第1章の米国シリコンバレーで起業した事例は、まさにその典型である。このまま日本の起業環境が海外よりも劣後し続ける場合には、日本で生まれ育った野心ある若者や日本企業で活躍したビジネス経験豊富な人材が、起業し易く、よりイノベーションを創出し易い環境を求めて、海外市場へ移住起業す

---

[12] 東大新聞2022年5月31日付によれば、起業を志す理由の回答結果は次の通りであった。（選択式質問）
・「課題解決などを通じて社会を変えたいから」……39%
・「既存の企業での働き方が自分に合わないと思うから」……28%
・「自分の能力を示すことができると思うから」……22%
・「金銭的な成功を得たいから」……11%

[13] 朝日新聞2023年1月23日付の記事「日本人、静かに進む海外流出　永住者が過去最高の55.7万人に」によれば、国立社会保障・人口問題研究所情報調査分析部の元室長で、福井県立大学の佐々井司教授は「賃金や労働環境、社会の多様性などの面で、日本よりも北米や西欧諸国に相対的な魅力を感じる人が多くなっているのではないか。閉塞（へいそく）感が解消されなければ、永住者の増加傾向は今後も続くだろう」と分析している。なお、永住権は普通、移住してすぐ取得できるわけではなく、例えば留学して職をみつけて永住権を申請する、あるいは最近では起業して一定期間税金を納めたうえで永住権を申請するといった数年がかりの段階を踏む。永住者の増加は、数年前の日本人の移住の動きと関連している。

[14] この統計は、3カ月以上海外に暮らす日本人に関するデータを外務省が毎年推計している。

図表終－7　海外在留邦人数推計推移

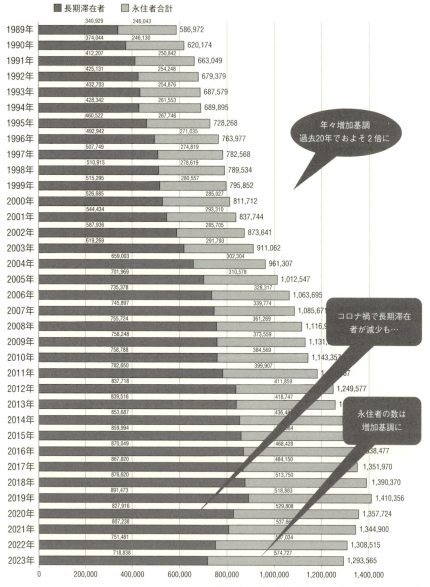

（出典）外務領事局政策課（2023）を基に筆者加筆

るケースが今後も増えていくことが容易に予想できる。

　筆者が過去10年間、日本人企業家の移民起業において調査してきた経験上（ちなみに筆者が調べたところ現時点では公的な統計は見当たらない）、海外で成功した日本人企業家は帰国することなく、そのまま海外に移住しつづけるケースの方が圧倒的に多い。また、再び移住することがあっても、同じ地域内で移動するケース（つまりベトナムからタイとか、LAからハワイとか、英国からスペインなど）はみられるものの、帰国するケースは倒産や失敗でもしない限りあまり聞いたことがない。加えて、優秀な日本人留学生は帰国せずに現地で起業する（あるいは現地で就職してから海外で起業する）ことを目標としている事例が増えている印象を持つ。実際に筆者が2023年度に英国ロンドン大学に研究留学中において、このような学生たちに幾度となく遭遇した。ロンドンで開催されていた社会人のインフォーマルな企業家勉強会の場で、そのような日本人「学生企業家」がビジネスプランを発表し、社会人からコメントをもらう場面に何度も出くわしている。

　海外に移住する理由は一つではないが、海外で成功するアントレプレナーシップを持った日本人が一定数流出しそのまま戻らない事実や、日本では起業したくてもできない、あるいは海外の方が起業しやすいからわざわざ海外で起業しているのだとすれば、それは日本経済にとっては大きな機会損失を生んでいるといえる。日本は、このような「アントレプレナー予備軍」をどうしたら日本発のグローバルイノベーション創出につなげられるのかを真剣に検討しなくてはならないフェーズに直面している。

4．グローバルイノベーションの醸成にむけて

　ここまで日本発のグローバルイノベーションを取り巻く起業環境の課題の本質について深堀を行ってきた。以降では、各章事例の分析から示唆されるポイントを整理し、序章で示したリサーチクエスチョンに応える。そのうえで、日本でグローバルイノベーションの醸成環境をどのように整備していけばよい

のかについてのインプリケーションを導出し、本書を総括する。

（１）日本の企業家がどのようにグローバルに通用するイノベーションを生み出しているのか。

　日本の中小企業のグローバルイノベーション（現地発イノベーション）の創出に関わる構成要素や発生メカニズムに関しては、吉田（2020）に詳しい。吉田（2020）は、日系中小４社への調査結果に基づき、Govindarajan and Trible（2012）による「リバースイノベーション論」や Nonaka and Takeuchi（1994）による「知識創造」の議論を踏まえつつ、中小企業の海外拠点に成長機会をもたらす「現地発イノベーション」を実現するための諸要件を考察している。考察を踏まえ、成長の鍵となる要因として、「マーケティング」、「アントレプレナーシップ」、「人材育成」、「技術の活用」の４点を挙げた。そのうえで、「産業集積コミュニティのパートナーとの知の連携」の有効性を強調している。ただし、同研究の分析対象としているのは日本から海外展開する中小企業であり、本研究の主な分析対象としている海外市場でダイレクトに創業する「企業家」ではない。かかる相違点はあるが、同書の中で残された研究課題として、移民企業家に分析対象を広げる必要性を論じている。分析対象を広げ「現地発イノベーション」の拡張可能性を明らかにすることは、現地発のグローバルイノベーション研究領域の蓋然性を高める貢献も期待できる。

　そこで、ここでは先行研究[15]において吉田（2020）が論じた「中小企業の国際化と現地発イノベーション」に関する考察結果で明らかにされてきた日本から海外進出する中小企業が海外進出においてグローバルイノベーションをもたらす４つの要素をもとに、本研究の研究対象である海外で創業する（ならびに海外でイノベーション活動に取り組む）日本人アントレプレナーを主な対象として分析をしていく。また、インプリケーションにつなげるために、これら４

---

[15] ４つの要素条件がグローバルイノベーション（海外市場における現地発のイノベーション創出）に影響することについての解説は、吉田（2020）「中小企業の国際化と現地発イノベーション」に詳しい。

つの要素にどのような能力が必要とされているのかの分析を加える。

①マーケティング

　ケーススタディの共通点から示唆されるのは、標準化か現地化の二者択一ではなく、日本的経営や伝統技術の強みを守る点と現地化すべき点とを、現地で臨機応変にメリハリを利かせ展開することが、成功ポイントとなる点である。具体的には、「技術や技法」、「母国文化や歴史的背景」、「日本人的経営マネジメント」の優位性は日本から現地に持ち込まれ、マーケティングによって、現地の感性・ニーズとこれらの優位性とが結合され新たな価値が生まれている。

　マーケティングに関わる能力については、①情報収集力、②課題発見能力、③課題解決の構想力、④現地適応化する力、④リーンスタートアップ力が必要条件になる。この部分は特に独自の力では十分に発揮できるものではない。両国の人脈（ネットワーク）を頼りながら、能力構築していくことが肝要である。その意味で、後述するエコシステムにおけるネットワーキング力が不可欠となる。

②技術の活用

　ケーススタディからみえてくる共通点は、特定分野の技術が生かされているという点である。これは、海外市場でのイノベーション活動において、強みとなり、世界に通用する製品／サービスへと発展している。これは、日本人ならではのきめ細やかな作業を得意とするゆえの強みであり、古くからこの原点は変わっていない。製造業であれば「伝統技術」や「技能」がそれにあたり、サービス業であれば、「おもてなし」や「きめ細やかなサービス」がそれにあたる。これらの「技術」は、製品／サービスへの信頼を構築するための付加価値となり、この付加価値は時間をかけてブランド力になっている。これが、日本の高度成長期を支えた日本の「プロセスイノベーション」を連続的に生み出し続け、見事に世界的にも日本独自の競争優位を構築した要因である。これは「カイゼン」と呼ばれ、米国をはじめとする世界中の研究者たちから評価され

たことは有名な話である[16]。現代においても、コンテンツ産業において日本人のきめ細やかな技術力とサービス精神が強みとなって生まれた「マンガ」「アニメ」などは、「おたく」という熱狂的なファンを世界中に開拓することに成功している。イノベーションを生み出す際には、業界／分野に限らず技術力が生かされていて、何か一つでも突出した技術的な強みがあるとグローバルイノベーションを生み出す際にも有効であることを物語っている。このように日本人特有の強みを生かすことで、グローバル市場でも通用する付加価値を高めることができるのである。

この技術力をイノベーションにつなげていくための能力については、①特定分野の専門性、②技術力を新たな分野で活用する力、③職人気質が必要条件となる。具体的には、オープンイノベーションの水平的な産業構造の中では特に汎用な技術力よりも特定分野に特化した技術力の方が、圧倒的に優位性が発揮され、それゆえビジネスチャンスも広がる。なぜならば、エコシステムへの突破口を切り拓く際には、特定分野の専門的な技術力がカギを握るからである。なかなか模倣が難しい「技術」を生かしたビジネスモデルの「アイデア」が投資家をはじめとするエコシステムの構成員に関心を引き寄せるのである。こうして突破口が開けたら、現地のニーズに適応する形で実際に「技術力」を活用することで新たなバリューチェーンを現地に構築することが可能となる。加えて、新たな市場開拓には、テストマーケティングを行い製品サービスを改善していくプロセスが不可欠である。こうした実験に移し、すぐに課題を解決していく機動力（リーンスタートアップ力）も必要条件になる。

③アントレプレナーシップ

前掲のマーケティングを実践し、技術を活用した新たな製法や製品開発の着想と実装に結び付けられるかは、アントレプレナーシップが大きな影響を及ぼ

---

[16] 他方で、ゼロベースから新しい価値や仕組みを生み出すことは過去の歴史を見る限り日本人の得意とするところではない。

す。本書で繰り返し述べてきたように、アントレプレナーシップは単なる「精神論」「行動特性論」を意味するものではなく、事業創造を構想し、それを実現していく「実装力」「事業創造力」をも含むものである。すなわち、アントレプレナーシップの観点では、①自己実現に対する気概・意志、②新しいビジネス機会の追求する力、③資源を動員する力、④事業機会を発見し評価する判断力／洞察力の「事業創造力」をいかにして習得するのか、が重要な鍵を握る。特にグローバルイノベーションの観点から重要な部分は、グローバルな問題意識を早い段階から持ち合わせていることは重要である。この感覚を持つには、過去あるいは現在に海外での何らかの実体験／経験[17]が不可欠になる。資源の動員も両国の資源を効果的にバランスよく動員しなくてはならない。アントレプレナーの過去／現在の経験に基づく体験知がアントレプレナーの「意志」や「価値判断」を醸成し、ビジネスエコシステムとの関わりの中で「アイデア」が浮かび、それが評価され実装されれば「イノベーション活動」へと発展していく一連の流れと因果関係があるということをケーススタディは示唆している。当然、現地化、グローバル化のプロセスにはコンフリクトも付きまとう。本書のケーススタディでみてきたように両国における産業集積コミュニティとの直接的なコミュニケーション・チャネルを設け、アントレプレナー自らが現地ビジネスエコシステムとの関わりの中で体得する体験知によってコンフリクトを緩和させる学習を積み重ねていくことが実態である。この事実発見から失敗を含め体験的に学習を重ねることの重要性が示唆される。

　エコシステムに参入し根を張る能力には、①プレゼン力、②ネットワーキング力、③信頼構築力が必要条件になる。先行研究からも指摘されている産業集積を巧に活用し、能力構築（起業学習）できるアントレプレナーがイノベーション創出の勝者となる。ビジネスエコシステムに参入できなくては始まらないので、その突破口を切り拓くためのネットワーキング力は不可欠である。人

---

[17] 必ずしも物理的に海外に滞在する必要はなく、日本にいても外国人との接点を持ちグローバルな問題意識を持つことは可能である。ポイントは体験的にグローバル化に伴う多様性に触れることで、遷座的にグローバルな視点から問題意識を持つことにある。

脈ができても、仕事にむすびつけていくためには（自分の優位性を正しく伝える）プレゼン力が必要となる。イノベーション活動には相互のコミュニケーションを基盤としたディスカッションも必要になるので、信頼関係の構築も必要になる。

④人材育成

　人材育成については、吉田（2020）でも強調しているように、単に体験知（暗黙知）を習得すればよいという単純な話ではなく、暗黙知を形式知に、そしてまた形式知を体験知へと知をスパイラルアップさせていくことが肝要である。グローバルイノベーションという観点からは、林（2023）が論じるように、日本人アントレプレナーと現地人材チームとの「知の共有」がポイントになる。林（2023）は、図終-7上の技術に関わる知と現地市場における知の両知識間で暗黙知を連携させることの必要性を指摘し、図終-8の縦軸上で「暗黙知を連携させることの有効性を指摘している[18]。

　また、これらの知の連携においてどれほど高いレベルの人たちと「連携」を図れるかが、学習（人材育成）に影響を与える。ここでいう「レベルの高さ」とは、市場に受け入れられるイノベーションを生み出すための専門性（オタク度）[19]の高さをイメージしてもらうとよいだろう。最終的には、連携の結果から生まれるアウトプットが市場開拓できなければ、意味はない。

　「知の連携」によりグローバルイノベーションを生み出す人材育成に具体的に必要となる能力については、①理念を伝える力、②モチベーションを与える力、③両国の優位性を融合する力が必要条件になる。グローバルイノベーションには異文化経営が不可欠になるので、経営者の考えや組織全体が目指す経営理念を社員に丁寧に伝えていくことが求められる。しかも日本人社員のみならずローカル人材にもそれらのことが正しく伝わる必要がある。ビジネスエ

---

[18] 林（2023）、p.55参照。
[19] 天才や秀才の集団という意味でもなく、特定分野でイノベーションを生み出す上で、必要となる連携であり学習になる。

図表終-8　グローバルイノベーションにおえる「4つの知の連携」

	技術・開発力に関わる知（技術知）	現地市場・現地資源に関わる知（現地知）
形式知	○ ⇔	○
暗黙知	○ ⇔	○

- "暗黙知"を共有しつつ、"暗黙知と形式知のスパイラルアップ"を通じて「知の創造プロセス」を実現する
- "技術知"（自社の優位性）と"現地知"（現地資源）を掛け合わせ［共同化］、新製品が開発される［表出化］
- 中小企業の場合、"知の創造"の範囲を地域（産業集積コミュニティ）にも広げることが重要。中小企業はフットワークが軽く、その優位性を活かせる
- "高度な技術力"に関わる"暗黙知"を強みとして活かす

（出典）林（2023）p.55より抜粋

コシステムの構成員と知の連携という意味では、組織内に限らず、組織外のコミュニティにも正しく伝わる必要がある。異文化を前提に、外国人材の働き方を考慮し、モチベーションを与えていくことを検討してなくはならない。また、異なる文化と風習を持つ人材が融合することでシナジー効果が出るような組織文化を醸成する経営者力も必須となる。

以上をもとにポイントを整理すると図表終-9のようになる。なお、ここでいう「集積」はビジネスエコシステムを意味する。

ポイントは次の4点である。第一に、本国と進出国両国の集積を活用することで新たな価値（優位性）を進出国で生み出すということである。第二に、各要素条件は、ビジネスエコシステムを能動的に活用することで発揮されるということである。第三に、要素条件（要因）は、どれか一つが優位性を発揮できれば他の要素はそれに付随してグレードアップしていくことである。第四に、進出国で同胞に加えローカル市場の開拓（グローバルイノベーション創出）ができたら、海外販路開拓による横展開で市場拡大が進むということである。

このように、吉田（2020）の研究で明らかにされた"どのようにグローバルに通用するイノベーションを生み出しているのか"の実現要素とメカニズムは

図表終－9　グローバルイノベーションの創出要因に関する概念図

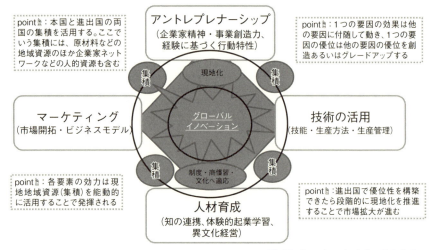

(出典) 吉田（2020）を基に筆者作成。

本書の研究対象とした「日本人トランスナショナル企業家」でも、ほぼ同様の説明が可能であることが確認できた。すなわち、日本中小企業のみならず、日本人アントレプレナーにおいても、グローバルに通用するためのイノベーションを生み出すためには、マーケティング、アントレプレナーシップ、人材育成、技術の活用の4つの要素が鍵となる。また、これらの要素条件は、相互に関連し、産業集積コミュニティのネットワークに根を張り、その域内の資源を動員・活用することで、効果を発揮する。

（2）グローバルイノベーションを起こすことに成功した企業家はどのような
　　　経験や学習によってイノベーションを実現できたのか。

　吉田（2020）は、現地発イノベーションと時間軸との関係を意識し、過去の経験と現在とのイノベーションとの関係性を含め、日本から海外にわたって創業した「移民企業家（トランスナショナル企業家）」の母国日本での経験が海外市場現地でのイノベーション活動にどのように関連しているのかについての

分析ができていない。吉田（2020）に限らず、過去の経験が現在のグローバルイノベーション創出にどのように関連しているのか、また、経験に基づく起業学習がもたらすグローバルイノベーション創出にどのような意義があるのか、について十分に明らかにされている研究は筆者の知る限り見当たらない。

　したがって、手薄となっているこの部分を掘り下げていくことで、本研究分野のさらなる発展の可能性が広がるものと考える。以上を踏まえ、グローバルに成功するにはどんな経験や学習が必要なのか検討する。

　既述したように、リーダーとしての役割を果たすために必要となる環境や経験の多くは、大人になってリーダーとして活躍する前の、人生のより早い段階に得られたものである（Castillo & Trinh（2018））。一方で、各章で紹介してきたケーススタディでは、海外の現地のビジネスエコシステム（ローカルコミュニティ）に参入することで、アントレプレナーとしての学習を重ね経営者として成長を遂げていた。こうした事実発見からも、過去のみならず現在の「経験／体験」もグローバルイノベーション能力を高める上で重要な役割を果たしている。

　本書であげた複数の事例をもとに、過去現在の経験とアントレプレナーシップとの関連性を分析していくと、経験／体験の重要性がみえてくる。すなわち、経験に基づく起業学習は、「意志」と「価値判断」に関わるビジネスエコシステムのコミュニティにおける起業学習と深く関連性を持ち、アントレプレナーシップを形成していることが明らかにされた。

　これらの体験知から絞り出される知恵の習得は、先に挙げた先行研究や事例を見る限り、過去の経験や現在の体験（状況学習）から得られるものである。ここでいう「状況学習」とは、単に知識獲得を行うものではなく、人間が知的に振る舞うために、実際の環境のなかでどのように振る舞い、どういう相互作用を営むかについての学習を意味する。状況学習といえる起業学習は、制度化された教育プログラムでは習得は難しい。

　状況学習は、比較的身近な家庭環境やコミュニティとの関連性がある（川名（2014））[20]。身近な環境やコミュニティで得られた個々の「経験」から「意志」

や「価値判断」の種が生まれる。「過去」の環境要因によって得たこれらの種は、様々な経験を重ねることで発芽し、やがて「現在進行中」のイノベーションに直結する①アイデアを発想する力、②問題発見の力、③新たなビジネスモデルを構想する力など、いわゆる枝葉となる「知恵」を生み出す根幹へと育つ。ここに、過去の経験と現在のイノベーション活動との因果関係を重ねて捉えることができる（図表終－10参照）。

換言すれば、セントラルドグマ[21]が同じでも種の遺伝子情報は唯一無二であることから同一の結果が生まれることは考えにくい。土壌の生態系の違いによって、育ち方が大きく変わることも考慮すると同一の結果であることはあり得ない。このことは、例えば、スティーブ・ジョブスのやり方を誰かが完全に模してアップル社と同じ企業を創ろうとしても不可能であることと同じである。それゆえ、各々の独自の経験と学習によって、独自の着想と価値基準が形成され、独自の生態系（環境）のもとで、異なるプロダクトのアイデアだったり、異なる意思決定だったりが行われるのである。第5章で示した通り[22]、一般的なアントレプレナーシップの行動特性に「新たな事業機会の探求」を前提として定義するのであれば、新たな事業機会を探索する際に、独自の着想と価値基準に基づいて、問題発見をしていくことや、その問題解決に結び付く新たな方法（ビジネスモデル）を熟慮していくことは容易に想像ができよう。

そして、これらの能力は失敗も成功も含む「経験」と「学習」によって段階的に磨かれ、次のイノベーション活動へと結びついている。当然、過去の起業

---

[20] 川名（2014）によれば、自分たちの住む地域社会の課題をみつけ、実社会や関連組織との関係性を自ら求め、実践のなかで学習することが必要となるとした上で、起業家主体形成に重要なのは「起業家学習」で培われる部分が大きいと強調する。リーダーシップ、ネットワーク力など、外部との関係性を学習しながら学習主体が体得していくものであり、地域的、文化的環境にもとづく実体験から影響を受け学習していくものだと論じている。

[21] セントラルドグマ（Central dogma）とは、1958年にフランシス・クリック（DNAの二重螺旋構造を発見した科学者）によって提唱された分子生物学の基本原則のこと。簡単にいえば、遺伝情報の流れに関する原則のことをいう。DNAが記憶している遺伝情報そのものはすべての生命体は異なるという点が重要。

[22] 清水（2022）によれば、アントレプレナーシップとは「現在コントロールしている経営資源にとらわれることなく、新しいビジネス機会を追求する程度」と定義される。

学習は、経験を重ねる度に磨かれ吸収能力の感度を高めていくため、現在進行中の起業学習に対しても、相乗効果を発揮する。「失敗を重ねれば重ねるほど評価される欧米における起業社会の慣習」は、まさにこの起業学習から得られる「人的能力開発」[23]への期待と解することができる。

　海外で創業し、現地化を進めつつ、さらには事業を刷新させながら発展させていくことは容易なことでなく、高い能力（あるいは知恵）が必要になる。高い能力は起業するタイミング当初から備わっている必要はないが、過去の（母国における）起業学習のみならず現地エコシステム内での起業学習が肝要となる。価値基準、意思を創り出す経験がアントレプレナーを成長させ、その結果として、「創造的な」発想や盤石な組織マネジメントや社会貢献的なホスピタリティを生み出し、模倣困難で差別化された優位性を持つビジネスへと昇華されていくものと考えられる。

　このように経験に基づく起業学習は、「意志」と「価値判断」に関わるビジネスエコシステムやコミュニティにおける起業学習と深く関連性を持ち、アントレプレナーシップを形成していることが理解できよう。

（3）日本で日本人アントレプレナーがグローバルイノベーションを創出するためにどのような課題があり、課題解決のための企業経営や政策対応上のインプリケーションはなにか。

　前掲の日本で創業した企業家に実施したアンケート調査の結果（図表終－3）によれば、約6割が「意識・風土・風潮」と「再チャレンジ・セーフティ

---

[23] 若林（2010）「NTBFs簇生のための人的資源と地域的開発」『NTBFsの簇業・成長・集積のためのEco-systemの構築』DP RIETI Discussion Paper Series 10-J-024経済産業研究所、p.98によれば、「従来のクラスター開発論の議論をふまえると、新規技術型企業簇生のEco-System開発に おいても、地域的な人的資源開発の政策や体制作りは、新規技術型企業の集積地域の国際 競争とそこでの開発競争を考えると重要な意義を持っている。集積地域は、研究開発型の 研究機関、企業、ベンチャー企業が地域的に密接に集積しており、そこでの地域的な研究開発者や組織間のネットワークの存在が研究開発活動を活性化すると考えられる。けれども提携関係に比べると、地域での企業同士の「共存状態」が意識されており、競争能力向上の積極的な地域的目標の共有について明確には意識されない傾向にある。シリコンバレー、オックスフォードなどの先進的なクラスターではそういう傾向が強い。」として、エコシステムにおける人的能力開発の意義を強調している。

図表終-10　意志、体験、価値判断とグローバル・イノベーションフローチャート図

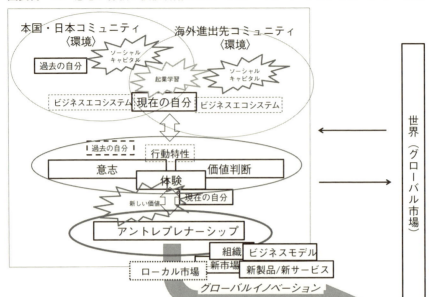

(出典) 吉田 (2020) を基に筆者作成

ネット」を課題として挙げている。制度や手続き上、起業が容易になってきているとはいえ、企業家が尊敬される社会であったり、チャレンジしたくなる社会風土、失敗が評価となり何度でもチャレンジできるシステムの構築に改善の余地がある。また、資金調達という意味でも、企業家がリスクを抱え萎縮しながらチャレンジするような仕組みではなく、投資家がリスクを負い、リスクを最小限にするために経営面のアドバイスを行い企業家を育てていく風潮が求められる。さらには、上掲で示した起業活動の指標であるロールモデルの存在や事業機会認識、知識・能力・経験指数を高めていくことは、もちろん有効な手段に違いないのだが、そのためには、ビジネスエコシステムとの関係性に着目していかなければならないことが本書のケーススタディから示唆されている。

　実際に企業家の行動特性と事業創造プロセスに着目して調査をしていくと、

多くの先行研究が論じているように、イノベーション創出には、ビジネスエコシステムというネットワークの存在が、企業家が成功する上で重要な役割を担っていることが分かる。したがって、このビジネスエコシステムの中で企業家に足りない資源を効果的に（サプライチェーンとしてだけでなく人的能力開発面においても）補完し、ビジネスの成功にむすびつけていけるような仕組みを検討していかなくてはならない。

　検討に際しては、単にハウツー的な形式知詰め込み型の企業家教育をする、単に投資家の数を増やす、補助金支援スキームを増やす、グローバルニッチ企業は単独で海外展開する等々のそれぞれの要素がバラバラと活動するのではなく、これらの関係性を有機的にむすびつけて考えることが肝要となる。まして、欧米の成功例のみから抽出した構成要素を拡大解釈し、ハードインフラを地域内に点在させる形で整備していくようなやり方では、このメカニズムは動き出さない。日本独自の強みを軸に、動態的にメカニズムを動かす視点が肝要になる。すなわち、ビジネスエコシステムは点と点の存在を俯瞰して捉えるだけでは不十分であり、重層的な面が積み重なる立体的な形状として捉え、重層的に重なり合うそれぞれの断面の中に存在する点と点とをむすびつけていく原動力こそ重要な役割を担うのである。多様な生命体の中で、種は地中で育ち、やがて発芽し木となり、森となるイメージである。その原動力は、アントレプレナーであり、それを支援する投資家や支援企業サプライヤーたちをはじめとするビジネスエコシステムの構成員である。特に、絶えずプレイヤーの参入／退出／再編を繰り返すことで知の連携が高度化していくためには、原動力となるプレイヤーであるアントレプレナー等自身が暗黙知を体験的に習得していくことをこのメカニズムの文脈の中にしっかりと織り込むことが肝要となろう。

　以上を踏まえ、本書の事例分析の総括から日本発グローバルイノベーション創出を活性化するために以下の４点の課題を指摘する。

・連続的なグローバルイノベーションが創出されるエコシステムの生成が不十分である。

- グローバル志向の企業家が日本で育つための環境の改善が必要である。
- 起業準備者を増やす風土の醸成の改善、起業学習を促す環境整備が不可欠である。
- 日本適応型のメンター、アクセラレーター、企業家プログラム、資金調達の選択肢拡充、投資環境の整備の改善が急務である。

これらの課題克服するためには、以下の5つのインプリケーションを考慮し、グローバルイノベーションを生み出す日本発ビジネスエコシステムの醸成をおこなう必要がある。

- 「意志」、「価値基準（洞察力）」を育む起業学習が必要である。
- 失敗を含め身近なコミュニティで経験的に体験知を習得していく機会を創出することが肝要である。
- 日本人としての技術的な強みを軸にとらえ、アントレプレナーシップが発揮されるエコシステムを意識的に構築していく必要があり、これを支援する政策イニシアティブも有効である。
- 母国エコシステムと進出国エコシステムの両方に関係性を構築し両国の資源の融合から新たな優位性を構築していく必要がある。
- 海外市場で成功したトランスナショナル日本人企業家を日本に呼び込みイノベイティブな外国人材の参入に結び付ける。そうすることで日本の中にこれまでほとんど存在してこなかった「多様性」を育んでいくことになり、日本にいながら最初からグローバルな市場を意識した事業機会を日本人企業家が日本のビジネスエコシステムの中から発見し、実装していこうとする可能性が生まれる。

以上、日本のアントレプレナーがどのようにグローバルに通用するイノベーションを生み出しているのかの個別事例の分析を総括し、これらのアントレプレナーがどのような経験や学習によってグローバルイノベーションを実現して

きたのかを明らかにしてきた。その上で、本書で扱ってきた事例の共通点から浮かび上がるグローバルイノベーション創出の構成要素を提示し、これが持続発展的に機能するための動態的なメカニズムの解説を試みた。そして、これらの構成要素とメカニズムを日本の現状と対比することで、どのような対策や準備が必要となるのか、そこにどのような能力が必要となるのかを明示した。さらに、企業経営や政策対応上のインプリケーションを導出した。

　これらの一連の作業から、原動力たる日本のアントレプレナーの起業活動における起業態度にいかなる働きかけが有効となり、アントレプレナー自身にはいかなる覚悟や準備が必要となるのかを明らかにできたことは、今後の効果的な政策支援を検討する上においても些かなりとも貢献できたのではないかと思う。

　しかしながら、グローバルイノベーションにより海外での起業に成功した日本人アントレプレナーへのインタビュー調査はできたものの、事業を存続できなかった企業家の実態についてまでは調査ができていない。すなわち、本章で示した構成要素や因果関係が成功と失敗の明暗の分を決定づける要因となっているのかは不透明のままである。また、海外で成功した日本人アントレプレナーがなぜ帰国し本国日本をイノベーション拠点としないのか、そもそもなぜ最初の時点で日本ではなく海外を選択したかについて、細かく丁寧に触れることはできなかった。また、今回はアントレプレナーを研究対象としたことがあり、政策支援における具体的な提言には至っていない。今後、ビジネスエコシステムの醸成やウミガメ族を日本に還流にさせたり、外国人アントレプレナーやアクセラレーターを日本に定着させたりするためには、民の力だけでは限界があり、段階的に政策支援は不可欠である。これらの点については検討の余地が残されている。さらにいえば、産業集積論に関しては、わが国にも膨大な先行研究の蓄積がある。こうした日本的産業集積論からの考察を加えることで、現代の日本発ビジネスエコシステム論の蓋然性を高めることにつながるだろう。今後、これらの残された研究課題に取り組んでいきたい。

【参考文献】

［日本語文献］

外務省領事局政策課（2023）「海外在留邦人数調査統計」外務省

川名和美（2014）「我が国の起業家教育の意義と課題 －「起業教育」と「起業家学習」のための「地域つながりづくり」－」日本政策金融公庫論集／日本政策金融公庫総合研究所 編（25）、pp.59-80。

清水洋（2022）『アントレプレナーシップ』有斐閣。

高木啓介（2024）「国際的な起業家は「外もの」である不利益をどのように乗り越えているのか－異質性による負債・外部者性による負債の観点から－」早稲田大学商学研究科紀要第98号。

高橋徳行・磯辺剛彦・本庄裕司・安田武彦・鈴木正明（2013）「起業活動に影響を与える要因の国際比較分析」DP RIETI Discussion Paper Series 13-J-015, 経済産業研究所。

内閣府（2022）「スタートアップに関する基礎資料集（内閣官房新しい資本主義実現本部事務局」内閣官房 新しい資本主義実現本部事務局。

中小企業庁（2023）『中小企業白書2023年版』日経印刷。

―――――（2020）『中小企業白書2020年版』日経印刷。

―――――（2017）『中小企業白書2017年版』日経印刷。

長山宗広（2020）『先進事例で学ぶ地域経済論×中小企業論』ミネルヴァ書房。

林尚志（2023）「海外子会社が継続的な高度化を実現するプロセスの考察－日系中小メーカー2社の中国子会社の事例から－」。

若林直樹（2010）「NTBFs簇生のための人的資源と地域的開発」『NTBFsの簇業・成長・集積のためのEco-systemの構築』DP RIETI Discussion Paper Series 10-J-024経済産業研究所。

吉田健太郎（2020）『中小企業の国際化と現地発イノベーション』同友館。

［英語文献］

Castillo, E. A., & Trinh, M. P.(2018). "In search of missing time: A review of the study of time in leadership research.", *The Leadership Quarterly*, 29(1), 165-178.

Kerr, S. P. & Kerr, W.(2020). "Immigrant entrepreneurship in America: Evidence from the survey of business owners 2007 & 2012." *Research Policy*, 49(3), 103918.

Nonaka, I. and Takeuchi, H.(1995). The Knowledge-Creating Company: How Japanese Companies Create the Dynamics of Innovation. Oxford University Press, New York.

GEM(Global Entrepreneurship Monitor)(2023). Global Entrepreneurship Monitor 2022/2023 Global Report: Adapting to a "New Normal", GEM.

Govindarajan, Vijay.(2012). *Reverse Innovation: Create Far From Home, Win Everywhere*, Harvard Business Review.

Yoshida, K.(2025). "Fostering Global Innovation: Strategies for Japanese Entrepreneurs and Business Ecosystems" SOAS Japan Research Centre Discussion Paper Series No.5., SOAS JRC, University of London, 1-18.

Vendor, Peter.(2021). "Why Immigrants Are More Likely to Become Entrepreneurs" Harvard Business Review.

謝辞

　最後に、執筆者各位のご協力ならびにご尽力に感謝申し上げたい。また、本研究はJSPS科研費20H01544及び21K01636の助成を受けたものである。ここに記して感謝申し上げる。さらに、本書を完成させるにあたっては、インタビュー調査へのご協力と膨大な資料の提供を頂いた。各章とも担当執筆者はインタビュー記録をもとに書き下ろした原稿の内容をインタビューイに対して確認を行っている。取材にご協力いただいたすべてのインタビューイの皆さまに記して感謝申し上げたい。なお、本研究成果は、令和5年度駒澤大学在外研究制度（国外長期）ならびに令和6年度駒澤大学在外研究制度（国内長期）を利用した研究成果の一部である。業務多忙の中、快く在外研究の機会を与えて下さった駒澤大学経済学部の同僚の皆さまに心から感謝の意を表します。本当にありがとうございました。

　本書の執筆メンバーの多くは、日本貿易振興機構（ジェトロ）の関係者である。かくいう筆者も「ジェトロ出身者」の端くれであるが、海外の現場の調査

が不可避であるこの分野の研究において、ジェトロに提供いただく資料や情報にはいつも大いに助けられている。本書もジェトロの協力がなければ完成させることはできなかったであろう。いつもご協力感謝申し上げます。

　本書の出版にあたっては、同友館の佐藤文彦氏の労に負っている。この場を借りてお礼を申し上げたい。申し上げるまでもなく、各章における一切の誤りは、執筆者の責任に帰すものである。なお、各章の執筆内容や意見は、執筆者の個人的見解・意見を述べるものであり、所属する組織の公式見解ではないことを申し添えたい。

【著者紹介】

吉田 健（よしだ けん）……………………………………………………… 第1章担当
1977年、埼玉生まれ。
上智大学法学部卒業。
JETRO（日本貿易振興機構）東京本部にて、機械、食品、伝統産品等の輸出支援に従事。ジェトロ佐賀貿易情報センター所長を経て、現在・ジェトロサンフランシスコセンター次長。ジェトロの日系スタートアップの北米進出サービスを統括。この間、外務省（ニカラグア日本大使館参事官）に出向。また、外食、小売、理美容、教育等の海外への出店支援など、幅広い分野での業務に携わる。

川端勇樹（かわばた ゆうき）……………………………………………… 第2章担当
1973年、大阪生まれ。
東京工業大学大学院社会理工学研究科修了。博士（学術）
ロンドン大学大学院留学、コンサルティング会社、民間シンクタンク、国際大学国際経営学研究科講師、中京大学経営学部准教授を経て、現在・中京大学経営学部 教授。

主著書：*Promoting Regional Industries Through Cross-Sectoral Collaborations: Regional System, Management, and the Management Body*, IGI Global, 2023年（単著）、『地域新産業の振興に向けた組織間連携－医療機器関連分野における事業化推進への取組み－』ナカニシヤ出版、2017年（単著）。

クラウリー利恵（くらうりー りえ）………………………………………… 第5章担当
1977年、沖縄生まれ。
Birkbeck, University of London（ロンドン大学バークベック校）卒業。
地元愛媛でデザイン会社「アドデコラボ」を共同創業し、広告デザイナーとして日本で活躍した後に渡英。渡英後はグローバルブランドでのグラフィックデザイナー、日系コンサル会社、フリーランスを経て、ロンドンにマーケティング会社「Pointblank

Promotions Ltd」を創業し、現在・同社代表、JETROプラットフォームコーディネーター（2020年〜2025年現在）。

大久保文博（おおくぼ ふみひろ）……………………………………第6章担当
1983年、福島生まれ
早稲田大学大学院公共経営研究科修了。修士。
日本貿易振興機構（ジェトロ）、海外調査部アジア大洋州課、ハノイ貿易大学ベトナム語学科留学、ジェトロホーチミン事務所駐在員を経て、現在・長崎県立大学経営学部国際経営学科 専任講師。
この間、大学発ベンチャーの取り組みとして、地域商社の西九州商事株式会社を設立。同社代表取締役に就任。
主著書：『コンビニからアジアを覗く』日本評論社、2021年（共著）、"Firm-level Impacts of Natural Disasters on Production Networks: Evidence from a Flood in Thailand", *Journal of the Japanese and International Economies*（2014年2月）（共著）

中山幸英（なかやま ゆきひで）……………………………………第7章担当
1977年、宮崎生まれ。
台湾国立政治大學アジア太平洋研究科、京都大学公共政策大学院修了。修士。
日本貿易振興機構（ジェトロ）入構後、主に海外輸出・投資にかかわる日系企業支援、マーケット調査等を担当。日本台湾交流協会 台北事務所（日本大使館相当機関）経済部主任、インド政府商工省出向、ジェトロ・チェンナイ所長（チェンナイ日本商工会事務局長兼務）を経て、現在ジェトロ企画部 海外地域戦略主幹（南西アジア）。
主著書：『インドスタイル－日本関連「食」ビジネス特集』ジェトロ（単著）、2017年。『インドEC市場調査報告書』ジェトロ（共著）、2019年、『インドEV市場調査報告書』ジェトロ（共著）、2022年、『インドにおける携帯電話製造およびサプライチェーンに関する報告書－通信環境、市場を踏まえて－』ジェトロ（共著）、2023年。

北村 森（きたむら もり）……………………………………………… 第 8 章担当
1966年、富山生まれ。
慶應義塾大学法学部政治学科卒業。
月刊誌「日経トレンディ」（日経ホーム出版社、現・日経 BP）発行人 兼 編集長を経て、現在・サイバー大学 IT 総合学部 教授、秋田大学産学連携推進機構 客員教授。この間、経済産業省 北海道経済産業局 地域ブランド創出支援事業 チームリーダー、特許庁 地域団体商標広報企画 ワーキンググループ委員、JETRO 地域団体商標海外展開支援事業 技術審査委員などを歴任。地域からのスタートアップ推進関連事業としては、東大阪ブランド推進機構「発明品コンテスト総監修、東京都中小企業振興公社「東京くらしのフェスティバル」総監修、東京女子学園高等学校（東京・港区）産学連携プログラム総監修、京丹波町 京丹波の栗リファインプロジェクト監修などに携わっている。

山口真知（やまぐち まさとも）……………………………………… 第 9 章担当
1989年、東京生まれ。
早稲田大学大学院創造理工学研究科経営デザイン専攻修了。修士（経営工学）。
JETRO（日本貿易振興機構）を経て、中小企業診断士として独立。SAGA COLLECTIVE 協同組合の設立に携わり、現在・同組合事務局長。この間、駒澤大学現代応用経済学科ラボラトリ外部研究員、佐賀女子短期大学 Sajo Future 2030 構想実現アドバイザー、長崎県立大学客員研究員、慶應義塾大学大学院メディアデザイン研究科付属メディアデザイン研究所リサーチャーを歴任。
主著書：「地域活性化と中小企業の国際化との関係性に関する一考察」『商工金融 4 月号』、商工総合研究所、2021年（共著）、「サービス生産性定量化に関する研究」『日本経営工学会論文誌』2013年64巻 1 号（共著）、「サービスの見える化技術」『電子情報通信学会誌』2013年96巻 8 号（共著）。

【編著者紹介】

吉田健太郎（よしだ けんたろう）……… 序章　第3章　第4章　第5章　終章担当
1976年、東京生まれ。
横浜国立大学大学院環境情報学府博士後期課程単位取得満期退学。博士（経営学）。
JETRO（日本貿易振興機構）、アジア経済研究所研究員、立正大学経営学部教授を経て、現在・駒澤大学経済学部 教授。
この間、CSIS, Visiting Fellow（米国戦略国際問題研究所 訪問研究員）、University of Hawaii at Manoa, Department of Urban & Regional Planning, Visiting Professor（ハワイ大学都市地域計画学部 客員教授）、University of London, SOAS, Professorial Research Scholar（ロンドン大学東洋アフリカ研究院 客員教授）を歴任。
主著書：『中小企業の国際化と現地発イノベーション』同友館、2020年（単著）、『先進事例で学ぶ地域経済論×中小企業論』ミネルヴァ書房、2020年（共著）、*The Flowchart Approach to Industrial Cluster Policy*. Palgrave Macmillan、2008年（共著）など。

谷村真（たにむら しん）……………………………… 序章、第1章、終章担当
1976年、東京生まれ。
国際基督教大学大学院行政学研究科修了。修士。
JETRO（日本貿易振興機構）、JBIC（国際協力銀行）、ADB（アジア開発銀行）を経て、現在・JBICシニアエコノミスト、立命館大学国際関係研究科 客員教授。
この間、日本経済研究センター予測研究員。
主著書：「アロヨ政権の財政健全化政策と今後の課題」『アジア研究58巻3号』アジア政経学会、2012年（単著）、『FTAガイドブック 2007』日本貿易振興機構（共著）、2007年、"ASEAN-related RTAs and their economic impacts", *South-South Trade in Asia: The Role of Regional Trade Agreements*、国連貿易開発会議（共著）、2008年、その他『日本経済新聞』や『週刊エコノミスト』誌への寄稿などメディア活動多数。

2025年4月20日　初版第1刷発行	

グローバルイノベーション創出とビジネスエコシステム
―トランスナショナル企業家の行動特性と経験から導く成功要因―

編　著	吉　田　健太郎
	谷　村　　　真
発行者	脇　坂　康　弘

発行所　株式会社 同友館

〒113-0033 東京都文京区本郷2-29-1
TEL. 03(3813)3966
FAX. 03(3818)2774
URL　https://www.doyukan.co.jp/

落丁・乱丁本はお取替えいたします　　三美印刷／松村製本所
ISBN 978-4-496-05756-4　　　　　　　Printed in Japan